本书系国家社科基金青年项目"意向性的自然化问题研究"(批准号:08CZX016)结项成果

本书受教育部人文社会科学重点研究基地——山西大学科学技术哲学研究中心基金资助

科学技术哲学文库 | 丛书主编·郭贵春 殷 杰

自然主义视域下的意向性问题研究

◎ 王姝彦 著

科学出版社

北京

图书在版编目（CIP）数据

自然主义视域下的意向性问题研究／王姝彦著. —北京：科学出版社，2018.1
（科学技术哲学文库）
ISBN 978-7-03-055239-6

I. ①自… II. ①王… III. ①心灵学-哲学-研究 IV. ①B84

中国版本图书馆CIP数据核字（2017）第272961号

丛书策划：侯俊琳　邹　聪
责任编辑：牛　玲　刘　溪　王　丽／责任校对：何艳萍
责任印制：吴兆东／封面设计：有道文化
编辑部电话：010-64035853
E-mail: houjunlin@mail.sciencep.com

科学出版社 出版
北京东黄城根北街16号
邮政编码：100717
http://www.sciencep.com

北京厚诚则铭印刷科技有限公司印刷
科学出版社发行　各地新华书店经销
*
2018年1月第 一 版　开本：720×1000　B5
2024年9月第三次印刷　印张：15
字数：223 000
定价：75.00元
（如有印装质量问题，我社负责调换）

"科学技术哲学文库"
编委会

主 编 郭贵春　殷　杰

编 委（按姓氏汉语拼音排序）

陈　凡　　费多益　　高　策　　桂起权
韩东晖　　江　怡　　李　红　　李　侠
刘大椿　　刘晓力　　乔瑞金　　任定成
孙　岩　　魏屹东　　吴　彤　　肖显静
薛勇民　　尤　洋　　张培富　　赵　斌
赵万里

总　　序

认识、理解和分析当代科学哲学的现状，是我们抓住当代科学哲学面临的主要矛盾和关键问题、推进它在可能发展趋势上取得进步的重大课题，有必要对其进行深入研究并澄清。

对当代科学哲学的现状的理解，仁者见仁，智者见智。明尼苏达科学哲学研究中心在 2000 年出版的 *Minnesota Studies in the Philosophy of Science* 中明确指出："科学哲学不是当代学术界的领导领域，甚至不是一个在成长的领域。在整体的文化范围内，科学哲学现时甚至不是最宽广地反映科学的令人尊敬的领域。其他科学研究的分支，诸如科学社会学、科学社会史及科学文化的研究等，成了作为人类实践的科学研究中更为有意义的问题、更为广泛地被人们阅读和争论的对象。那么，也许这导源于那种不景气的前景，即某些科学哲学家正在向外探求新的论题、方法、工具和技巧，并且探求那些在哲学中关爱科学的历史人物。"[①] 从这里，我们可以感觉到科学哲学在某种程度上或某种视角上地位的衰落。而且关键的是，科学哲学家们无论是研究历史人物，还是探求现实的科学哲学的出路，都被看作一种不景气的、无奈的表现。尽管这是一种极端的看法。

那么，为什么会造成这种现象呢？主要的原因就在于，科学哲学在近 30 年的发展中，失去了能够影响自己同时也能够影响相关研究领域发展的研究范式。因为一个学科一旦缺少了

---

① Hardcastle G L, Richardson A W. Logical empiricism in North America//Minnesota Studies in the Philosophy of Science. Vol xviii. Minneapolis: University of Minnesota Press, 2000: 6.

范式，就缺少了纲领，而没有了范式和纲领，当然也就失去了凝聚自身学科，同时能够带动相关学科发展的能力，所以它的示范作用和地位就必然要降低。因而，努力地构建一种新的范式去发展科学哲学，在这个范式的基底上去重建科学哲学的大厦，去总结历史和重塑它的未来，就是相当重要的了。

换句话说，当今科学哲学在总体上处于一种"非突破"的时期，即没有重大的突破性的理论出现。目前，我们看到最多的是，欧洲大陆哲学与大西洋哲学之间的渗透与融合，自然科学哲学与社会科学哲学之间的借鉴与交融，常规科学的进展与一般哲学解释之间的碰撞与分析。这是科学哲学发展过程中历史地、必然地要出现的一种现象，其原因在于五个方面。第一，自20世纪的后历史主义出现以来，科学哲学在元理论的研究方面没有重大的突破，缺乏创造性的新视角和新方法。第二，对自然科学哲学问题的研究越来越困难，无论是拥有什么样知识背景的科学哲学家，对新的科学发现和科学理论的解释都存在着把握本质的困难，它所要求的背景训练和知识储备都愈加严苛。第三，纯分析哲学的研究方法确实有它局限的一面，需要从不同的研究领域中汲取和借鉴更多的方法论的经验，但同时也存在着对分析哲学研究方法忽略的一面，轻视了它所具有的本质的内在功能，需要在新的层面上将分析哲学研究方法发扬光大。第四，试图从知识论的角度综合各种流派、各种传统去进行科学哲学的研究，或许是一个有意义的发展趋势，在某种程度上可以避免任何一种单纯思维趋势的片面性，但是这的确是一条极易走向"泛文化主义"的路子，从而易于将科学哲学引向歧途。第五，科学哲学研究范式的淡化及研究纲领的游移，导致了科学哲学主题的边缘化倾向，更为重要的是，人们试图用从各种视角对科学哲学的解读来取代科学哲学自身的研究，或者说把这种解读误认为是对科学哲学的主题研究，从而造成了对科学哲学主题的消解。

然而，无论科学哲学如何发展，它的科学方法论的内核不能变。这就是：第一，科学理性不能被消解，科学哲学应永远高举科学理性的旗帜；第二，自然科学的哲学问题不能被消解，它从来就是科学哲学赖以存在的基础；第三，语言哲学的分析方法及其语境论的基础不能被消解，因为它是统一科学哲学各种流派及其传统方法论的基底；第四，科学的主题不能被消解，不能用社会的、知识论的、心理的东西取代科学的提问方式，否则科学哲学就失去了它自身存在的前提。

在这里，我们必须强调指出的是，不弘扬科学理性就不叫"科学哲学"，既然是"科学哲学"就必须弘扬科学理性。当然，这并不排斥理性与非理性、形式与非形式、规范与非规范研究方法之间的相互渗透、融合和统一。我们所要避免的只是"泛文化主义"的暗流，而且无论是相对的还是绝对的"泛文化主义"，都不可能指向科学哲学的"正途"。这就是说，科学哲学的发展不是要不要科学理性的问题，而是如何弘扬科学理性的问题，以什么样的方式加以弘扬的问题。中国当下人文主义的盛行与泛扬，并不是证明科学理性不重要，而是在科学发展的水平上，社会发展的现实矛盾激发了人们更期望从现实的矛盾中，通过对人文主义的解读，去探求新的解释。但反过来讲，越是如此，科学理性的核心价值地位就越显得重要。人文主义的发展，如果没有科学理性作为基础，就会走向它关怀的反面。这种教训在中国社会发展中是很多的，比如有人在批评马寅初的人口论时，曾以"人是第一可宝贵的"为理由。在这个问题上，人本主义肯定是没错的，但缺乏科学理性的人本主义，就必然走向它的反面。在这里，我们需要明确的是，科学理性与人文理性是统一的、一致的，是人类认识世界的两个不同的视角，并不存在矛盾。从某种意义上讲，正是人文理性拓展和延伸了科学理性的边界。但是人文理性不等同于人文主义，正像科学理性不等同于科学主义一样。坚持科学理性反对科学主义，坚持人文理性反对人文主义，应当是当代科学哲学所要坚守的目标。

我们还需要特别注意的是，当前存在的某种科学哲学研究的多元论与20世纪后半叶历史主义的多元论有着根本的区别。历史主义是站在科学理性的立场上，去诉求科学理论进步纲领的多元性，而现今的多元论，是站在文化分析的立场上，去诉求对科学发展的文化解释。这种解释虽然在一定层面上扩张了科学哲学研究的视角和范围，但它却存在着文化主义的倾向，存在着消解科学理性的倾向。在这里，我们千万不要把科学哲学与技术哲学混为一谈。这二者之间有重要的区别。因为技术哲学自身本质地赋有更多的文化特质，这些文化特质决定了它不是以单纯科学理性的要求为基底的。

在世纪之交的后历史主义的环境中，人们在不断地反思20世纪科学哲学的历史和历程。一方面，人们重新解读过去的各种流派和观点，以适应现实的要求；另一方面，试图通过这种重新解读，找出今后科学哲学发展的新的进路，尤其是科学哲学研究的方法论的走向。有的科学哲学家在反思20世纪的逻辑哲学、数学哲学及科学哲学的发展，即"广义科学哲学"的发展中提出了五个"引导性难题"（leading problems）。

第一，什么是逻辑的本质和逻辑真理的本质？

第二，什么是数学的本质？这包括：什么是数学命题的本质、数学猜想的本质和数学证明的本质？

第三，什么是形式体系的本质？什么是形式体系与希尔伯特称之为"理解活动"（the activity of understanding）的东西之间的关联？

第四，什么是语言的本质？这包括：什么是意义、指称和真理的本质？

第五，什么是理解的本质？这包括：什么是感觉、心理状态及心理过程的本质？[①]

这五个"引导性难题"概括了整个20世纪科学哲学探索所要求解的对象及21世纪自然要面对的问题，有着十分重要的意义。从另一个更具体的角度来讲，在20世纪科学哲学的发展中，理论模型与实验测量、模型解释与案例说明、科学证明与语言分析等，它们结合在一起作为科学方法论的整体，或者说整体性的科学方法论，整体地推动了科学哲学的发展。所以，从广义的科学哲学来讲，在20世纪的科学哲学发展中，逻辑哲学、数学哲学、语言哲学与科学哲学是联结在一起的。同样，在21世纪的科学哲学进程中，这几个方面也必然会内在地联结在一起，只是各自的研究层面和角

---

① Shauker S G. Philosophy of Science, Logic and Mathematics in 20th Century. London: Routledge, 1996: 7.

度会不同而已。所以，逻辑的方法、数学的方法、语言学的方法都是整个科学哲学研究方法中不可或缺的部分，它们在求解科学哲学的难题中是统一的和一致的。这种统一和一致恰恰是科学理性的统一和一致。必须看到，认知科学的发展正是对这种科学理性的一致性的捍卫，而不是相反。我们可以这样讲，20世纪对这些问题的认识、理解和探索，是一个从自然到必然的过程；它们之间的融合与相互渗透是一个从不自觉到自觉的过程。而21世纪，则是一个"自主"的过程，一个统一的动力学的发展过程。

那么，通过对20世纪科学哲学的发展历程的反思，当代科学哲学面向21世纪的发展，近期的主要目标是什么？最大的"引导性难题"又是什么？

第一，重铸科学哲学发展的新的逻辑起点。这个起点要超越逻辑经验主义、历史主义、后历史主义的范式。我们可以肯定地说，一个没有明确逻辑起点的学科肯定是不完备的。

第二，构建科学实在论与反实在论各个流派之间相互对话、交流、渗透与融合的新平台。在这个平台上，彼此可以真正地相互交流和共同促进，从而使它成为科学哲学生长的舞台。

第三，探索各种科学方法论相互借鉴、相互补充、相互交叉的新基底。在这个基底上，获得科学哲学方法论的有效统一，从而锻造出富有生命力的创新理论与发展方向。

第四，坚持科学理性的本质，面对前所未有的消解科学理性的围剿，要持续地弘扬科学理性的精神。这应当是当代科学哲学发展的一个极关键的方面。只有在这个基础上，才能去谈科学理性与非理性的统一，去谈科学哲学与科学社会学、科学知识论、科学史学及科学文化哲学等流派或学科之间的关联。否则，一个被消解了科学理性的科学哲学还有什么资格去谈论与其他学派或学科之间的关联？

总之，这四个从宏观上提出的"引导性难题"既包容了20世纪的五个"引导性难题"，也表明了当代科学哲学的发展特征：一是科学哲学的进步越来越多元化。现在的科学哲学比过去任何时候，都有着更多的立场、观点和方法；二是这些多元的立场、观点和方法又在一个新的层面上展开，愈加本质地相互渗透、吸收与融合。所以，多元化和整体性是当代科学哲学发展中一个问题的两个方面。它将在这两个方面的交错和叠加中寻找自己全新的出路。这就是当代科学哲学拥有强大生命力的根源。正是在这个意义上，经历了语言学转向、解释学转向和修辞学转向这"三大转向"的科学哲学，而今转向语境论的研究就是一种逻辑的必然，是科学哲学研究的必然取向之一。

这些年来，山西大学的科学哲学学科，就是围绕着这四个面向 21 世纪的"引导性难题"，试图在语境的基底上从科学哲学的元理论、数学哲学、物理哲学、社会科学哲学等各个方面，探索科学哲学发展的路径。我希望我们的研究能对中国科学哲学事业的发展有所贡献！

郭贵春

2007 年 6 月 1 日

目　录

总序　/　i

绪论　/　1

第一章　意向性问题的缘起及其理论嬗变　/　9

第一节　意向性问题的理论缘起及其研究传统的分野　/　10

第二节　意向性理论的现象学研究传统　/　17

第三节　意向性理论的分析哲学研究传统及其当代发展　/　24

小结　/　42

第二章　意向性的自然化诉求　/　45

第一节　当代心灵哲学演变的自然主义特征　/　46

第二节　心灵的自然化构想及意向性问题的彰显　/　53

第三节　自然主义命题下意向性问题的理论要旨　/　55

小结　/　61

第三章　意向性的本体论地位：意向心理现象的自然主义解释　/　63

第一节　基于逻辑行为主义的自然主义解释　/　65

第二节　基于心身同一论的自然主义解释　/　67

第三节　基于功能主义的自然主义解释 / 70

第四节　基于生物学的自然主义解释 / 76

小结 / 89

第四章　意向性自然化的途径分析：意向内容的自然化 / 91

第一节　意向性自然化的理论背景：意向内容外在论 / 94

第二节　意向内容自然化的相似性理论 / 103

第三节　意向内容自然化的因果理论 / 106

第四节　意向内容自然化的概念作用理论 / 110

第五节　意向内容自然化的目的论进路 / 112

小结 / 123

第五章　自然化语境下的意向解释与心理学解释的衔接问题 / 125

第一节　意向解释 / 127

第二节　福德对意向法则的实在论辩护 / 147

第三节　丹尼尔·丹尼特对意向战略的工具主义论证 / 163

第四节　意向解释与亚人层次心理学解释的衔接 / 178

小结 / 201

结束语　心灵的自然化愿景 / 203

参考文献 / 211

绪论

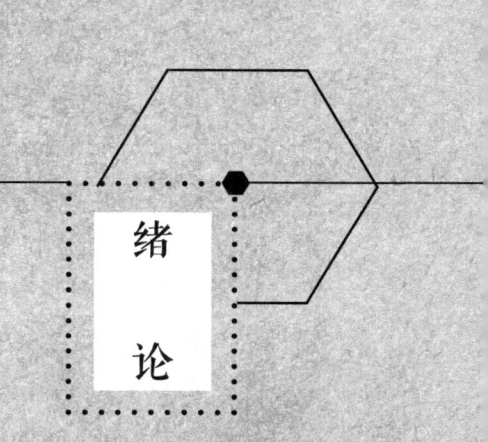

意向性理论是现当代哲学、心理学、社会学等学科共同关注的重要论题，也是目前认知科学、人工智能等领域有待深入研究的重大课题。当我们以21世纪的目光理性地审视与回顾20世纪哲学异彩纷呈的发展时，会自然地发现："一方面，科学主义与人文主义的相互融合和渗透无疑最广泛地标示了哲学浪潮的主题趋势；另一方面，由于'语言学转向'尤其是'解释学转向'的不可逆转，心理解释的意向重建成为两大思潮在后现代视野中全新的融合点与生长点。"[①]特别是伴随着20世纪中后期心灵哲学（philosophy of mind）及认知科学的崛起与发展，不仅心理意向分析方法（意向解释）在科学解释中的地位得以重建，更重要的是，对意向性问题的求解"合法"地登上了科学哲学的舞台。所有这些都在很大程度上突显了意向性理论在当前的科学与哲学文化整合运动中所具有的独特的、鲜明的优越性。事实上，意向性本质和源头直指自然、社会、心智各大领域的交集，其作用及影响亦直接关系到对人和世界的本质结构的整体把握和理解。正是从这个意义上讲，意向性问题自然地成为当今哲学百花园中争论的焦点之一。其在科学哲学发展中的价值和意义是相当重要的。

有关心理意向的研究可以追溯至中世纪。而真正赋予意向性研究以现代心灵哲学意义的学者却是奥地利的哲学家布伦塔诺（F. Brentano），正是他独创性的研究开辟了心灵哲学理论的现代研究传统。此后，意向性问题沿着以下两条研究路径得到了更为广泛而深刻的论证：其一是发端于胡塞尔（E. Husserl）的现象学研究路径；其二是肇始于弗雷格（F. L. G. Frege）、罗素（B. Russell）和后期维特根斯坦（L. Wittgenstein）的以分析哲学为基底的研究路径。意向性的内涵也在此过程中不断地得到丰富、拓展与延伸。进入20世纪后期，分析哲学传统下的意向性研究进展令人瞩目。当语言哲学逐渐失去往日辉煌之时，作为分析哲学重要新生力量的心灵哲学飞速崛起，加之科学心理学（scientific psychology）、神经科学、认知科学的迅猛发展，为意向性理论的发展提供了新的土壤和生长点。当代心灵哲学在建

[①] 郭贵春，殷杰. 1999. 论心理意向的后现代重建. 自然辩证法研究，（1）：5-10.

构意向性理论之时，充分汲取了上述研究的丰富成果，又吸纳了现代科学，特别是神经生理学、认知科学及人工智能等领域的最新进展，形成了别具特色的研究视角与方法。从这个意义上讲，当代心灵哲学视野中的意向性研究在借鉴与吸收现象学、分析哲学及现代自然科学发展成果的基础上，形成了独具风格的研究视域和方法，以及独特的逻辑发展主线，即物理主义的自然主义纲领。可以说，当代心灵哲学正是在这一哲学背景下构筑其意向性理论的。

自 1969 年奎因（W. V. O. Quine）著名的《自然化的认识论》问世以降，哲学传统认识论的根基受到了巨大的动摇，其影响不仅是引发了学界对传统认识论进行清算和改造的热潮，更重要的是，从根本上促使哲学认识论发生了深刻的转变。尽管 20 世纪中叶以后，认识论呈现出诸如语言化、生物化、社会化、发生化、自然化等多元化的发展态势，但毋庸置疑的是，自然化的认识论运动已成为这种多元化趋向中的主流之一。自然主义思潮愈渐深入哲学探讨的各个分支领域，无疑成为哲学家摆脱认识论困境的一项有益尝试。自然主义者不仅倡导将科学作为一种自然现象来看待，而且极力推崇自然科学的方法在研究认识对象中的重要作用。也正是这种自然主义认识方式导致了心灵哲学领域内的深刻变革。严格地讲，当代的心灵哲学在实质上是在 20 世纪中叶行为主义（behaviorism）反对笛卡儿（R. Descartes）二元论的基础上日益发展起来的。在对二元论进行清算的过程中，行为主义与逻辑实证主义（logical positivism）的结盟直接促成逻辑行为主义（logical behaviorism）的诞生。尽管这一运动消解了心灵的形而上学问题，但是其关键作用在于，为自然主义心灵哲学的产生奠定了重要的基础。之后的心灵哲学既采纳了逻辑行为主义的物理主义主张，又重新确立了"心灵的本体论地位"等相关问题其自身研究中的重要性，进而形成了自然主义的心灵哲学理论。心灵的自然化目标已成为当代心灵哲学发展的一个重要特征。可以说，当代心灵哲学视域中意向性问题也正是在此自然主义命题下被深入讨论的。

但是，对心灵自然化目标的追求并非一帆风顺，在一些重要的心理现象的独特属性面前，其自然化进程举步维艰。尤其是在遇到意向性问题之时，任何一个在心理问题上持自然主义观点的学者都无法回避、无视它所招致的困境。因为意向属性与特征一直被看作是心灵之所以为心灵的特有标志，如果不能在自然科学的框架之内对其性质及关系作出合理解读与说明，并给予其在自然秩序中明确地位的话，那么将心灵自然化的整个愿景则无疑会落空。正是在这样的背景下，意向性论题作为当代西方心灵哲学的核心问题之一也就必然地突显出来。

就国外目前的研究状况而言，对心灵哲学的研究可谓方兴未艾，而从自然主义的视角出发来探讨心灵哲学意向性问题（特别是意向性的自然化问题）也已经形成一股不容忽视的力量。其间涌现出了众多诸如丹尼特（D. Dennett）、塞尔（J. Searle）、福德（J. A. Fodor）这样的心灵哲学家，并出版了一批有深度、有分量的相关著作与论文，如塞尔的 *Intentionality: An Essay in the Philosophy of Mind*、福德的 *Propositional Attitudes*、伍德菲尔德（A. Woodfield）的 *Thought and Object: Essays on Intentionality*、丹尼特的 *The Intentional Stance*、伯特伦（M. F. Bertram）的 *Intentions and Intentionality* 等。从中所体现出的关于意向性本质及其自然化探讨的问题之深广、争论之激烈、进展之快速的确令人惊讶。当代西方的心灵哲学可谓流派众多、观点杂陈。不同的流派，如心身同一论（mind-body identity theory）[代表人物主要为斯马特（J. J. C. Smart）、普莱斯（U. T. Place）]、功能主义（functionalism）[代表人物主要为普特南（H. Putnam）、阿姆斯特朗（D. Armstrong）等]、工具主义（instrumentalism，代表人物主要为丹尼特）、取消主义[eliminativism，亦称排除式唯物主义，代表人物主要为丘奇兰德（P. M. Churchland）、斯蒂奇（S. Stich）]等沿着不同的哲学理路对意向性问题进行研究与推展之时，也就形成了不同的意向性理论。这些理论虽然在具体的观点上存在着较大的分歧，但从根本上讲，都有着最基本的哲学立场。这一立场正是前面所说的以物理主义为基底的自然主义立场。

随着西方意向性理论的不断深化与发展，在20世纪80年代以后，国内的哲学学者也纷纷把他们的目光投向了"意向性"这一主题，开辟了我国的意向性研究领域。从近些年的研究状况看，国内学界有些是从现象学的路径来探讨意向性问题，并出版了一系列与之相应的研究成果，如倪梁康的《现象学的动态意向分析及其问题》、厉才茂的《表象、客体化行为与意向性：早期胡塞尔对意向性基本结构的探索》、李属人的《胡塞尔意向性理论的构成及意义》等。也有一些从当代心灵哲学的视角探讨意向性问题的成果问世，高新民和刘占峰的《意向性·意义·内容——当代西方心灵哲学围绕心理内容的争论及思考》、徐向东的《功能主义、意识与意向性》等。这些开拓性的工作无疑把我国科学哲学及心灵哲学的研究推到了一个全新的阶段，同时，也为本书的研究提供了先在的理论背景和坚实的知识基础。就本书而言，笔者把目光投向了后者，试图以当代心灵哲学的自然主义发展为背景，在此视域中求解意向性及其自然化问题。

当代心灵哲学主要是依托物理学及其方法来探讨意向性自然化问题的。它们在揭示意向心理现象的基本特征、实现机制、必要条件等方面都作出了大量的、富有建设性的尝试，从而为进一步认识意向心理现象的深层本质提供了重要的理论基础及启示性的视野。然而，意向性是生物体特有的心理现象之主要特征之一。生物体虽然由特定的物理的、化学的机制所组成，但生命现象却具有物理现象、化学现象所缺乏的自主性特征。正因为如此，如果仅诉诸物理的方法来研究意向性问题，势必会遗漏意向性作为生命现象特征的自主性的一面。也正因为如此，本书试图立足于生物学这一视角，以生物学的自主性为切入点，着重从意向性在自然界中的地位问题、意向内容（intentional content）的自然化途径问题、意向解释（intentional explanation）的方法论地位问题这三个方面入手，对意向性进行客观、系统、细致的分析，力求对之作出生物学意义上的自然化说明。不难看出，上述这三个方面的问题恰恰是意向性问题在当代自然主义心灵哲学背景之下最集中和具体的体现。而在围绕这些问题进行研究的过程当中，也就形成了本书关于意向性自然化问题的基本观点。

基于以上的思路，本书主要从以下几个方面着手进行：首先，在探讨当代意向性研究的哲学背景的基础上，阐明对意向性自然化问题的求解在整个心灵哲学研究中的地位、价值、作用及意义；其次，在对以物理主义为基底的意向性解释理论进行批判性分析的基础上，尝试构建一种以生物学的自然主义为基底的意向性理论，实现对意向性自然化的重新解读；再次，深入到意向内容这一层面，通过探讨生物学意义上的目的论自然化进路所具有的理论优势，为意向性的自然化解释提供较为合理的途径；之后，转换到方法论这一层面，对意向解释的内涵、特征，及其在科学解释中方法论地位加以讨论，阐明其自主性，并在此基础上进一步探讨了意向解释与其他层次心理学解释的衔接问题，这是当前心理学解释论域中的核心难题。本书的具体内容框架如下所示。

第一章"意向性问题的缘起及其理论嬗变"。关于意向性的哲学思考可以说由来已久。虽然当代意义的自然主义背景下心灵哲学的意向性理论，在研究视角上与传统意义的意向性理论有着很大的不同，但是其所研究的问题、方法和思路却与传统有着密不可分的联系。本章立足于哲学的理性发展的背景和趋势，从历史的角度分析意向性理论的形成及其沿现象学与分析哲学两条基本路径的发展状况，从而为进一步探讨意向性在自然界中的地位及作用奠定必要的理论基础。

第二章"意向性的自然化诉求"。如前所述，自然主义是当代西方心灵哲学的主流特征。心灵的自然化已成为当代心灵哲学发展的一个核心论题。但是对心灵自然化目标的追求，在一些重要心理现象特征（尤其是意向性特征）面前遇到了一定的阻力。本章通过对心灵哲学自然主义的理论发展特征及其在意向性问题上面临的挑战的全面解读，突出地表明了对意向性自然化问题的求解在当代西方整个心灵哲学研究中的地位、价值、作用及意义，并阐明了自然主义哲学命题下意向性问题的理论要旨。

第三章"意向性的本体论地位：意向心理现象的自然主义解释"。本章试图在对以物理主义为基底的意向性解释理论进行批判性分析的基础上，构建一种以生物学的自然主义为基底的意向性理论，力求站在生物学的立场上，通过对生物学自主性的细致分析，从生物体在与环境相关的、历史的进化过程中逐渐获得的稳定的、目的规律意义上的专有功能（**proper** function）的角度来实现对意向性自然化的重解。

第四章"意向性自然化的途径分析：意向内容的自然化"。作为意向性的一个主要维度，意向性所涉及的许多问题的解决都要依赖于对意向内容的探讨。本章进一步深入到"操作"的层面，通过对相似性理论、因果理论、概念作用理论（conceptual role theory）等意向内容自然化方案之理论特征的分析与批判，阐明生物学意义上的目的论自然化进路所具有的理论优势，从而为意向性的自然化提供较为合理的途径。

第五章"自然化语境下的意向解释与心理学解释的衔接问题"。随着意向性自然化认识的不断深入、展开，意向解释在科学解释中的地位日益突显出来。心理意向分析方法也逐渐显示出其鲜明的方法论意义。本章力求通过阐明意向解释方法的内涵、特征及自主性，揭示其在科学解释中的地位。选取福德与丹尼特两人的案例，从不同角度对常识心理学（commonsense psychology）及意向分析方法的论证与辩护进行深入的讨论与评析，并尝试探讨意向解释作为一种个人层次（personal level）的常识心理学概括，如何与基于当代科学发展形成的各种亚人层次（sub-personal level）的心理学解释有效地衔接，从而在最终意义上实现心理学解释的重构。

结束语"心灵的自然化愿景"。结束语部分在总结性地概括意向性自然化认识取向的基础上，进一步展望了从意向性自然化到心灵自然化的愿景，并从感受质（qualia）问题出发分析了这一理论目标的困境与价值，最后总结性地概括出当代心灵理论研究在立论基点和方法采择上的自然化、科学化倾向。

本书的研究方法主要采用了三种：其一，历史和逻辑相结合的方法。在追溯意向性问题的理论渊源及其历史发展的基础上，揭示意向性问题产生和发展的本体论、认识论、方法论内涵，并对其自然化发展特征进行逻辑的清理。其二，哲学家理论思想和问题相结合的方法。选取有代表性的哲学家，通过案例在自然主义基底上从不同角度、以不同方式对意向性自然化方案的论证与辩护进行具体的分析，力求阐明意向性的生物学自然本性，揭示其在自然界中的地位与作用。其三，历时和共时的比较方法，既把意向性自然化问题放在西方心灵哲学发展的历史长河中进行纵向考察，又将之置于当代西方哲学的大语境中进行横向比较，力求达到对其较全面的认识。

本书主要集中攻克以下几个难题：第一，试图突破当代心灵哲学以物理主义为基底来探讨意向性自然化问题的主导思想，而从生物学这一视角探讨其自然化途径，试图对意向性在自然界中的地位与作用作出生物学意义上的自然化说明。第二，在自然化认识不断深化的基础上，通过对意向分析方法不是科学方法的传统观点的批判，将意向解释纳入科学解释的研究框架中，通过对意向解释与物理解释（physical explanation）的对比分析，揭示意向解释的本质特征，阐明意向解释所具有的自主性的一面，从而论证意向解释在科学解释中的地位。第三，基于对意向解释的上述认识，进一步尝试性地探讨心理学解释的层次与衔接问题（the interface problem），属于个人层次的意向解释如何能够与其他亚人层次的心理学解释有效地衔接，在此就成为实现心理学解释的重构的关键。此外，本书在写作风格上，力求避免材料堆积和观点罗列式的叙述，而是以问题为导向进行论说和探究，力图在一系列具体问题的导引下将哲学研究和哲学史的研究内在结合为一体，从中也体现出意向性理论之于当代科学与哲学研究的深刻意蕴与价值。总之，本书在视角、观点、理论与方法意义上的一些重要特征，正是寓于上述几个方面之中。

第一章 意向性问题的缘起及其理论嬗变

在当代哲学研究的境遇下，意向性问题日益成为一个备受关注的焦点性问题，不同研究领域的众多哲学家都在此问题上有过耕耘。追溯其历史可以看出，与其相关的追问和探讨古已有之，从古希腊哲学到中世纪的经院哲学都对此有初步的涉猎。但意向性问题在真正意义上开始成为一个哲学问题还是缘于托马斯·阿奎那（Thomas Aquinas）的相关探讨和阐述，而其理论体系的系统化建构则要归功于布伦塔诺。胡塞尔及弗雷格、罗素等人的工作形成了意向性问题的现象学与分析哲学两大研究传统。进入 20 世纪后期，分析哲学传统下的意向性研究进展令人瞩目。当语言哲学逐渐失去往日辉煌之时，作为分析哲学重要新生力量的心灵哲学飞速崛起，加之科学心理学、神经科学、认知科学迅猛发展，为意向性理论的发展提供了新的土壤和生长点。意向性的自然化和社会化认识取向，成为以心灵哲学为主流的分析哲学时代意向性理论的两大重要特征。

第一节 意向性问题的理论缘起及其研究传统的分野

具体而言，"意向性"一词起源于中世纪拉丁语 intentio，其本来是指"伸张"或"伸出"，经过之后一些学者的援引和阐述才有了概念或意向的含义。事实上，在其于中世纪被正式搬上西方哲学舞台之前，一些学者的研究就已经触及意向性的相关问题。这些研究可以追溯到古希腊时期甚至更早，例如，柏拉图（Plato）将信念与思想等心理状态比喻为"射箭"的论述，以及亚里士多德（Aristotle）的知觉理论，在根本上都隐含了对意向性问题的初步涉猎。而在中世纪时期，一些经院哲学家对 intentio 一词的描述和引用，不仅使其意思扩展到了"意向"，而且为后来意向性理论的产生与发展奠定了必要的思想渊源和理论基础，例如，在中世纪享有盛誉的圣·安瑟伦（St. Anselm）在他的本体论论证中就曾指出：如果我们想什么，什么东西就作为对象存在于思想之中，它就是意向的对象。在此基础上，他还进一步比较了思想中的意向对象（noema）与实在中的存在的完善性。在他看来，如果意向性对象即思想中的观念是完善的，那么它在实在的世界中也一定是完善的。[①]又如，同样是中世纪学者的阿伯拉尔（P. Abalard）也在他的概念论中提出过类似的观点，简而言之，即"个别事物是产生共相的原因，但共相一旦产生，便成为不依赖个别事物的心灵印象。即使个别事物消失，印象仍然存在"[②]。但是，阿伯拉尔认为的印象只是思想中的意向对象，它们的完善性与实在世界中的完善性是毫不相关的。此外，奥古斯丁（Augustine）在其《论三位一体》中将意向作为其认知分析的主要对象进行了相关的讨论。尽管安瑟伦、阿伯拉尔及奥古斯丁的思想都只能作为对意向性问题的一种初步涉猎，但这些主张还是在一定意义上为意向性学说在后来的产生与铺陈奠定了可供借鉴的理论基础。当然，第一次从心灵哲学角度使用"意向"一词是从托马斯·阿奎那开始的。而真正赋予意向性研究以现代心灵哲学意义的学者却是奥地利哲学家布伦塔诺，正是他的独创性研究开辟了现代心灵哲学意向性理论的研究传统。此后，意向性问题沿着以下两条研究路径得到了更为广泛而系统的论证。其一是发端于胡塞尔的现象学研究路径；其二是肇始于弗雷格、罗素及后期维特根斯坦的以分析哲学为基底的研究路径。意向性的内涵也正是从托马斯·阿奎那、布伦塔诺开始，在上述两大研究传统中不断地得到丰富、拓展与延伸。

一、意向性问题的理论缘起

虽然 intentio 一词出现在哲学领域之前，哲学史上已经出现了不少与其意义相近的理论探讨，但这一概念开始逐渐成为一个常用的哲学术语则要归功于托马斯·阿奎那。可以说，正是由于托马斯·阿奎那将意向性问题搬上西方哲学舞台的集大成研究，在更深远的意义上影响了意向性理论的构建与推展。

[①] 高新民. 1994. 现代西方心灵哲学. 武汉：武汉出版社：451.
[②] 赵敦华. 2001. 西方哲学简史. 北京：北京大学出版社：130.

在安瑟伦和阿伯拉尔等关于意向性的一些思想基础上，托马斯·阿奎那使用"意向的"这一概念对心理意识现象的特征进行了说明。在他看来，心灵就是一个意向活动的发生场所。心灵如何认识和把握外在的事物？这便是凭借心灵在自己内部构建与外在对象相类似的意向对象的活动来实现的。简而言之，这是一个心灵通过自身意向活动对意向对象进行内部建构的过程。然而，按照托马斯·阿奎那的观点，当心灵拥有某一意向对象时，在外部世界中并不一定存在与之相应的实在对象。也就是说，心灵只能将事物的形式以一种肖像（similitude）的方式接收到自身当中，这种肖像以一种意向地（intentionally）方式存在，所反映的也只能是事物的形式本性，而非外部实存对象。对于这种情况，其合理的解释为：在心灵自身的内部，正在发生着某种心灵为自身建构意向对象的活动，而这就是一种类似于对象的意向对象。因此，"在他看来，关于某个对象的思想成为关于这个对象的思想的东西显然不是存在于外部世界中的实在对象，而是心灵本身的意向性活动"[①]。

基于上述思想，托马斯·阿奎那进一步将心灵的这种内在对象依循思维发展的不同阶段划分为以下五种表现形式：感性的印象（species impressa sensibilis）、映象或心像（phantasma）、可理解的形式（species intelligibilis）、理性的印象（species impressa intelligibilis）及理智的意向（intentio intellecta）。并且他认为，上述各形式在思维发展过程中的关系是动态的、连续递进的，后者的产生总以前者为基础和前提。这种动态性的说明便是"现实的个别事物的形式在心灵中发生一系列的演变，最终上升为适合于理智的意向对象的过程"[①]。其中，理智的意向在本质上触及了意向性的基本特性，即"关于性"或"指向性"，因其能够指向它自己的对象，所以只有理智的意向才是真正意义上适合于理智的现实的意向对象。由此可见，"托马斯对理智对象的理解已经不自觉地超越了传统的认识论范畴，达到了心灵哲学的意向性学说的高度"[①]。也恰恰是这一点给了布伦塔诺较深刻的启

[①] 徐弢. 2001. 试论托马斯·阿奎那的意向性学说. 学术论坛，（1）：7.

示。总之，正因为托马斯·阿奎那将心理现象在"意向"层次上的独特性纳入他的心灵研究当中，意向性问题的哲学研究才逐渐形成一个较完整的、稳定的问题域，这为布伦塔诺在全新的意义上构建意向性学说提供了启迪性的视域。

二、意向性理论的系统化建构

现代西方哲学对意向性论题研究体系的系统化建构无疑要归功于哲学家布伦塔诺。正是由于布伦塔诺对心理意识现象的独特研究，"意向"概念才从中世纪哲学域面借用并引入现代哲学的框架当中，获得了现代哲学意义上较为确定的概念意涵。

从总体上讲，基于对存在于世界中的不同现象进行区分（即区分心理现象与物理现象）这一问题的考虑，布伦塔诺开始了对意向性问题的探讨。他反对近代哲学对心理现象与物理现象进行划界的广延性标准，而将有无意向性作为区分两者的重要标志。在他看来，意向性是心之为心的一个积极标准，心理现象是一种在心灵中以意向的方式关涉对象的独特现象，正因为具有意向性特征，心理现象才有别于物理现象。在《从经验的观点看心理学》(Psychology from an Empirical Standpoint)一书中，布伦塔诺对意向性作出了明确的阐述："每一种心理现象都是以中世纪经院哲学家称之为对象在意向上的（或心理的）内在存在和我们（以并不十分清晰的术语）称之为对内容的指称、对对象（这个对象在此语境中不应被理解为是某种真实的对象）的指向或一种内在的对象性为特征的。每一种心理现象都将一些东西作为对象包含在自身之中，尽管其方式各不相同。在表象中，总有某种东西被肯定或被否定；在爱中，总有某种东西被爱了；在恨中，总有某种东西被恨了；在愿望中，总有某种东西被期望；如此等等。意向的这种内在存在性是心理现象独有的特征。因此，我们可以这样给心理现象下定义，即心理现象是那种在自身中以意向的方式涉及对象的现象。"[1]

---

[1] Brentano F. 1993. Psychology from an Empirical Standpoint. New York: Routledge: 24.

上述经典性陈述表明,"布伦塔诺提出了纯粹物理的事物或状态如何能够具有'关于'或'指向'并不存在的事态或对象的属性的问题;这不是普通的、纯物理的对象可以拥有的性质"[①]。基于此说明,布伦塔诺还进一步对心灵的意向活动指向意向对象的方式进行了分类,其三种类型分别是表象、判断和情感活动。通过表象活动,人们可以想象对象,并以此方式指向对象,从而使该对象呈现于主体自身的脑海;通过判断活动,人们可以对对象采取某种特定的态度,并以此方式指向对象,如对对象的肯定或否定;通过情感活动,人们可以对对象采取特定的情感态度,并以此方式指向对象,如对对象的喜爱或厌恶。依据布伦塔诺的看法,在三种类型当中,表象是理解意向性的关键所在,因为任何心理现象都要依赖于表象,任何心理活动都是由表象所引起的。正如他所言:"我们把心理现象这个名称表示表象以及所有以表象为基础的意识显现。"[②]毫无疑问,表象在这里构成了布伦塔诺意向性理论的核心概念。

进一步而言,其理论特征可以归结为如下几个方面。其一,意向性是一种属性。它并不是某种依赖于特定"心灵实体"的事物。其二,意向性是心理现象区别于物理现象的独特标志与特征。其三,意向性是一种指向(directed at)或关旨(about)。这意在说明,任何一种心理活动都是关于、指向特定对象的心理活动。"没有某种被相信的东西,也就没有希望;没有被渴求的东西,也就没有渴求;没有某种我们感到高兴的东西,也就没有高兴……"[③]其四,意向性所指向或关旨的对象不必一定是真实的存在。其五,意向性不但可以指向特定的外部现象,而且可以指向特定的意识活动。其六,意向性是一种关于对象的内在存在性。无论是表象、判断抑或是情感活动,它们都是一种"意向的内存在"(intentional inexistence)。作为意

---

① Lycan W G, Prinz J J. 1990. Mind and Cognition: An Anthology. Malden: Blackwell: 10.
② 转引自:厉才茂. 2000. 表象、客体化行为与意向性:早期胡塞尔对意向性基本结构的探索. 哲学研究,(3):39-43.
③ 赫伯特·施皮格伯格. 1995. 现象学运动. 王炳文,张金言,译. 北京:商务印书馆:78-79.

识对它所涉及的对象的一种主观性态度，意向性所指的对象不是外在的实在，而是内在的存在，不具有外在的客观性，只具有内在的客观性（immanent objectivity），正因为这一点，"意向的内存在"在布伦塔诺眼中，也就成为"心理现象普遍的独具的特征"[①]。

综上所述，布伦塔诺出于对心理现象和物理现象进行区分的目的而对意向性所作出的描述，较为系统、深刻地说明了意向性的性质与特征。尽管布伦塔诺的描述还不够充分，其理论也存在着许多问题，还必须加以进一步的补充和修正，但总体而言，经过布伦塔诺对意向性的刻画，意向性概念得到了较为明确的规范与界定，也因此获得了其在现代哲学中所具有的准确和单一的含义。布伦塔诺站在全新视角对意向性的全面阐述与细致考察，才使得意向性问题在现代哲学的意义上建构为较为系统的意向性理论。之后，不仅是意向性问题日益受到更多的关注，由此所引发的问题与争论也为许多重大哲学问题的探讨提供了新的出发点与思路，其理论体系也在之后不同的哲学境遇下不断得到深化和拓展。

三、意向性理论研究传统的分野

布伦塔诺之后，由于胡塞尔及弗雷格、罗素等从不同哲学理路出发就意向性问题所做的工作，形成了意向性问题的现象学与分析哲学两大研究传统。而这两种传统也反映了西方哲学在其演进过程中形成的欧洲大陆哲学与英美分析哲学两大阵营的分化与对垒。

就现象学这一进路而言，虽然其思想渊源来自布伦塔诺，但现象学意向性理论体系的奠基还是由胡塞尔完成的。胡塞尔接受了布伦塔诺关于意向性的基本理论，也认为意识总是指向某个对象。胡塞尔同样坚持意向性就是心理意识活动的根本特征。然而，根据胡塞尔的意向性理论，意向性所反映的并不是心理活动与实存对象之间的关系，它所指向的对象既没有

---

① 布伦塔诺. 2000. 心理现象与物理现象的区别//倪梁康. 面对事实本身——现象学经典文选. 陈维刚，林园文，译. 北京：东方出版社：50.

实在地存在于意识之内，也不可能真实地存在于意识之外，因而意识是自己建构其对象的。也就是说，当意识与存在没有关系时，它仍是自身完整的。因此，意识能够拥有纯粹的活动和纯粹的意向性。意向性在这里也就成为意识的一个纯粹本质。胡塞尔的意向性理论在一定程度上改变了西方哲学的研究传统，为后来海德格尔（M. Heidegger）、萨特（J. P. Sartre）、梅洛-庞蒂（M. Merleau-Ponty）等学者对意向性理论的现象学改造与重铸提供了崭新的思维方式和方法。意向性理论在现象学运动的整个过程中得到了很大的拓展，从这个意义上讲，意向性理论成为贯穿整个现象学运动的一条核心线索。

至于分析哲学的研究进路，其始于弗雷格、罗素。弗雷格对含义和指称的区分，使其在运用于具体句子时，与意向性问题关联起来。"弗雷格的有关思想蕴含着当代分析传统意向性研究中的一系列前沿问题，如心理内容（mental content）如何自然化、个体化的问题以及个体主义与反个体主义（anti-individualism）、内在主义与外在主义之间的争论等。"[①]而罗素开创了分析哲学，对分析哲学意向性研究传统的形成起到了进一步的推动作用。此后，沿着这一传统，意向性论题在语言哲学与心灵哲学两大领域占据了越来越重要的支配地位。正如张志林教授所言，"意向性问题甚至可以起到统摄语言-心灵-世界这个分析哲学中著名的语义三角关系的作用，进而可以揭示分析哲学传统中语言哲学、心灵哲学和形而上学的关系"[②]。

分析哲学传统在面对意向性这一相同的论题时，展现出不同的概念方法、研究理路和理论风格。如果说现象学的意向性理论集中反映"意识如何具有超越性"这一现象学理论要旨的话，那么分析哲学传统则主要关注意向性的本体论地位及其相关问题。总之，在分析哲学自身演变中，意向性得到了语言哲学的全新诠释及心灵哲学的重新建构。

---

① 高新民. 2008. 现当代意向性研究的走向及特点. 科学技术与辩证法，（4）：9-13.
② 张志林. 2006. 分析哲学中的意向性问题. 学术月刊，（6）：50-53.

第二节　意向性理论的现象学研究传统

纵观现象学的产生及其整个发展历程，可以说，对意向性问题的探讨贯穿了整个现象学运动的始终，前者是后者的一条核心线索。毋庸置疑，正是在由胡塞尔开创并由海德格尔、萨特、梅洛-庞蒂等致力于发展的这一现象学运动的整个过程中，意向性的研究域面得到很大的拓展，意向性理论的体系也得到进一步的深化。因此，现象学方法和路径构成了意向性理论继布伦塔诺之后发展的一条主要线索。而与此同时，现象学的意向性理论又反过来集中体现、反映了现象学对近代哲学思想中相关认识论难题力求加以解决的种种尝试。

一、胡塞尔对意向性理论的现象学构筑

作为布伦塔诺的学生，胡塞尔在意向性的问题上继承了其老师的基本思想，并把意向性作为其现象学的一个重要理论基石与基本组成部分。胡塞尔进一步进行阐释，使意向性及其理论在现象学中得到了新的构筑与界定。与布伦塔诺的看法基本相一致，胡塞尔关于意向性的看法为，意识总是"关涉于某物的意识"，也就是说，意识必定是指向某一对象的。换言之，他也主张意向性的根本特征就在于其所具有的指向性，而且，意向性本身也并不以意向对象的是否真实存在而发生任何变化。在胡塞尔看来，"我们首先在明确的我思中遇到这个令人惊异的特性，一切理性理论的和形而上学的谜团都归因于此特性：一个知觉是对某物的，比如说对一个物体的知觉；一个判断是对某事态的判断；一个评价是对某一价值事态的评价；一个愿望是对某一愿望事态的愿望，如此等等。行为动作与行为有关，做事与举动有关，爱与被爱有关，高兴与高兴之物有关，如此等等。在每一活动的我思中，一种从纯粹自我放射出的目光指向该意识相关物的'对象'，

指向物体，指向事态等，而且实行着极其不同的对它的意识"①。由此不难看出，"意向性"这一概念在胡塞尔那里可以说被理解为一种"体验"性的特性，并且，它总是以种种方式与被想象的认知对象发生着特定的联系。虽然按照其主张，并非所有意识现象一定都具有意向性特征（如某些情感性的意识行为），但胡塞尔也特别指出，这种具有特定对象性的意识行为是其他类型意识行为的必要前提和基础，因而基于此意义，在胡塞尔理论范畴中，意向性特征显然被视为意识行为活动的基本性特征。

具体地讲，胡塞尔对意向性的探讨是从"表达"开始入手的。按照他的分析，"表达就是带有意义的一种记号，表达的物质外壳是字符或语言，表达的内容则是意义"②，意义与字符或者语言两者间的关系也就是"此意义是人们通过赋予意义的行为加到表达的物质外壳上去的"②。据此，就人类的意识行为活动过程来看，无疑是要借助于特定的"物质外壳"，然而这种活动在其实质上，应当是一种"意义活动"。从其特性而言，这种意义活动内在地包含了对"表达"的需求，而且，这种对"表达"的需求必然是指向某一对象的。也就是说，"每个表达都不仅表述某物，而且它也在言说某物；它不仅有其含义，而且与某些对象发生关系"，"表达是借助于它的含义来称呼（指称）它的对象"③。由此可见，上述这种意义的表达有其一定的方向性，也正是在此意义上，它被认为是一种"意向性活动"。

在从表达为基点所进行分析的基础上，胡塞尔进一步就意识行为作了说明。在他看来，意识行为涵括意向行为、意向内容及对象三个基本的环节。其中，意向行为无疑是指意识活动本身，意向内容则是指意识活动的意义或含义，至于对象，它既可以是非实在的观念，也可以是实在的事物。就上述三个环节之间的关系而言，概括起来可以描述为，所有的意向行为都是通过一定的意义从而指向特定对象的。由此，意义（即意向内容）在这里作为一种中介构成了表达与对象之间的联结。其联结的方向是，从意

---

① 胡塞尔.1992. 纯粹现象学通论//舒曼. 纯粹现象学和现象学哲学的观念. 李幼蒸, 译. 北京：商务印书馆：210-211.
② 苏宏斌.2002. 现象学的意向性理论述评——从胡塞尔到梅洛-庞蒂. 电大教学，（4）：44-48.
③ 胡塞尔.1997. 逻辑研究//倪梁康. 胡塞尔选集（下）. 上海：上海三联书店：795-798.

向行为通过意义而指向对象。不难看出，在胡塞尔这里，对表达的意义和对象作出区分是其意向性理论的关键所在。因为意义和对象并不总是一致的：一方面，很多时候其表达的意义不同，却可指向同一对象；另一方面，其表达的意义同一，却可能指涉不同的对象。而从本质上讲，只有当意义与对象一致之时，才能在真正意义上构成意向对象。也正因为如此，胡塞尔在其后来对意向性的研究中，将意向性的构成要素重新概括为：意向活动的主体（自我）、意向作用（noesis）、意向对象三个方面。至此，意向作用（或称为意向活动）与意向对象就构成了胡塞尔现象学的意向性理论的两个重要概念。如果说前者是一种心理活动的话，那么后者则是一种认知的成果和要素，即某一对象在被意指之时所能相匹配的"意义"。

通过以上分析可以看出，胡塞尔虽然继承了布伦塔诺的"意识具有指向性"这一基本观点，但他对意向性的说明显然与布伦塔诺的观点有着很大的不同。具体而言，布伦塔诺对意识活动的意向性特征所作的分析，是建立在对意识所指涉对象加以分析的基础之上，在一定意义上，它要依赖于特定的、实际的心理观念，而该心理观念是伴随意识的指向过程而发生的。与之不同，胡塞尔对意向性所作的讨论则是凭借对特定的、抽象的内涵结构的阐明，该结构是意识活动所指向的结构。因此，如果说意向性在布伦塔诺那里是一种"心理的意向性"，那么它在胡塞尔这里就成为一种"意义的意向性"。对于胡塞尔而言，意向概念已经"清洗"掉了布伦塔诺意向性理论所具有的经验内容。按照胡塞尔的观点，当意识经过了种种还原之后，其本质也就更为形式，同时也就更为抽象，最终成为某种纯粹的、超验的自我。可以说，胡塞尔基于现象学的意向性理论至少在以下两个方面对布伦塔诺的意向性理论进行了修正：第一，胡塞尔放弃了在布伦塔诺那里具有重要意义的"意向的内存在"概念，而把意识的意向对象看作是一种"超越性存在"（transcendent being）。在他看来，意向对象既不是外在的物理事物，也不是内在的心理观念或意象（image），它仅仅是在意识活动中被意向到的某种东西。毫无疑问，这一修正的重要意义就在于它使得意向对象的性质彻底发生了变易,因其导致了对"对象世界"的整体"开放"。在"意识如何与对象发生关系"这一问题上,其转变尤为明显,意识从将对象"内含"于自身之中,转变为自身向对象"投射"出去,从而指向对象。可见,胡塞尔对意向性理论的构筑是具有变革意义的。第二,胡塞尔用"主动建构"的意向概念取代了布伦塔诺"静态"的意向概念。这也就是说,胡塞尔将"意识单纯指向对象"转变为"意识主动建构其对象",即"对象并不是被放进知觉中,如一件东西被放进一只空口袋似的放进意识之中,而仿佛意识也就是一个完全空洞的形式……事实上,在直接呈现出来的现象中,我们看见事物是从意识之中建构出来的"①。由此可见,对胡塞尔来说,意识并不只是能够意识到对象,在此过程中,意识还可以对其对象进行主动性的选择、组织和建构。因此,意向作用与意向对象之间的关系在认知活动中并不是像布伦塔诺所说的那样一对一的静态关系,而是意识通常经由不同的方式投射、指向特定的对象。

综前所述,胡塞尔所要呈现给人们的意向性并不是实际意义上的心理意识与实在对象之间的关系,这里的意向对象既不是真实地存在于意识之外,也不是实在地存在于意识之内。这也表明,当意识与实际存在没有关系时,意识仍然能够拥有纯粹的意向性活动。意向性在这里也就成为意识的纯粹本质。可以说,胡塞尔的意向性理论在一定程度上是对西方传统哲学的克服与超越。因为这一理论的提出就旨在解决"认识如何能够确定它与被认识的客体相一致,它如何能够超越自身去准确地切中它的客体"②的认识论难题。而正是其意向性理论,由于已经经过了特定的先验还原与本质还原,其所谓的纯粹自我与近代哲学中的主体概念已经有了实质性的差别。"就他的意向性理论来说,由于已经实行了严格的本质还原和先验还原,因此他所说的纯粹自我已经与近代哲学中作为心理实体的主体范畴有了本质的区别。同时,他所说的意向对象也已经不同于近代哲学中的客体概念,

---

① Husserl E. 1973. The Idea of Phenomenology. Alston W P, George N, trans. The Hague: Martinus Nijhoff: 59.
② 胡塞尔. 1986. 现象学的观念. 倪梁康,译. 上海:上海译文出版社: 22.

因为意向对象不同于实在对象,它是一种观念的本质存在,是纯粹自我意向性活动的构成物。因此,意向性理论在一定程度上是对传统哲学的克服与超越。"[1]不言而喻,他的意向性理论在一定程度上改变了西方哲学的研究传统,为哲学的发展方向提供了崭新的思维方式和方法,也为后来的学者研究意向性问题开辟了新的天地。

二、海德格尔与萨特对意向性理论的现象学改造

从现象学的历史印迹来看,在胡塞尔在先验论的认识论范畴创立了现象学的意向性理论之后,海德格尔、萨特等主要是以存在主义为哲学基点对胡塞尔的现象学进行改造,并在此过程中形成了他们各具特色的意向性理论。

首先,海德格尔从其存在哲学的立场出发,指出胡塞尔意向性理论的出发点和论证方式(即试图依据分析主体的意向性体验来阐明认识的超越性问题)本身就是成问题的。这是因为,根据海德格尔的看法,意向性理论之所以不可能解决超越性难题,其主要原因就在于"正是意向性本身而不是别的什么东西才是超越性的所在"[2],换句话讲,两者的关系应该是倒过来的,即意识的意向性其实是主体超越性的产物及表现。也正因为如此,海德格尔才坚持,比意向性概念更基本的应当是此在(dasein)在世界中的存在。也就是说,此在的超越性构成了具有意向性的基础。由此可见,海德格尔在实质上是要借用超越性概念从而取代意向性概念。正如他所言,"如果我们把一切对于存在者的行为都标识为意向行为,那么,意向性就只有根据超越才是可能的,但它既不与这种超越相同一,根本也不是反过来本身就成为使超越可能的东西"[3]。可见,"正是此在的超越性使其处于敞开状态,而各种世界内存在者正是在此敞开状态中才与此在相遇照面,得

---

[1] 苏宏斌. 2002. 现象学的意向性理论述评——从胡塞尔到梅洛-庞蒂. 电大教学, (4): 44-48.
[2] Heidegger M. 1982. The Basic Problems of Phenomenology. Hofstadter A, trans. Bloomington: Indiana University Press: 63.
[3] 海德格尔. 1996. 海德格尔选集. 上海: 上海三联书店: 166.

到领会，并进一步专题化为'意向对象'的"①。从这个意义上来看，意向性并不是更为在先的一种特性，"意向性是奠基于此在的超越性之中的，而且只有在超越性中才是可能的，而不是相反"②。基于此，有关意识活动的意向性的研究就被海德格尔改造成为有关"此在及其超越性"的研究。正是在这个意义上，我们可以说，在海德格尔这里，现象学的中心问题已经成为存在论问题，而不再是先前的认识论问题了。

通过以上分析可知，海德格尔对胡塞尔意向性理论所进行的哲学改造，其实质是将其关注的基本问题从胡塞尔所强调的知识的基础转移到人的存在的基础上来。他在接受胡塞尔的现象学方法的同时摒弃了胡塞尔的先验意识理论，并且把这种现象学方法同他的存在论结合起来。如果我们说胡塞尔是在纯粹意识的基础上来阐明意向性的，那么海德格尔则是从存在的角度来探讨意向性的。不仅如此，他还认为日常的意向性非常重要，也就是说，解释意识其中一个很重要的途径便是从日常的生活经验着手。除此之外，"如果说胡塞尔用的是现象学的还原方法，那么，海德格尔所运用的是解释学的归纳法"③。对于胡塞尔来说，阐明意向性是要理解对象的呈现模式；而对于海德格尔来说，阐明意向性是要对存在进行解读。这样，在海德格尔的哲学中，主体不再属于先验的世界，也不再具有先验的本质，在此意义上，它已不再是独立存在的主体，而是在对存在着的领悟中逐渐体现出来的主体。

同样是以存在主义的立场为基础，萨特却与海德格尔完全不同，"萨特尽管也不满于胡塞尔的先验现象学立场，但却不主张抛弃胡塞尔的意向性概念"①，相反，他把意向性作为其构筑现象学理论的一个重要概念性基石，并在胡塞尔意向性理论的基础上进行了以下三个主要方面的改造：其一，萨特对胡塞尔所谓的先验自我的存在加以彻底的否定；其二，萨特将"感

---

① 苏宏斌. 2002. 现象学的意向性理论述评——从胡塞尔到梅洛-庞蒂. 电大教学，（4）：44-48.
② Heidgger M. 1982. The Basic Problems of Phenomenology. Hofstadter A，trans. Bloomington: Indiana University Press: 162.
③ 章士嵘，王炳文. 1996. 当代西方著名哲学家评传（第二卷：心智哲学）. 济南：山东人民出版社：27.

觉材料"也从意向性理论中剔除了,而这也是胡塞尔意向性理论中的一个重要内容;其三,萨特进一步对"意向对象"这一概念作了否定。[①]究其实质,萨特对胡塞尔意向性理论进行哲学改造目的是,抛弃先验的自我,使意识得到彻底意义上的透明化。萨特将意向性作为其存在主义哲学的基本概念之一,认为意识具有意向性和透明性两大特征,而且这两大特征是相互依存的。换言之,意识之所以是充分意向的,正因为它是完全透明的;而它之所以是完全透明的,又在于它是充分意向的。另外,自为存在(being-for-itself)与自在存在(being-in-itself)之间的对立构成了萨特现象学本体论理论体系的基本框架。它旨在表明意向活动是一种自由设定对象的自为活动,也就是说,自为是充分意向和完全透明的,它不受自我意识的限制。自在则不是意向的,而且非常模糊,但它可以为意向活动提供特定的素材与背景。进一步来说,一旦自在被特定的意识活动意向到,它便可成为一种自为存在。

三、梅洛-庞蒂对意向性理论的现象学重铸

梅洛-庞蒂从现象学的立场出发,反对萨特关于意识完全透明的观点,也不赞同萨特把自为和自在对立起来。"或许正是由于不满萨特重蹈二元论的覆辙,梅洛-庞蒂重新返回到了胡塞尔和海德格尔的立场,试图通过意向性理论来寻找到摆脱二元论藩篱的出路。"[①]但是,与两者不同的是,梅洛-庞蒂既不赞成胡塞尔的见解,也不认同海德格尔的主张,他独创性地提出了一种"身体意向性"的观点。按照其观点,"身体-主体"(body-subject)是一个关键性概念。这是因为,"身体"本身就是两者的一个整体总和,所以"身体"既不是单纯的主体也不是单纯的客体;既非物质,亦非意识,而是处于两者相互对立之外的"混合体"。不难看出,依据梅洛-庞蒂的看法,只有身体的意向性才是真正意义上最初始的意向性。"当然,这样的身体已不再是意识进行意向性活动的工具,也不是对象世界的组成部分,而是人类根本的存在方式。"[①]在这里,身体的意向性可以在一定的基础上

---

① 苏宏斌. 2002. 现象学的意向性理论述评——从胡塞尔到梅洛-庞蒂. 电大教学,(4):44-48.

与其所处的外部世界持续地发生相互作用，而恰恰是通过这样一种相互作用，我们才能够凭借我们自己的知觉体悟到对象所具有的真正意义。

综上所述，"梅洛-庞蒂的意向性理论可以说是胡塞尔与海德格尔两种立场相结合的产物"[①]。一方面，他接受了胡塞尔的意识与对象之间具有中介的想法，而进一步认为身体就是这个中介；另一方面，他秉持着海德格尔存在哲学的基本立场，并进而认为身体是一种存在方式。不言而喻，梅洛-庞蒂已在胡塞尔与海德格尔之间，在先验现象学与存在本体论之间，开辟了一条对意向性理论进行重铸的独特道路。

第三节 意向性理论的分析哲学研究传统及其当代发展

20世纪末以来，意向性问题的研究在分析哲学的境遇下取得了重大进展，语用论及言语行为论的意向性理论构成了后期语言哲学的重要论题，作为分析哲学新生力量的心灵哲学的崛起，又为意向性理论的发展提供了新的契机与论域，形成了意向性研究的自然化和社会化两大认识取向。

一、意向性理论的语言哲学诠释及其发展

意向性理论不仅是后期语言哲学的重要论题之一，也是其最有成就的理论之一。一方面，意向性理论不可避免地触及了人类心灵的域面，为求解各种语言哲学难题使其摆脱理论困境提供了启迪性的视域；另一方面，从语言哲学的角度解读人类的心灵，探讨心理现象的本质与特征，反过来可为心灵哲学开辟新的研究视角，从而为其众多问题的解决提供独特而有效的尝试。正是从这个意义上来看，无论是哲学家按照语言去解释意向性，还是从意向性的角度去阐释语言，都充分说明了语言与意向性之间所具有的密切联系和不解之缘，也都在很大程度上丰富了意向性的研究。事实也正是如此，伴随着维特根斯坦、奥斯汀（J. L. Austin）、塞尔等各具特色的

---

① 苏宏斌.2002.现象学的意向性理论述评——从胡塞尔到梅洛-庞蒂.电大教学，(4)：44-48.

语言哲学理论的深入和展开，意向性理论的内容及意义也在语言分析的层面上得到了进一步的充实、丰富与拓展。

（一）维特根斯坦语用论的意向性理论

在对意向性基本特征的认识上，维特根斯坦与胡塞尔等的观点相类似，他也认为意向活动总是指向一定的对象，具有一定的方向性，意向性的基本特征为指向性。但他的意向性理论与胡塞尔等的理论有根本不同，其独特性就在于，他主要是在"语言的使用"这一层面上来阐述意向活动、意向内容及对意向对象的把握等问题的，例如，在如何把握意向对象这一问题上，如果说胡塞尔是依据"概念化"的方式把握某一对象，那么维特根斯坦则强调意向对象通过语言的用法显示出来，而不是依赖于概念。"因为语言的用法不是表明某种普遍的概念，而只是表明在使用中所意向的内容……所以在维特根斯坦看来，意向的对象并不是某种概念的内容，也不是人们通常认为的某种对象，而只是语言使用者在某个语境中所意向的东西。这种东西可能是，但也不一定是某个现实的对象。"[①]

可见，根据维特根斯坦的观点，是我们日常使用的语言表达了意向性，这与抽象化的、符号化的、概念化的、逻辑的语言有根本的区别，后者是不可能具有意向性的。"意向性应当与意志相联系，但意志并不是纯粹的意识活动，而只是想要使用语言表达意向的一种意愿，它是在使用语言之前就出现的，而且只能是在语言活动中才得到证实的。"[①]正是在语言的使用中，意向性逐渐呈现并充满于语言的形式当中，而在此过程中，语言的各种意义形态也显现出来。从这个意义上来讲，语词意义是在特定的语言游戏中给定的。换言之，语词的意义就在于它在语言游戏中扮演的角色，在于它在语言中的用法，而不是由其所指称的对象来决定。在语言游戏中，意向性的意义充分表达了语词之意义扩张的情景性。而在生活形式中，在语言游戏的实践之中，意向与其实现之间的联系在心灵之外也得以建立。因此，意向活动与意向对象之间的联系也"存在于一系列游戏规则之中，

---

① 江怡. 2005. 现代英美分析哲学//叶秀山，王树人. 西方哲学史. 第八卷. 南京：江苏人民出版社：484.

存在于对这些规则的教导之中，存在于游戏的日常实践之中"①。

可以说，"生活形式"与"语言游戏"在这里成为维特根斯坦刻画其意向性理论的一个重要范畴。在他看来，语言游戏作为最后的东西，由语言及我们的活动交织在一起所构成，而相信、想望、意欲、理解意向活动等都借助于语言活动外化为生活形式。也正因为如此，所有的意向性问题都应当在语言应用（即语言在语言游戏中的实际应用）的层面上得到说明，通过语言我们无疑可以把握各种意向状态作为人类生活形式的本质。因此，从这个意义上讲，"意向是植根于情境中的，植根于人类习惯和制度中的"，也就成为维特根斯坦意向性哲学的一个集中写照。总之，维特根斯坦关于意向性的思想及其在这方面提出的论题，已成为后来语言哲学发展的一个重要研究领域，并成为之后意向性问题研究的一条主要方法论原则。

（二）言语行为论的意向性理论

作为日常语言哲学最重要的代表人物之一，奥斯汀创立的言语行为理论（speech act theory）对语言哲学的发展在整体上产生了深远的影响。奥斯汀在维特根斯坦的意义用法论、生活形式论、语言游戏论的基础上进行研究，也认为语言在人的活动中具有多种多样功能的思想，并据此提出了"语言也是人的行为"这一独创性论断，以"说话就是做事"为切入点探讨了语言、人及世界之间的关系，试图证明进行语言分析是为了进一步说明我们使用语言谈论的世界。但与维特根斯坦所不同的是，奥斯汀并不赞成语言游戏就是最后的东西的看法。他坚持认为支配语言使用的人类心灵是比语言更为根本的东西，就人类行为而言，"我们需要认识到，甚至是那些'最简单的'有名称的行为也不是那么简单的——它们的确不是仅仅做一些身体的运动，然后，我们问，还有什么东西在里面（有一些意向在里面吗？有一些常规在里面吗？），什么东西没有在里面（没有运动吗？），以及在一个行动中，我们使用的复杂的内在机能的详细内容是什么——理智的作用，对情况的估量，援引了一些规则、计划并对执行加以控制，等等"②。

---

① Wittgenstein L. 1956. Remarks on the Foundations of Mathematics. Oxford: Blackwell: 197-204.
② Austin J. 1970. Philosophical Papers. Oxford: Oxford University Press: 180.

从奥斯汀的陈述中可以看出,他的思想已经直接打开了语言哲学通向人类心灵的研究进路。虽然这只是初步论及了言语行为与心理意向的关系,也没有从真正意义上探讨心理意向问题及言语行为与心理意向的关系,但他的思想无疑为后来言语行为论的意向性理论的建立,奠定了重要的基础。

美国当代著名语言哲学家约翰·塞尔沿着奥斯汀的路线,进一步补充、发展和完善了言语行为理论。他仍然从语言哲学的角度出发,但将重心深入到了人类的心灵层面,全面探讨了言语行为与心理意向两者之间的相互关系。那么,塞尔又是如何将言语行为理论同意向性理论直接联系起来,并以此来考察意向性与语言两者之间关系的呢?简而言之,塞尔是从对言语行为结构进行分析为起点来构建其言语行为意向性理论的。在他看来,意向状态与言语行为之间的密切联系不仅表现在后者根源于前者,前者决定并表现于后者之上,而且两者对事物和事态的表达还具有很高的相似性。因此,通过揭示言语行为的结构及特征,也能在结构层次上进一步表明意向性与语言的关系。具体而言:第一,言语行为和意向性的逻辑结构都包括内容和形式两个方面,无论何种形式的意向心理状态都有特定的命题内容(propositional content),而言语行为能表达一定的语义内容也总是通过特定的语言或言语形式来实现的。第二,言语行为语句和意向性语句都有特定的适合方向。言语行为有"从世界到言语"(如"承诺""命令"等)和"从言语到世界"(如描述某一外在事态)的适合方向,而意向状态也有类似的"从世界到心"(如"想望""意欲"等)和"从心到世界"(如"相信""感知"等)的适合方向。第三,意向状态构成了言语行为的真诚性条件。"言语行为的完成必然是相应的意向状态的表达。"[①]第四,在存在着适合方向的情况下,言语行为和意向活动都可使用满足条件这个概念来说明,两者有相同的满足条件。

通过以上对意向状态与言语行为之间四种联系的分析,塞尔阐明了意向性在语言层面上的一个基本结构特性,即每一种意向状态都由某种心理

---

① Searle J. 1983. Intentionality: An Essay in the Philosophy of Mind. Cambridge: Cambridge University Press: 9.

模式和对内容的描述所组成。虽然是通过不同的方式和手段，但言语行为与意向状态都同样表达了对象和事态。正是由于这种结构相似性的存在，我们可以按语言的行为去解释意向性，既然说话者的内在意向可通过言语行为来表达，那么揭示了言语行为的特性便可间接揭示意向性的特性。虽然其思想在一定程度上带有行为主义的倾向，但在事实上，塞尔认为可以通过言语行为来解释意向性，并不意味着可以将意向性结构还原为言语行为结构。在他看来，两者虽然存在一定的可比性，但通过类比来研究意向性只是一种方法、一种手段，这并不表明意向性在本质上必然是语言的。两者的关系恰恰相反，应当是语言源于意向性。

显然，塞尔的意向性理论较奥斯汀的理论更为全面、系统、深刻、独到，这是因为他将意向性的分析置于一个更广泛关联的背景之中，即把意向性与其他有关事件、现象、状态、属性联系起来进行考察，探求其意义、结构关联，这无疑在更宽泛的意义上推展、完善了言语行为的意向理论。当然，这里有必要说明的是，言语行为论的意向论只是塞尔意向性理论的一个部分。事实上，塞尔还从其他角度与层面，如意义与意向性、意识与意向性，以及意向性的性质、分类及其在自然界中的地位等方面，对意向性进行了细致而深入的探讨。更为重要的是，他还将意向性的研究置于社会视角之下，在集体意向性的层面给予语言、心灵与社会三者关系以独特的分析，并提出了制度性实在的相关理论，其独创性可谓不言而喻。

除上述意向性理论之外，仍有许多学者从不同的视角出发在语言分析的基底上对意向性进行了大量的研究，如齐硕姆（R. M. Chisholm）对意向性逻辑特征的语言哲学论证等。这些理论都从语言分析的角度对意向性本质及其特征的探讨作出了一定说明。需要说明的是，本书主要从语用论与言语行为理论等方面考察意向性在语言哲学中的发展，但事实上，这些理论都具体涉及意向性与语言哲学中的基本问题（如意义问题、指称问题等）之间关系的探讨。鉴于本书的重点不在于此，因而并没有对之进行专门的探讨。毋庸置疑，正是由于语言哲学对意向性问题的关注及语言分析方法的运用，意向性理论取得了前所未有的突破与进展。

二、意向性理论的心灵哲学重建及其特征

（一）分析哲学的新生力量：心灵哲学的当代崛起

"当代心灵哲学通常被看作是继逻辑实证主义之后在分析哲学中占主导地位的哲学。"[①]在 20 世纪后期，分析哲学内部发生了鲜明的认知转向，这直接导致分析哲学的重心由语言哲学转向了心灵哲学。正如江怡教授所言，"分析哲学家的兴趣在 20 世纪最后 25 年的显著变化是从意义和指称问题转向了人类心灵问题"[①]。促成这一转向的原因包括以下两个方面：其一，语言哲学内在发展的压力。消解语言哲学指称、意义等理论的自身困境这一基本诉求，促使分析哲学家们在意向性的层面找到了新的切入点。不难看到，"语言哲学在其发展后期的理论中已融入了诸如意向性等鲜明而深刻的心理成分"[②]。因此可以说，语言哲学内部发展的压力最终导致关于语句意义、指称等问题的研究越来越指向关于信念、欲望等命题态度（propositional attitude）的心灵哲学问题。[③]其二，当代自然科学的成就，特别是科学心理学、神经科学、计算机科学、认知科学的日新月异，使人们更多地关注人的认知、心灵、意向性等问题，这在本质上也与心灵哲学的核心论域不谋而合。"可以说，当代心灵哲学的兴起，正是现代科学发展的直接结果，也是分析哲学家放弃原有的分析传统，拓宽研究视野的产物。"[①]而在上述科学与哲学双重背景下，意向性问题自然成为相关领域必须面对的一个焦点性问题。正是在这个意义上，心灵哲学在当代的崛起无疑为意向性理论在分析哲学传统中的进一步推展提供了新的理论平台和方法支撑，意向性问题的研究也在当代心灵哲学中找到了新的理论生长点。

（二）意向性理论的自然化认识取向

当代心灵哲学与分析哲学中传统的一些早期理论及语言哲学之间有着重要的区别，"这主要体现在心灵哲学基本上是根据认知科学的基本假设，

---

① 江怡. 2004. 当代分析哲学的最新发展. 厦门大学学报（哲学社会科学版），（2）：5-12.
② 王姝彦，郭贵春. 2005. 试论科学哲学的"心理转向". 自然辩证法研究，（4）：32-36.
③ Burge T. 1992. Philosophy of language and mind：1950-1990. The Philosophical Review，101（1）：3-51.

即通过与计算机的功能类比中去观察和说明心灵的活动"[1]。这一假设前提直接产生了当代心灵哲学发展的自然主义特征，而在自然主义认识取向下，意向性问题有了新的含义和内容，归结起来，其核心便成为心身关系基点上的意向性在自然界中的地位和作用问题。具体而言，即意向心理状态与物理状态的关系如何，意向心理状态是否能还原为物理状态，意向心理内容是宽内容（wide content）还是窄内容（narrow content），意向性在自然界中有无因果作用，等等。

大体而言，当代心灵哲学的主流理论都可以统摄于以物理主义为基底的自然主义理论框架之内，主要有心身同一论、功能主义、取消主义及工具主义等。心身同一论坚持认为，心灵和大脑并非两个不同的实体或属性，两者是同一个事物。心理状态或过程在实质上就是身体的状态或过程（大脑的状态或过程）。功能主义极力主张，心理的属性在某种意义上要依赖于物理的属性，这是因为与心理属性同一的功能属性是通过物理-化学的方式来实现的，意向属性也是如此。而按照取消主义的观点，"心理性质既不能还原为物理性质，也不能随附于物理性质上。因为根据其主张，信念、愿望和其他为我们所熟悉的意向状态本身是不存在的"[2]。至于工具主义，则没有取消主义那样极端。它承认意向性术语在日常心理解释中的有用性，但否认意向心理状态的实在性。在上述流派的争锋与对决过程中，意向性的本体论地位及其自然化问题也就成为整个心灵哲学将心灵进行自然化诉求的一个理论难题与关键。

（三）意向性理论的社会化认识抉择

当代认识论经历了深刻的变革，沿着自然化、语言化、社会化等方向形成了多元化的发展趋势。尽管自然化是这一发展进程中的主流趋向，但其他的，尤其是社会化的发展趋向也是不容忽视的。事实上，几乎是在自然主义产生的同时，科学与哲学的研究中就已出现了社会化认识的思潮。

---

[1] 江怡. 2004. 当代分析哲学的最新发展. 厦门大学学报（哲学社会科学版），(2)：5-12.
[2] Stich S. 1996. Deconstructing the Mind. Oxford：Oxford University Press：116.

具体到心灵哲学领域内，情况也是如此。虽然在意向性问题上，当代心灵哲学认识论的主流是自然主义的，但哲学家们却难以对意向心理现象形成及发挥作用过程中的社会因素视而不见。如果仅仅从纯自然的角度来考察意向性问题，而忽视了其与社会因素的密切相关性，势必会有碍我们全面地把握意向性的本质。因此，在对意向性认识过程中采取自然化研究方式的同时，运用社会化的研究方式也是必不可少的。从这个意义上来讲，社会化的抉择也成为未来意向性问题研究的一个重要取向。

可以说，意向性与社会因素之间的关联是双向性的。一方面，从社会至意向性这一视角讲，社会环境对于人类种种意向形式的形成具有重要的作用。在此意义上，意向性的各种形式都具有一定的社会属性。人类的意向理解力并不是天生就完全具备的，其发展是先天与后天、遗传与环境等诸因素相互作用的结果。婴儿必须通过与成人的社会相互作用才能习得常识心理学，从而产生特定的意向理解力。此外，意向性要发挥其指向对象的作用只有在一定的社会中才能实现。常识心理学凭借信念、欲望等意向心理状态的归与从而完成对他心的归属、对他人行为的理解、预言、解释和评价，这在本质上也是一种社会实践、一种社会的认知过程，都是适应社会文化规范（enculturate）的产物。[1]

另一方面，从意向性至社会这一角度看，作为心灵的运作方式，意向性在一定意义上构筑了我们的社会实在。这一过程充分体现了集体意向性的作用与功能。"社会的和制度性的实在并不是凭借其物理特性来执行其功能，而是凭借集体的接受、承认或相信某种事物具有某种功能，这种功能被称为地位功能……人类通过集体意向性赋予事物以地位功能，从而创造了社会的和制度性的实在。"[2]正是在这个意义上，"一个物种有了集体的意向性自动地具有了社会的事实和社会的实在性"[3]。此外，意向理解力构成

---

[1] Eckardt B V. 1997. The empirical naivete of the current philosophical conception of folk psychology//Carrier M, Machamer P K. Mindscapes: Philosophy Science and the Mind. Pittsburgh: University of Pittsburgh Press: 23-51.
[2] 约翰·塞尔. 2001. 心灵、语言和社会——实在世界中的哲学. 李步楼，译. 上海：上海译文出版社：6.
[3] 约翰·塞尔. 2001. 心灵、语言和社会——实在世界中的哲学. 李步楼，译. 上海：上海译文出版社：128.

了社会认知必要的心智基础。社会认知是个体行为的基础，它是个人对他人的心理状态、行为动机、意向态度等作出推测与判断的过程。个体的社会行为就是在此社会认知过程中作出各种裁决的结果。社会认知的过程既是根据认知者的过去经验及对有关线索的分析而进行的，又必须通过认知者思维活动（包括某种程度上的信息加工、推理、分类和归纳）来进行。而无论是前者还是后者，其整个过程无不与认知者对认知对象的意向理解、行为解释及预言、评价有着密切的联系。一个人的社会认知能力是指这个人在与其生活经验相关的各种社会现象、关系的认识过程中所形成并表现出来的一种稳定的心理特征，它主要包括以观点采择能力为核心的理解觉察、解释推断及评价等能力。意向性分析的作用恰恰渗透于上述每个要素和环节当中。意向性概念作为社会认知的心智基础，"它是我们认识外部世界的条件和枢纽，是行为的内在动力，从而是人们相互理解、解释、预言和社会联系得以可能的主要根据，是对行为进行道德、法律评价的重要参照系"[1]。正是在意向分析的基础上，人们可以觉察他人的思想与态度，推断他人的情感与意图，了解自己与他人的社会角色定位，从而较准确地解释与评价他人的社会行为，进而为自己选择和执行某种更为合理、恰当的社会交往及行为策略。所以，意向性在社会认知中的关键性地位正是体现于行为理解、行为解释、行为评价等过程当中。

由以上分析可知，意向性并不仅仅是个体心灵的特征，在更广泛的意义上，人与人之间互相作用的过程中也往往存在着意向性特征。可以说，"在很多情况下，意向是个人以及个人与环境之间相互作用的突现产物，因而它们是以分布的方式存在于个体之间的"[2]。换言之，意向性的形成无法脱离具有动态性特征的社会过程。"随着对意向性认识的不断深入，人们普遍认为，意向性不仅是个体行为的特征，而且是群体行为的特征。"[3]作为哲学、心理学研究的重要课题之一，意向性不仅是心理现象的重要特征之

---

[1] 刘占峰. 2002. 论社会认知中的意向性. 华中师范大学学报（人文社会科学版），(6)：13-18.
[2] Gibbs W R. 2001. Intentions as emergent products of social interactions. Cell Proliferation，24（5）：517-523.
[3] 刘占峰. 2002. 论社会认知中的意向性. 华中师范大学学报（人文社会科学版），(6)：13-18.

一，它与社会层面上的关联及在社会层次上的作用也受到越来越多人的关注。正如梅尔（B. F. Malle）等所言："意向性是一种具有从概念到人际间的乃至社会的等多种功能的工具；而且它还是涉及知觉、解释、相互影响等广泛应用领域的工具。"[①]

总之，意向性具有一定的社会属性已然是一个不争的事实。意向不仅存在于个体的心灵中，而且存在于人与人之间相互作用的集体过程中，由动态的社会过程所形成。反之，意向性一旦形成又作用于社会，参与社会制度的构建，并在社会认知过程中发挥心智基础作用。正因为如此，意向性认识的社会化抉择无疑也是必要的研究路径之一。

当然，当代心灵哲学的主流仍然是自然主义的，本书的重点也是在自然主义命题之下来对意向性问题加以讨论，因而之后的几章也是围绕自然化语境下意向性问题的理论要旨展开的，即意向性在自然界中的本体论地位、意向性的自然化途径、意向解释的地位与特征。

三、意向性的特征、分类与作用

随着意向性论题在分析哲学研究传统中的不断深化与展开，意向性论题已发展为一个有着较完善及稳定理论体系的问题域。概言之，这一视域中意向性论题的核心内容主要集中于以下几个方面：其一，意向性的性质与特征；其二，意向性的分类与结构；其三，意向性的地位与作用。可以说，当代心灵哲学对意向性的本质及其与意识、语言的关系等问题的探讨，都是围绕这些基本问题并在其基础上推展开来的。

（一）意向性的性质与特征

无论是借助意识分析来解释意向性，还是凭借语言的理解来认识意向性，抑或是通过现代科学及其方法来阐发意向性，意向性的性质与特征问题是必须面对的首要问题之一。通常情况下，意向性的特征问题与其性质问题是交织在一起的。对意向性性质与特征的描述集中体现于如下几个

---

① Malle B F, Moses L J, Baldwin D A. 2001. Intention and Intentionality: Foundations of Social Cognition. Cambridge: The MIT Press: 1-2.

方面。

其一，意向性是一种属性。毋庸置疑，意向性并不是某种心灵实体，而是一种属性。作为某种属性，其意义就在于意向性只是从活动主体意义上而言的，它既非物质性的实体，也非心灵意义上的那种实体。意向性的这一本质特性，在布伦塔诺关于意向性的描述中就已提到，在当代心灵哲学的众多理论和流派中，也得到了广泛的认同。

其二，意向性是一种指向性。作为一种属性，意向性在根本上是一种指向性，即诸种心理状态或活动指向对象的一种特性。意向性是各种心理状态所具有的指向或关旨世界中存在的客体、事态及关系的一种属性特征。换言之，"意向性是某种心理状态的特征，由于这种特征，心理状态指向或涉及世界中的客体或事物状态"①。可以说，指向性是意向性最具根本性意义的一种属性特征，只要心灵处于某种意向状态，那么其必定指向、关旨或涉及某一对象客体（或某种事态、某种关系）。

其三，意向性一般具有意识性。我们都知道，许多意向心理状态（如欲求、信念等）通常情况下是具有意识性的。虽然意向性与意识并不具有同一性（一方面，某些具有意识的心理状态并非是意向心理状态，如某些本体感觉状态；另一方面，某些意向心理状态在某些情况下是无意识的，如某些状态持有者当下没有设想或意识到的信念状态），即"有意识的心理状态与意向的心理状态是交叉重叠的，但不是等同的，也不是一类包含另一类的关系"②，但两者之间的关联是毋庸置疑的。尽管对于意向性的意识性特征，学界目前仍存在许多争议，但如果脱离开意识性这一重要特征来讨论意向性的本质问题，就无法获得较全面的认识。

其四，意向性具有特定的逻辑结构。意向心理状态（如欲求或信念等各种命题态度）一般都具有内容和形式两个部分。通过前者，心灵可以指向、关旨或涉及某一对象或事件或状态，而后者则是指某种特定的心理类型或方式，比方说欲求、相信、喜爱、憎恨、怀疑等。毋庸置疑，不同形

---

① Searle J. 1980. Minds, brains and program. Behavioral and Brain Sciences, 3 (3): 417-457.
② Searle J. 1983. Intentionality: An Essay in the Philosophy of Mind. Cambridge: Cambridge University Press: 2-3.

式的意向心理状态可以有相同的内容，例如，对于"特朗普是美国的现任总统"这一心理内容而言，我们可以采取不同的心理形式。我们可以相信（即相信"特朗普是美国的现任总统"），我们也可以期望（即期望"特朗普是美国的现任总统"），此外，我们还可以怀疑（即怀疑"特朗普是美国的现任总统"）。同样，就某种特定的心理形式而言，也可以拥有诸种不同的内容。

其五，意向性心理状态具有一定的表征（representation）能力。不言而喻，意向性心理状态可以表征世界上的事物、事态或关系。意向心理状态的内容是关涉世界的。意向性通过其内容指向世界中的某一对象事件或状态，在此过程中也就以此方式与世界建立了某种特定的关联。这种关联所体现出的关系便是一种意向心理状态与其所关旨、涉及的对象、事件或状态之间的表征关系。由此，意向状态在此意义上就可以被认为是一种表征状态。

其六，意向性具有一定的社会性。意向性心理现象的产生有其必然的历史、文化、社会等语境因素，意向性作用的发挥也必定要依赖于特定的历史、文化、社会、语言等实践语境。作为意向性不可或缺的特征之一，社会性正是体现在上述两个方面。可以说，一定的社会、历史、文化条件是意向心理状态所依赖的一个重要的外部条件。[1]这一特征也是对意向性与世界两者之间所具有关联的又一次深刻说明。

其七，意向状态具有一定的因果作用。特定的意向心理状态可以引起或产生特定行为或其他心理状态。这就是说，"它们通过意向的因果关系导致一种符合，即导致它们所表征的事态，导致它们自己的满足条件"[2]。虽然意向关系并不是严格意义上的因果关系，意向法则（intentional law）也不是基本意义上的物理法则（physical law），但意向心理状态具有一定的因果作用显然是一个不容置疑的事实。特定的意向心理状态导致的特定行为或心理状态在日常生活中可谓比比皆是，甚至构成了人们日常行为的一种

---

[1] Burge T. 1986. Individualism and psychology. Readings in Philosophy & Cognitive Science, 95 (1): 719-744.
[2] 约翰·塞尔. 1991. 心、脑与科学. 杨音莱, 译. 上海：上海文艺出版社：51.

基本模式，例如，某人有"品尝某种食物"的欲求，伴随这一欲求，某人真的去购买并品尝了这种食物。不言而喻，对意向性因果作用的描述与刻画，不仅有助于我们进一步对意向性本质进行理解，也为我们进行"行为预测""行为理解"或"行为评价"提供了至关重要的理论和方法论基础。

以上是对意向性性质与特征的一个概略性说明，当然，意向性并非仅限于上述特性，它的意义与内涵随着人们对之研究的深化仍在不断地拓展。无论如何，当代西方心灵哲学对意向性深入而广泛的探讨都是在上述基础上展开的。

（二）意向性的归属、分类与结构

自布伦塔诺将意向性视作是心理现象与物理现象之间的区分标志之后，心灵哲学中一直存在着一种倾向，即认为意向性只是心理现象独有的一种属性，而且它只存在于有意识的心理现象当中，一切非心理活动、状态和事件都不具有这一特性。然而，这一观点在当代的心灵哲学研究中已经受到了严峻的考验。不少学者已开始关注此问题，并认为，意向性尽管不可否认地存在于某些有意识的心理现象当中，但某些无意识的心理现象之中同样可以具有意向性。无论上述两种观点孰是孰非，与之相关的种种争议已使得意向性的范围、归属问题及与之密切相关联的形式、种类问题，成为意向性理论体系中的一个基本的范畴。许多哲学家通过对其种类的分析来阐明在意向性归属问题上的主张。例如，塞尔对意向性进行了基本分类，并在此基础上指出，意向性属性并非心理现象所独有，在其之外的许多事物也可以具有意向特征，如人类的言语行为便可指向或关涉某一事物或状态。具体地讲，塞尔对意向性的分类是从以下三个方面展开的：首先，他认为，可以将意向性划分为有意识的和无意识的两种类型。有意识的意向性，我们随处可见。但在某些时候，我们的心理状态在指向某一对象时，我们却并没有意识到这种状态，因而此时的意向性就是一种无意识的意向性。其次，塞尔认为，还可将意向性划分为内在的和派生的两种类型。各种类型的信念就是所谓的内在意向性，而派生的意向性则是从内在的意向性派生而形成的。例如，"一句话可能具有意向性，正如一个信念具有意向性一样，但信念所具有的意向性是固有的，而话语所具有的意向性则是派生的。"①最后，塞尔认为，意向性还可以被划分为真正的意向性（intrinsic intentionality）与似真的意向性（"as if" intentionality）两种类型。上述两种意向性都可以被看作是真正的意向性。至于似真的意向性，是指某些本无意向性的事物却可以通过隐喻或拟人的方式而被赋予特定的意向性，例如，"某一房间中的恒温器感觉到温度的变化"；又如，"干渴的土壤想喝水"；等等。不难看出，经过塞尔的划分，意向性特征已远远超出了心理现象的范畴。

戴维斯（K. E. Davis）在接受塞尔基本观点的基础上，又将对意向性的划分更加细致地推进了一步。在他看来，意向性并不是一个单一的概念，它可以有多种类型。他直接把意向性称为关旨性（aboutness），并且将其划分为以下五种基本类型。

其一，态度关旨性（attitude aboutness），也就是我们的欲求、信念、愿望、担心等命题态度所具有的关旨性。由于命题态度总是指向或关涉一定的事物、属性或状态，因此它本身固有的特性也就决定各种类型的命题态度都具有一定的意向性特征。

其二，语言关旨性（linguistic aboutness），即某一语句所具有的关旨性。在他看来，某些公共语言的表达也具有特定的意向性，这里公共语言的句子总是指向其之外的某东西，如"首尔是韩国的首都"就是这样的句子。此外，地图、画图等约定俗成的符号也可以说具有特定的意向性。在这里，语言也是一种约定俗成的符号。因此，这种意向性在一定意义上是一种约定关旨性（conventional aboutness）。当然，这种意向性毫无疑问都是以命题态度为前提的，由此，"它是一种派生的意向性：派生的而非固有的，但仍然是真正的，而非'似真的'。当我们说一个句子或话语具有意义或相关性的时候，不管我们是在做什么，我们并不是在假装哪个言语的东西是心

---

① Searle J. 1983. Intentionality: An Essay in the Philosophy of Mind. Cambridge: Cambridge University Press: 27.

理状态的载体"①。

其三，标识关旨性（indicator aboutness）。这种意向性也可以说是一种具有象征性的关旨性，主要是指在对某一事物、状态或性质进行预言或表征意义上的意向性，例如，"这些红点意味着麻疹"就属于这一种类型。

其四，经验性关旨性（experiential aboutness）。这种意向性是一种与人们心理状态有关联的知觉经验所具有的对某种事物的指向性，例如，"听"这种经验指向了声音，使其具有了某种特征（如其方位、强度等特征）。显然，"这种经验的关旨性与态度的关旨性有着十分密切的关系，因为我们可以在这样的经验基础上形成信念"①，例如，在听到声音来自左边的基础上就会产生与之相应的信念（意向心理状态）。

其五，所谓的下信念的关旨性（unconscious aboutness）。这是一种无意识心理的意向性，即认知心理学理论中所假设的某些我们所意识不到的心理状态。"存在具有关旨性的无意识的心理状态。至少认知心理学和理论语言学需要这样的状态。这些学科中，通向经验直至信念的无意识过程当然是使用内容的语义的语汇来描述。"①可见，这种意向性是抽象的，它潜在地指向对象。但也恰恰是由于这种类型的意向性，无意识的心理状态才可能导致经验，甚至导致信念之类的有意识的意向心理状态。

通过上面的分析可知，在戴维斯眼中，意向性概念或者其关旨性概念已然不仅仅是心理现象的标志。就他的意向性理论而言，意向性并非一种独特的现象，而是一些自然现象、社会现象与心理现象共有的一种特征。

综前所述，塞尔与戴维斯对意向性归属及分类的看法，从根本上改变了传统哲学对于意向性的本质界定。通过他们的解读，意向性不再是心理现象独有的属性，而是许多现象、事件、状态共同具有的一种属性。我们姑且不去讨论上述关于意向性归属及分类的几种看法是否正确、合理，有一点是毋庸置疑的，即正是在非心理层面对意向性的探讨，为当代哲学在更广的范围内研究意向性问题开辟了新的途径与思路。当然，从根源上说，

---

① Davies M. 1995. Consciousness and varieties of aboutness//Macdonald C，Macdonald G. The Philosophy of Psychology：Debates on Psychological Explanation. Oxford：Blackwell：356-392.

非心理现象中的意向性是必须依赖于心理状态的意向性的。正是基于此，尽管我们承认从非心理层面来讨论意向性会给我们带来一些角度、方法和思路上的启迪，但要想从根本上阐明意向性的特征、性质、地位及作用，还是应当回归到心理的域面中来。

那么，不同类型的意向性有无统一的结构呢？这是随之而来的问题。到目前为止，最为基本的观点是，从结构的意义上来讲，可以简单地将意向性阐释为意向心理状态持有者（即意向主体）与命题（或内容）之间的关系。这样一来，意向心理状态就可表达为特定主体对特定的命题（或内容）所具有的特定的态度形式。基于这样的结构，意向主体可以以同样的态度形式对待不同的命题（或内容），例如，我们既相信"华盛顿是美国的首都"，我们也相信"首尔是韩国的首都"，当然我们还相信"……"。此外，意向主体也可以对同样的命题（或内容）持不同的态度。例如，对于"西安是一个古老的城市"这样的命题（或内容），我们既可以抱持"相信"的态度，也可以抱持"希望""怀疑"抑或是其他类型的态度，正是在这个意义上，意向状态被称为命题态度抑或"与命题之间的关系"。事实上，不同的态度类型只是意向性指向世界的不同方式而已，而在这里理解命题态度的关键则在于对命题（即意向内容）的把握。根据罗素的定义，命题就是"当我们正确地相信或错误地相信时，我们所相信的东西"[①]。在一定意义上，我们可将命题规定为一个有关可能世界的集合（set of possible worlds）。当然，将意向性从结构意义上理解为主体与命题这两个方面并不能够很好地把所有意向状态都囊括进来。事实上，有的意向状态（如"爱""恨"等意向形式）并不合适被分解为主体与命题的关系，我们很少说爱某一个命题。但无论如何，这样的结构性分析给我们进一步理解心灵与世界的关系以一定的启迪。

（三）意向性的地位与作用

意向性在自然界中的地位与作用问题，在当代心灵哲学中可以说一直

---

① 伯特兰·罗素. 1996. 逻辑与知识. 苑莉均, 译. 北京：商务印书馆：345.

处于核心地位。展开来说，这一问题可以表达为：意向性在自然界中究竟是不是一种客观性的存在？如果是，那么它究竟在世界上处于一种什么样的地位？作为一种属性，意向性究竟是否能被还原为其他类型的属性，比如说物理属性？如果我们肯定意向性在自然界中具有一定的地位，那么它对存在于世界中的其他事物或状态是否具有因果作用？凡此等等。意向性的地位与作用问题之所以引起了广泛的关注与讨论，是因为这一问题与当代心灵哲学之主流——自然主义有密切的关联，与心灵的自然化运动紧密相关。如果意向性在自然界中的地位与作用问题得不到合理说明的话，那么，我们就只能面临两种极端的选择，即要么选择二元论，要么就只能选择取消主义了。因此，哲学家们纷纷基于各自的哲学流派，从不同的哲学理路出发，试图针对意向性问题作出自然化的说明与解答。本书对意向性的解读也正是围绕这一核心问题而推展开来的。当然，本书并没有站在当前心灵哲学占据主导地位的物理主义的立场上来对意向性在自然界中的地位进行自然主义的阐释，而是试图基于一种生物学意义上的自主性对之给出了较新的说明。概言之，本书的基本主张是，意向性状态或意向心理现象在属性意义上是世界上的一种存在，其存在可以说是一种生物学事实。换言之，意向心理现象既非神秘而不可知的精神实体，亦非纯粹的物理状态。意向性有其特定的神经生理结构（物理结构），也有生物学意义上的自主性的一面。

  按照这一思路，如果我们承认意向心理状态以一种真实的、确定的状态存在，那么也就无法否认这种意向心理状态对自然界中的其他事物或状态具有一定的因果作用。可以这样说，意向性在自然界中的地位在一定程度上便是体现于意向心理状态之于其他事物或状态的因果作用。正如"某种类型的机体具有意向性的心理现象"是一个生物学事实，"意向心理状态在与自然界中其他事物、状态的相互作用过程中起着一定的因果作用"也同样是一个生物学意义上的事实。正因为如此，作为一种"原因"，意向心理状态能够导致某些事件或行为的发生，这与"口渴会促使有机体去饮水"、"饥饿会促使有机体去觅食"等其他现象是一样的，在本质上两者没有特殊的区别。事实也证明如此，意向解释在其他一些行为解释中的确行之有效。按照常识，当我们要解释某种行为时通常就是要去说明其原因，而这一原因往往也就是某种特定的心理状态。这里需要说明的是，其因果作用所体现出的这种特定的因果关系仅仅是一种"意向的因果关系"，因而并非那种完全意义上的因果关系。具体而言，在以标准物理科学为范式中，原因说明所遵循的是一种非常严格的基本法则，但在意向性的因果说明中则不然，如果有法则可循的话，那么也是一些非基本法则，即所谓的意向法则。此外，标准的物理科学中的因果说明在本质上是排斥任何形式的目的论的，但在意向性的因果关系中，目的性的色彩是屡见不鲜的。"说目的性是自然界的一个内在的组成部分，正是认为目的、目标、意图、意向是某些生物机体的内在特性这种观点的一个直接的逻辑结论。"[①]人类的的确确具有欲求、目的、希望、意图、计划和目标，并且毋庸置疑，它们对人类行为的产生在一定程度上起着特定的原因性的作用。这是一个不可否认的事实。尽管在后面的章节中，我们也会看到，运用意向解释对行为进行预测、解释、评价，其特征更符合一种提供理由式的解释，但从某种意义上来讲，提供理由也是一种特殊方式的原因说明，也是建立在意向性一定的因果作用基础之上的。

通过以上分析可知，信念、欲求等这样的意向的心理状态是否对相关行为及其他心理状态具有因果作用，这一问题对于阐明意向性在自然界中的地位与作用来说是重要且必要的。通常而言，如果我们按照常识来理解这个问题，那么毫无疑问，人类有机体中各种有意识的行为都与其所具有的某些内在的心理意向状态密切相关。也就是说，具有意向性的信念、愿望、欲求、意图及自由意志等心理现象或状态，作为特定的原因，通常能够引起相应的特定行为。不仅如此，通过对信念进行归与，我们还可以对我们的日常行为作出较为可靠的预测、解释和评价。正是在这个意义上，在自然界的因果链条中，意向心理现象所具有的独特的地位与作用可谓不

[①] Searle J. 1983. Intentionality: An Essay in the Philosophy of Mind. Cambridge: Cambridge University Press: 123.

容置疑。当然，在当代心灵哲学各种流派的纷争中，并不乏与上述常识相左的看法与观点。有些极端的思潮通过对常识心理学进行批判性、反思性研究，干脆得出常识的心理观念根本就是一种错误的理论这样一套取消主义理论。在这种极端的看法下，意向心理现象也必然不可能对外在事物或状态具有因果作用，当然也不可能具有因果性质。无论双方争论的结局如何，这恰恰说明意向心理现象的因果性及因果作用问题的重要性。在探究意向性在自然界中的地位这一难题时，提供理由式的意向解释到底有何特征，在日常行为预测、解释和评价中到底如何发挥作用，这些问题都是不可回避的。本书的第五章对此会有详细的论述。

总之，我们应当看到，一方面，意向性在自然界中的地位及作用是不容忽视的；另一方面，意向性系统及其作用的发挥与一般的系统之间有着很大的不同。正因为这样，在研究意向性系统时，要想给出真实、准确、科学的描述，我们就有必要把这种系统同其他非意向性的系统区别开来加以讨论。

小　　结

综上所述，无论是从现象学的角度，还是从语言分析哲学的进路去探讨意向性问题，这些都使得意向性理论在其内容、方法等方面得到了充分的发展。不难看出，在对意向性问题的探讨过程中，欧洲大陆哲学家侧重于在现象学的域面内去构架其意向性理论，而英美分析哲学家则侧重于以语言分析或以心灵哲学为基底来拓展其意向性理论。需要说明的是，对意向性问题的研究并不是仅限于上述所讨论的这些哲学家的理论范围，事实上，有许多学者从各自的哲学立场出发也都涉足过意向性问题，例如，同样身为布伦塔诺学生的奥地利实在主义哲学家迈农（A. von Meinong）在其老师意向性理论的基础上，通过对心理体验及其各自所对应的对象类型的深入分析，将对象概念与对象理论发展到了极致。又如，法国哲学家利科

（P. Ricoeur）着眼于他的意志哲学来探讨意向性问题，认为意志基本就是意向，通过意志的分析可以了解意识的意向功能。再如，美国心灵哲学家德雷斯基（F. Dretske）一反从言语行为输出这样的角度，而是根据输入信息的结构去揭示意向性结构，他利用认知科学的有关成果，通过对一般通信系统的信息的意向结构的剖析，独特地说明了心理状态的意向结构，对意向性理论的发展产生了深远的影响。总之，意向性问题的涉及面较广，且意向性又是一种相当复杂的属性，因而从多角度、多层面，立体地、多元地架构其理论体系才是最优的选择。不言而喻，认识论的渗透及方法论的融合已成为当代意向性问题研究的必然趋势。

通过以上分析与梳理，我们不难看出，意向性理论的产生、建构及发展有其清晰的历史脉络，沿着不同的逻辑理路，众多学者从不同角度出发探讨意向性问题的过程所体现出的见解之新颖、理论之独到、思想之深广、争论之激烈、成果之丰富、进展之快速，无疑最广泛地标示了意向性论题已渐渐成为当代哲学家所共同关注的热点问题之一。特别是，心理学、计算机科学、神经科学、认知科学等现代科学及其方法的渗透，使当代有关意向性问题的研究愈加繁荣。一方面，意向性论题与哲学中许多重要问题有着千丝万缕的联系；另一方面，意向性论题有关研究的日益深化又在本体论、认识论及方法论层面潜在地影响着传统的哲学观点。不言而喻，迄今为止，意向性理论已不仅仅是某种有关心灵的学问，而是早已形成一个广泛的研究领域，而且这个领域有其自身相对稳定的研究域面、理论特征及方法内核。

第二章 意向性的自然化诉求

第一节　当代心灵哲学演变的自然主义特征

作为哲学的一门分支学科，心灵哲学的研究对象关涉各种心理现象（如思维、意识、感觉、知觉、意向、情绪等）及其形式、本质、特征，此外，还涉及心身关系、心理内容与心理因果性等一些重要哲学难题。一方面，我们可以说心灵哲学是一门颇为古老的学科。这缘于关于心灵的哲学研究历史悠久，其源头可以追溯至古希腊甚至更早。另一方面，我们也可以认为它是一门较年轻的学科。因为从严格意义上讲，心灵哲学成为一门独立的、具有相对稳定的概念内涵及研究范畴，并且在一定程度上较为成熟和完善，进而得到较充分发展的学科却还是 20 世纪之后的事。尤其是自 20 世纪中下叶开始，当被喻为"哥白尼式革命"的语言哲学渐渐失去其往日辉煌之时，心灵哲学开始表现出极强大的生命力，且在一定意义上取代了前者而一跃成为当今哲学的一个重要领域。

心灵哲学在此时的迅猛发展与当代哲学认识论的转变关系密切。20 世纪中叶以降，哲学认识论经历了深刻的变化，基础主义、本质主义受到质疑，第一哲学被抛弃，认识论逐渐被生物化、进化论化、自然化、社会化、结构化、发生化、行为化、语言化、计算化，甚至化为乌有（即罗蒂化）。[①] 在这些多元化的认识论变革中，自然主义认识论成为其中较为突出的一股思潮。从历史上看，自然主义虽然有多种形态，但其共通之处就在于它们都把科学看作是一种自然现象，进而力求运用自然科学的方法来对认识对象加以探究。作为当代哲学家摆脱认识论困境的一次重要尝试，这股自然主义风潮很自然地影响到人们对心灵所作的哲学研究。正是这样一种自然主义的认识方式造成了心灵哲学领域内广泛而深刻的变革，心灵哲学因此而焕发出新的生机，新论迭出、繁盛空前。

---

① Wartofsky W M. 1987. Epistemology historicized//Shimony A，Nails D. Naturalistic Epistemology. Dordrecht：D. Reidel Publishing Company：357-374.

一、自然主义心灵哲学的思想前奏

纵观心灵研究的历史，心灵的本质问题作为最传统、最重要也是最难解决、最多争议的问题之一，构成了有关心灵的哲学研究的核心和要义。可以说，对其他问题的探析在一定意义上都是围绕这一核心并在其基础上展开的，而这一问题通常又可转化为在笛卡儿哲学中曾明确提出的心身关系问题（the mind-body problem）。毋庸置疑，笛卡儿在这一问题上的经典性描述主导了20世纪初的心灵哲学舞台。尽管关于心灵的哲学种种讨论在理论上有了一定的进展和突破，但总体而言，以笛卡儿为代表的心身二元论在哲学传统中根深蒂固，因而此时心灵哲学中居统治与主导地位的还是这种思想。正因为如此，当代的心灵哲学实质上是在反对笛卡儿二元论的基础上日渐发展并壮大的。行为主义在这里成为清算二元论思想的一支重要力量。

质言之，笛卡儿的二元论所秉持的是一种较强的实体二元论（substance dualism）。其主要思想可表述为：身体与心灵（或物理与心理）是两种根本不同却又并行不悖的存在范畴，两者在本质上是各自独立的、不同的实体。前者具有广延性而不能思想，后者能思想但无广延性。前者占据一定的空间，遵循一定的机制性规律，因而可以通过外在的观察来加以认识；后者不占据特定的空间，且不受机制性规律的制约，其状态与活动均属于内在的事物，因而只能凭借主体自身的内省过程来加以考察。自行为主义作为一个心理学流派在美国产生之后，对笛卡儿的心身二元论构成了强有力的挑战。特别是在其逐渐渗入哲学领域之后，哲学行为主义亦不遗余力地将反对二元论视为其重要任务之一。著名的哲学家、现代分析哲学日常语言学派的代表之一赖尔（G. Ryle）在其著作《心的概念》（The Concept of Mind）中对笛卡儿的二元论进行了颠覆性的抨击。赖尔将这种实体二元论称为"机器中的幽灵说"（the ghost in the machine theory），认为这种理论由于使用了不正确的语言习惯而犯了严重的范畴错误（category mistake）。具体而言就是，心灵与身体各自属于不同的逻辑类型与范畴，因而不能搁在一起相提并论。基于此，赖尔又进一步剖析了导致范畴错误的根源，并最终阐明心身对立、心理物理对立的二元论实际上是虚假、空洞的结论，因而应将其作为毫无意义的形而上学问题加以拒斥并否弃。[1]除了赖尔之外，其他行为主义者也都纷纷指出，心灵的本质及其相应的知觉、情感等现象都可以并且应该通过外在的行为来加以描述。这样，心灵的内在状态就被排除在了行为主义的论域之外，进而心身关系问题也被排除在了心灵哲学的研究之外。

行为主义对待心灵问题的这一主张与逻辑实证主义的基本理论如出一辙。逻辑实证主义宣称要在哲学与科学领域中彻底清除形而上学。其主张融入心灵哲学中，便促生了逻辑行为主义。逻辑行为主义坚持运用实证原则为内在的心灵活动寻求一种外在的标准，即行为标准，力求以此来对各种心理现象作出物理性的阐明。根据其理论核心，特定的逻辑分析，就可将心灵的本体论问题作为没有意义的问题排除到关于心灵的研究之外，进而可将心理学纳入自然科学的框架之中，从而使其科学地位得以确立。

从其结果而言，行为主义对笛卡儿二元论传统的批判及与逻辑实证主义的结盟，不仅仅实现了其消解形而上学的理论目标，更为重要的是，在一定程度上为心灵哲学自然主义大潮的到来提供了重要的思想基础和理论准备。这是因为，尽管从严格意义上来讲，逻辑行为主义并不是自然主义的，但其物理主义主张却被心灵哲学之后的主要流派所采纳并遵循，进而促成了自然主义心灵哲学理论的迅速发展。而逻辑行为主义之于当代心灵哲学发展的重要意义也就在于此。

二、自然主义心灵哲学的基本特征

行为主义虽然一度"大行其道"，但由于其过分偏激地强调外在行为的主张，遭到来自各方的批评与责问。随着逻辑实证主义的日渐式微，心灵哲学家们也纷纷对行为主义进行批判与重思，其结果主要是产生了两个方

---

[1] Ryle G. 2000. The Concept of Mind. Chicago: The University of Chicago Press: 6-19.

面的变化：其一，解除了之前对建立心理学理论的一些限制，使其研究不再拘泥于生命有机体可直接观察的行为及反应，而是将特定的心灵状态，以及大脑内部认知过程都囊括进其理论体系当中。这样一来，曾经在逻辑行为主义影响下已被清除了的本体论问题（如"心的本质"等相关问题），又被重新纳入到关于心灵的科学与哲学的研究中。这在本质上是对研究内在心理活动及认知过程（包括哲学与科学两个方面的研究）的重新肯定，进而成为心灵哲学理论的一个重要特征。其二，坚持、继承了逻辑行为主义的物理主义这一基本立场，推展了关于心灵研究的物理主义进路。可以说，自逻辑行为主义到之后的心身同一论，再到功能主义，物理主义一直处于心灵哲学的主导与核心地位。

不言而喻，上述两个方面的结果内在地促使心灵哲学中自然主义思潮的兴起与发展。就自然主义的心灵理论的特征而言，它一方面对心理现象本体论问题尤为关注，另一方面又特别强调运用自然科学的方法（尤其是物理-化学方法）来对其进行研究。由此可见，自然主义在心灵哲学中的崛起，不仅仅与认识论的变革有着密切的关联，也是心灵哲学自身逻辑发展的必然结果。其特征主要表现在以下两个方面。

其一，在理论形态上，心灵哲学在整体发展上呈现出由还原的物理主义走向非还原的物理主义的主流态势。

行为主义之后，心灵哲学中的物理主义思潮在 20 世纪 60 年代发展到了巅峰，这主要体现于心身同一论（也称作等同论）在对心灵本质的看法中，即坚持一种强的还原论（reductionism）的心身理论。心身同一论所倡导的是一种旨在理论间还原的科学还原论（scientific reductionism）的物理主义主张。它将人类的心灵及其结构组成看作是某些理论的集合，认为"一种现象被认为还原为另一种现象就在于相关理论间的还原"[①]。人类的心理结构作为某种理论是能够被还原为神经科学等低层次的物理科学理论的，而它们之间的还原关系就如同热力学与经典物理学之间的还原关系，两者

---

① Churchland P S. 1992. Neurophilosophy. Cambridge: The MIT Press: 279.

是一样的。①因此，依据心身同一论的主张，心理状态就是物理状态，亦即大脑的神经生理状态。由此可见，心身同一论的物理主义所坚持的是一种心理类型与物理类型之间严格意义上的一对一的还原。然而，这种强的还原主张在面对心理状态多重实现的问题时却难以自圆其说。心身同一论难以逾越的理论障碍导生的必然结果是物理主义心灵理论的逐渐弱化，从而功能主义代之成为心灵哲学的主力军。

与心身同一论不同，功能主义在20世纪60年代末70年代初崛起之后，所秉持的是一条非还原的物理主义道路。在功能主义者眼中，心理状态与人脑的功能属性是同一的，而不能与其物理-化学结构同一。依据功能主义者的观点，心理属性在一定意义上依赖于物理属性，因为与其同一的功能属性也是通过物理-化学的方式得以实现的，但功能主义的支持者反对心理状态类型与物理状态类型之间进行一对一的还原，当然，他们并不否认在个例上两者之间可以表现为一致（某一心理状态与某一神经生理状态一致）。可以说，功能主义从一定意义上来说避免了还原论所面临的理论困境。相比较而言，功能主义所蕴含的事实上是一种较弱意义上的物理主义主张。

通过以上的分析可以看到，从行为主义到心身同一论，再到功能主义，心灵哲学在整体上呈现出由还原的物理主义朝向非还原的物理主义发展的图景与走向。它们有共同的特点，即将所有现象（包括各种事件、性质、关系等）都看作是特定的物理现象，无论是经由还原的途径，抑或其他。当然，我们也可看到，这些物理主义观点并不是严格意义上的统一概念，它只是"一种给予物理学以专门特权的统一方案。其目标是在于建立一个知识的体系，在这一体系当中，现实的各个方面都以某种明确的方式在物理学中占有一席之地或与物理学相关"②。很显然，在物理主义的宏阔语境之下，其容纳了种种不同的心灵立场与观点。无论如何，心灵哲学中的物理主义经历了上述理论形态的批判性继承与更替，总体上呈现出由强到弱

---

① 田平. 2000. 自然化的心灵. 长沙：湖南教育出版社：20.
② Poland J. 1994. Physicalism. Oxford：Clarendon Press：10.

的发展趋向。

其二，在研究方法上，心灵哲学在经历了语言分析方法的变革之后，更加侧重于对自然科学方法的全面推展。

心灵哲学发展过程中理论形态的更替必然地引发其研究方法相应的变革。从二元论、行为主义直至心身同一论、功能主义等形形色色理论的相继登台亮相，心灵哲学在研究方法上也走过了一条从传统的哲学思辨、内省的方法到语言逻辑分析直至科学中诸分析方法的移植的发展道路。

毋庸置疑，在传统的心灵哲学中，"扶手椅"式的思辨方法一直是关于心灵问题的主要研究方法。心灵哲学家们试图通过这种传统的方式对心理现象及其概念与特征作出哲学本质的说明。自从笛卡儿和洛克（J. Locke）创设了经典的内省和自我意识理论，以及发端于布伦塔诺、成熟于胡塞尔的现象学理论建立之后，内省及现象学方法开始在心灵哲学研究中"大展拳脚"，并建立了以之为核心的研究范式。作为探究心灵活动的一种重要方法，人们通过对自己心理活动的反观内省，从而得到对自身心理状态较为直观的认识。在这里，内省可被看作是一个人了解自己心理状态的优先途径。也就是说，在直觉上一个人关于自己的心理状态的陈述具有不可置疑的第一人称权威性（first person authority）。至于现象学方法，它根植于现象学运动及其相关研究中，是一种研究"自我显现现象规律"的直接方法，意味着"达到真正的现象界所走过的道路"[①]。它通过对刚刚发生的心理现象进行直接的观察和体验，并最终达致"纯粹性"的本质描述。通过以上分析可知，内省与现象学方法两者的共同之处在于：它们都是通过意识主体对自己心理状态直接描述与观察，从而意识对象直接自明并呈现其自身。总之，这两种方法在心理现象研究中都曾发挥了重要作用，并在一定程度上丰富了我们对心理现象的直接性与当下性的解读。

20世纪初，以逻辑实证主义为核心的分析哲学促发了一场广泛的哲学运动，即"语言转向"。在这一转向中，语言成为哲学家们密切关注的研究

---

① 刘翔平. 1991. 论西方心理学的两大方法论. 心理学报，（3）：299-305.

对象，从语言分析的角度去研究各种哲学或科学理论成为一种主流趋势。这就是说，随着20世纪哲学发展中本体论的有原则后退、认识论的逐步消解和方法论的全面扩张，哲学的语言分析化已成为当代哲学最显著的特征之一。在其影响下，加之逻辑行为主义在心灵哲学中地位的进一步确立，许多学者开始认为分析关于心理状态的话语比探究心理状态本身更有意义。心灵哲学研究方法的这一转变缘于逻辑实证主义关于"哲学的任务是进行语言分析"这一基本观点，即认为哲学问题是语言或概念上的混乱而导致的，所以应当通过语言分析的途径加以解决。[1]这种语言分析方法的运用与当时的物理主义思潮也是相适应的，因为语言分析就是要分析心理学陈述的物理证实条件，即"所有有意义的（即在原则上可以证实的）心理学陈述都可以转换为不包含心理学概念而只包含物理学概念的陈述。因此心理学陈述是物理主义的陈述，心理学是物理学的一个重要部分"[2]。不言而喻，其优势就在于：其一，运用语言分析有助于对概念的混乱加以澄清，从而避免无谓的争议；其二，运用语言分析有助于揭示心理现象的概念起源，这是因为，与心理相关的概念是在特定历史、文化、社会语境与实践中，以及特定的语言实践过程中逐步产生的。事实上，在引入语言分析的过程中，许多独特的思想、理论纷纷问世，心灵哲学的内容也日益丰富，并焕发出了新的生机。

但是，"哲学家不可能仅仅通过转换范畴或通过消除语言的混乱去解决心灵哲学问题"，心灵哲学"不仅需要物理学、化学、生物学、生理学、医学和心理学知识，而且需要关于人类进化的历史知识"[3]。随着认知科学、计算机科学、神经心理学及信息论、系统论、人工智能等学科的飞速发展，心灵哲学对心理状态的探索得到了更新颖的视角、更丰富的材料及更强有力的研究手段与方法。各种自然科学的方法开始在心灵哲学的研究中发挥

---

[1] Churchland P M. 1988. Matter and Consciousness. Cambridge: The MIT Press: 23.
[2] Hempel C G. 1980. The logical analysis of psychology//Block N. Readings in Philosophy of Psychology. Cambridge: Harvard University Press: 114-123.
[3] Chisholm R. 1985. Philosophy of Mind. Proceedings of the 9th International Wittgenstein Symposium, Vienna: 259.

出巨大的作用。例如，信息论的发展引导人们从信息的角度去把握心理活动的过程与本质；凭借人工智能及计算机科学的众多成果，可对心智的本质、大脑的结构与功能作出类比性的推论；心理学、神经科学与认知科学的进展又可为心灵本质的探究提供可选择的模型与假设。由此可以说，科学方法的广泛运用为心灵哲学的深入研究与深化发展注入了全新的推动力与生长点。

需要说明的是，自然科学的研究方法虽然是自然主义心灵哲学大力倡导的一种方法，而此种方法在心灵哲学中的采用也确确实实使当代心灵哲学出现了前所未有的发展态势，但就未来心灵哲学的整体发展而言，仅仅凭借这一种方法的运用不足以全面、细致地解决心灵哲学中的所有问题。事实上，除了上述几种基本的研究方法之外，还有许多方法是心灵哲学研究不可或缺的，例如，运用意向分析方法通过信念的归与对心理、行为进行解释、预测及评价，运用社会历史分析方法对心理现象起源进行更为深入的探讨，等等。可以肯定的是，心灵哲学是一门与心理学、语言学、人工智能、认知科学、神经科学、社会学、科学哲学等众多学科都有着密切关联的学科，这在根本上决定了其研究方法必然是多样的、复杂的。毫无疑问，任何一种方法都不是完美无缺的，都有其片面性与局限性。因此，过分强调某一种研究方法的重要性而忽视或贬损其他方法都不利于心灵哲学的整体发展。正是在此意义上，建立一个融多种方法于一体的多元化、立体化、综合化的方法论体系，取长补短、优势互补，才是推动心灵哲学快速发展的最佳途径。

第二节 心灵的自然化构想及意向性问题的彰显

自 1969 年奎因著名的《自然化的认识论》问世以降，哲学传统认识论的根基受到了巨大的影响，不仅引发了学界对传统认识论进行清算和改造的热潮，更重要的是，在根本上促使哲学认识论发生了深刻的转变。尽管

20世纪中叶以后，认识论呈现出诸如语言化、生物化、社会化、发生化、自然化等多元化的发展态势，但毋庸置疑的是，自然化的认识论运动已成为这种多元化趋向中的主流之一。自然主义思潮愈渐深入哲学探讨的各个分支领域，无疑成为哲学家摆脱认识论困境的一项有益尝试。自然主义者不仅倡导将科学作为一种自然现象来看待，而且极力推崇自然科学的方法在研究认识对象中的重要作用。也正是这种自然主义认识方式引起了心灵哲学领域内的深刻变革。如前所述，当代的心灵哲学在实质上是在20世纪中叶行为主义反对笛卡儿二元论的基础上日益发展起来的。在对二元论进行清算的过程中，行为主义与逻辑实证主义的结盟，直接促成逻辑行为主义的诞生。尽管这一运动消解了心灵的形而上学问题，但是其关键作用在于，为自然主义心灵哲学的产生奠定了重要的基础。之后的心灵哲学既采纳了逻辑行为主义的物理主义主张，同时又重新确立了"心灵的本体论地位"等相关问题其自身研究的重要性，进而形成了自然主义的心灵哲学理论。可以说，当代心灵哲学视域中意向性问题也正是在此自然主义命题下被深入讨论的。

在哲学史上，有关意向性的研究可以追溯至古希腊时期。尽管还没有使用这一语词，但在柏拉图、亚里士多德的哲学思想中都触及意向性问题。在中世纪，托马斯·阿奎那第一次从心灵哲学的角度使用并阐述了"意向的"一词。之后，布伦塔诺的研究使意向性理论获得了现代心灵哲学的意义。而如前所述，意向性问题的拓展与延伸在布伦塔诺之后主要有两条路径，即现象学与分析哲学两大研究传统。

当代心灵哲学在构建意向性理论之时，不仅充分汲取了上述两大研究传统的重要思想，而且又进一步借鉴、吸纳了认知科学、神经科学等现代科学研究领域的新近成果，形成了独具风格的研究视域和方法。可以说，在当代心灵哲学视域中对意向性问题的探讨既与分析哲学及现象学传统密切相关，尤其是沿袭了分析哲学意向性研究理路的基本特征，又有其独特的逻辑发展主线，这条主线便是物理主义的自然主义纲领。虽然物理主义之下的哲学观点也不尽相同，但其主要目标是将心理现象的说明纳入到物理学的研究框架之中，进而实现心灵的自然化构想。无论如何，这一目标和构想已成为心灵哲学当代发展的一个鲜明的趋向性特征。"当代许多哲学家都认为提出一种令人满意的关于心灵的自然主义理论是一个极具重要性的构想……人们担心，没有这样一个理论，心理现象就永远是一个谜……"[①]可以说，尽管在心灵哲学自然主义的大框架下仍存在众多争议，但不能否认，心灵的自然化目标已成为当代心灵哲学发展的一个重要特征。

但是，对心灵自然化目标的追求并非一帆风顺，在一些重要的心理现象的独特属性面前，其自然化进程举步维艰。尤其是在遇到意向性问题之时，任何一个在心理问题上持自然主义观点（如心身同一论、功能主义等）的学者都无法回避、无视它所招致的困境。这是因为意向属性与特征一直被看作是心灵之所以为心灵的特有的标志，如果不能在自然科学的框架之内对其性质及关系作出合理解读与说明，并给予其在自然秩序中明确地位的话，那么将心灵自然化的整个愿景无疑会落空。正是在这样的背景下，意向性论题作为当代西方心灵哲学的核心问题之一也就必然地突显出来。从这个意义上讲，对意向性问题的全面性分析与综合性考察，势必会成为心灵哲学乃至整个哲学今后发展的一个全新的切入点与生长点。

第三节 自然主义命题下意向性问题的理论要旨

如前所述，在当代科学与哲学大发展语境下的心灵哲学研究已形成其独特的逻辑发展主线，即物理主义的自然主义纲领。基于此，意向性的本体论地位、意向内容的自然化、意向解释的方法论地位等问题，就成为意向性问题在当代自然主义心灵哲学背景之下最集中和具体的体现。

---

① Tye M. 1992. Naturalism and the mental. Mind, 101 (403): 421-441.

一、意向性的本体论地位

如前所述，当代心灵哲学对自然主义的诉求将心理现象的本体论问题重新纳入其理论体系之中，即将自然主义构想贯彻到心灵的本体论研究之中。这样，除了方法论上的自然主义（methodological naturalism）之外，本体论上的自然主义（ontological naturalism）也成为自然主义思潮在当代心灵哲学中的一个重要形式（逻辑行为主义只是在方法论意义上将关于心理的研究科学化）。

就本体论的自然主义而言，诸如信念、欲求等这样的意向心理现象的本质究竟是什么？是实在的还是非实在的？如果是实在的，同物理现象的关系如何？是同一于物理现象，还是随附于物理现象，抑或是其他？这些本体问题是被特别关注的。在意向性问题被布伦塔诺提出时，其理论内涵显然与当代心灵哲学自然主义的主流趋向格格不入。这是因为，物理主义理论形态在当代心灵哲学的自然主义阵营中占据主导性的位置，而意向性在布伦塔诺那里是论证，恰恰又是在为了使心理现象区分于物理现象的意义上展开的。由此，在自然主义的理论命题下，当代心灵哲学意向性论题自然具有了新的内容，其核心和关键就转化为意向性在自然界中的本体论地位问题，进而转化为意向性的自然化问题。

然而，自然主义在当代心灵哲学并没有统一的理论形态，许多不同的哲学立场都可划归在自然主义的旗下，田平教授曾在其著作《自然化的心灵》中提到："意向实在论、工具主义和取消主义都同撑着一把自然主义的大伞，甚至一些性质二元论的主张者也想分得这张大伞下的一块地盘……"[1]可见，在对待意向性本体论地位的问题上，自然主义的内部也存在多种分歧。的确，有些性质二元论的倡导者也声称其理论是自然主义的，如查默斯（D. J. Chalmers）的非还原的意识理论[2]，但其在根本上不赞同将意向性做出物理主义的解释，因而很难在真正意义上符合自然主义的基本

---

[1] 田平. 2000. 自然化的心灵. 长沙：湖南教育出版社：6.
[2] Chalmers D J. 1996. The Conscious Mind. Oxford：Oxford University Press.

旨趣。因此，从总体上讲，自然主义的意向性理论就可划分为以下两大阵营，即意向实在论（intentional realism）和意向非实在论（intentional non-realism）。以物理主义为核心的心身同一论和功能主义可被看作前者主流的理论形态，后者则主要包括取消主义和工具主义的观点。

意向实在论肯定意向性在自然界中的本体论地位，承认意向性的实在性。心身同一论所坚持的是一种还原论的强物理主义主张，认为心理的状态或过程就是神经系统（或大脑）的状态或过程，亦即两者是同一的。功能主义则抱持较弱的非还原物理主义观点，认为意向心理现象虽然依赖于大脑的物理状态，但却不能还原为后者。它将意向心理状态定义为某种因果角色（causal role）或功能角色（function role）。也就是说，意向心理属性、状态、事件在本质上是大脑的一种功能属性、功能状态和功能事件。至于意向非实在论，取消主义可谓最为典型。取消主义彻底否弃诸如信念、欲求等我们所熟知的意向心理状态的实在性，因而也在根本上拒斥可将意向心理性质化约为物理性质的可能，并极力坚持，常识心理学的概括在根上就是错误的，终将会被神经科学所取代。与取消主义相比，工具主义的看法要温和许多，一方面不承认意向心理状态实存性，另一方面又认可具有意向性的信念、欲望等术语的有用性，承认它们在常识心理学中有存在的理由与价值。因此，工具主义带有鲜明的折中主义味道。

在这里，我们暂且不去讨论上述有关意向性本体论地位的看法孰是孰非，问题的关键在于：我们如果抱持意向实在论的自然主义态度，就必须面对意向性的自然化问题，即诉诸非意向的术语将意向关系解释为一种自然关系，进而在自然科学的理论和概念框架之内将意向心理现象纳入到自然现象之中，使之成为自然现象当然的一个组成部分。否则，我们就只能面临在二元论和取消主义中择其一的解释困境（前者是非自然主义的，而后者是非实在论的）。当然，并不是所有意向实在论者都认为有将意向性自然化的必要，如塞尔的生物学自然主义（biological naturalism），但总体而言，意向性的自然化问题已成为大多数意向实在论者必须面对的基本问题。那么，意向性自然化操作的实现途径又是怎样的呢？

就其本质而言，意向性作为一种属性的实质就在于它的指向性特征，即意向心理活动或意向心理状态往往是指向或关涉某对象或事态的。换言之，"意向性是某种心理状态的特征，由于这种特征，心理状态指向或涉及世界中的客体或事物状态"①。我们的心灵只要拥有意向心理状态，那么便具有了指向或涉及某对象及事态的能力。因此，从根本上讲，将意向性自然化，就是将意向心理的指向性自然化。而意向性的指向性又与其内容密切相关，对意向性的指向性的说明在很大程度上依赖于对意向内容的说明。由此，将指向性自然化也就是要对意向内容做出自然主义的解释。当代心灵哲学对意向性的自然化构想主要是通过对意向内容的自然化说明得以实现的。

二、意向内容及其自然化

在通常意义上，我们的心灵状态都具有一定的内容。当我们相信或想望某一命题时，我们的这一意向心理状态就有与命题相关的某事物的特定内容。因此，意向性是拥有其特定的意向内容的。如前所述，对意向性的指向性这一特征的解释在根本上要诉诸对意向内容本质及其关系的深入讨论。意向心理状态能够与其所指向或关涉的实在或非实在的对象之间建立起某种表征关系，其实质与意向内容有关。因而，"依照我们的术语，我们对意向性的解释实际在很大程度上就是在于对心理状态和事件内容的解释"②。也正是在这个意义上，当代心灵哲学的意向性自然化构想大多是从内容这一维度展开的。其主流的自然化方案主要包括因果理论、概念作用理论和生物目的论等类型。

因果理论立足于"因果"这一视角，分析并捕捉表征与对象之间的某种联系，试图在用"因果关系"来解读心灵与世界之间的表征关系的基础上，实现对意向内容的自然化解释。因果理论强调一种有规则的联系，即一种稳定地体现于意向内容持有者脑中所具有的特定表征符号与某一特定事物之间的有规则的联系。当某一表征符号总是在某一事物刺激的控制之

---

① Searle J. 1980. Minds, brains and program. Behavioral and Brain Sciences, 3（3）: 417-457.
② Burge T. 1979. Individualism and the mental. Midwest Studies in Philosophy, 4（1）: 73-121.

下以至于该符号与该事物之间形成一种因果协变（covariance）关系之时，那么就意味着这一表征符号意指了这一事物。显然，这种有规则的联系其实就是一种因果联系。因果理论虽然有其独到之处，但析取问题（the disjunction problem）或错误表征问题（the misrepresentation problem）使其遇到了难以逾越的理论障碍。①

概念作用理论亦被称作功能作用语义学、推理作用语义学或认知作用语义学。其主张、内容或意义在本质上就是表征符号在心理活动中的概念作用、推理作用或因果作用，表征符号自身在主体的认知过程中所具有的功能作用对于意向内容的决定具有基础性的意义。这一理论虽然具备了一定的解释效力，但概念整体论问题无疑是其主要瓶颈。

与前两种理论相比，生物目的论摒弃了"因果"这一视角，试图从目的论层次出发，将意向性自然化为生物有机体与其环境之间的以生物进化机制为基础的目的相关性。在其看来，不可以说，进化在此理论中具有至关重要的意义。生物目的论最大的好处就在于，从进化这一层面解读意向性的本质可以有效地规避错误表征难题。这一理论尽管在"功能的不确定性"等问题上仍面临着一定的考验，但在理论建构与解释实践方面的优势却是显而易见的。

不难看出，上述理论深刻反映了学界在意向性的自然化问题上的努力与新的尝试。尽管到目前为止，对此存在许多争议与批评，但这些构想在揭示意向性的起源、基础、特征、机制等方面都做出了大量有意义的、富有建设性的奠基性工作，从而为意向性相关问题的进一步深入探讨提供了重要的认识论基础、方法论支撑及启迪性视域。

三、意向解释及其方法论地位

关于常识与科学之间的关系问题，亦即常识心理学或者称民间心理学（folk psychology）与科学心理学之间的关系问题，抑或常识心理学的科学地位问题一直是当代心理学哲学、心灵哲学恒久关注、争论的一个核心问

---

① 田平. 2000. 析取问题与因果论的心理语义学. 自然辩证法研究，（1）：12-20，11.

题。展开来说就是：就诸如信念、欲求等这样的命题态度（意向心理现象）而言，其概念是否能够与通常意义上的科学概念（如现代神经科学、认知心理学中的基本概念）协调共存。更进一步讲，还涉及包容在常识心理学中的意向解释与物理解释的基本关系如何、意向解释在科学解释中的地位如何、意向分析方法是否具有科学方法论地位等问题的延伸与拓展讨论。在此问题上，尽管仍存在实在论与反实在论两者之间的纷争，取消主义者彻底反对常识与科学、常识心理学与科学心理学能够相容，但如果我们在自然主义命题下承认意向性在自然界中的本体论地位，即坚持意向实在论的话，那么接受、承认并论证意向解释的科学性也应当成为题中应有之义。

概言之，作为一种常识心理学概括，意向解释"以常识心理学所预设的概念、术语及理论作为其解释的起点和基础"，"是站在意向的立场上，在意向系统（intentional system）合理性预设的前提下，通过对命题态度（即信念、欲望等意向心理状态）的归与，以给出合适的理由，从而达致其解释的目的，完成其解释的功能"[①]。自然主义或自然化认识论体现在当代心灵哲学中有其鲜明的特色，即一方面坚持自然科学的尊严，并极力推崇将自然科学研究方法贯彻到心灵理论之中，另一方面试图维护这种常识心理学概括方式在科学中的合法地位。这样，伴随着自然化进程在意向性认识中的全面渗透与展开，意向解释的方法论地位逐渐在科学解释中得以重建。就这一点而言，当代哲学家与认知心理学家福德的工作可谓引人注目。他一直以自然主义立场为出发点，以心理语义分析为途径，试图通过其所倡导的意向实在论，来进一步将意向解释纳入科学的解释当中，以完成对常识心理学的实在论的辩护。[②]

在传统的以物理学为标准范式科学解释模式中，意向解释曾被无情地排斥。这无疑导致了科学解释中严重的还原论倾向，意向解释也因此被认为终将会被还原为物理解释，甚至一直面临着取消主义的威胁。事实上，意向解释的过程鲜明地表现出一些独立于物理解释的特性、原则与规律。

[①] 王姝彦. 2006. 意向解释的自主性. 哲学研究，（2）：92-98.
[②] 王姝彦，郭贵春. 2007. 福德对意向法则的实在论辩护. 科学、技术与辩证法，（1）：49-52.

例如，意向解释在其实践过程中所遵循的意向法则在本质上是一种"其他条件均同法则"（ceteris paribus law）；再如，意向解释是一种"给出理由的解释"（reason-giving explanation）；此外，意向解释不仅需要建立在系统的合理性预设基础上，而且其解释实践具有鲜明的语境依赖性；等等。这些特征显然是无法被还原的，因此，意向解释具有鲜明的自主性。"虽然其解释方法与理论体系与物理解释有着根本性的区别，但它潜在地与科学是相一致的，因而能够作为科学心理学的起点而发挥其科学解释的作用。"[①]总之，随着科学解释语境-意向模型的全面扩张与渗透，意向解释在科学哲学研究中已逐渐显示出其独特的魅力。从这个意义上讲，确立了意向解释在科学解释中的独特地位，也就在方法论层面进一步表明了意向性在自然科学研究中的合法性地位。

此外，更进一步而言，意向解释作为一种常识心理学概括，无疑是一种"个人层次"的心理学解释。如果我们坚持其自主性，那么必然会面对一个新的问题，即意向解释作为一种个人层次的常识心理学解释如何与当代各种亚人层次的心理学解释（如科学心理学、认知神经科学）衔接起来。据此，如何使各种心理学解释策略有机地整合起来，并形成关于心灵研究较为统一的理论框架，也自然成为意向解释研究及其所归属的心理学解释研究在方法论层面上又一个重要的延伸性问题。

小　结

综前所述，以上三个方面的内容构成了当代心灵哲学在自然主义命题下意向性理论的核心论域，其他有关意向性的认识也都是围绕这些基本问题并在其基础上展开的。而众多学者沿着不同理路在对意向性问题进行求解、推展的过程中，也都不同程度地促进了意向性理论结构的拓展和完善。尤其是诸如计算机科学、人工智能、神经科学、认知科学等这样的现代自

[①] 王姝彦. 2006. 意向解释的自主性. 哲学研究，（2）：92-98.

然科学的加盟及其有关方法的介入，更在根本上影响着当代的意向性研究的整体趋向。不言而喻，意向性问题与许多哲学难题密切相关，因此，意向性问题研究在当代心灵哲学中的日益深化也势必在本体论、认识论、方法论层面影响或变革传统的哲学观点。一言以蔽之，在当代的心灵哲学语境下，意向性论题已不再是一种传统、狭隘的有关心灵的学问，而是一个有着相对稳定内核、开放边界、宏阔前景的广博的研究论域。本书后几章正是围绕这三个方面的问题加以推展和论述的。

第三章 意向性的本体论地位：意向心理现象的自然主义解释

如前所言，在当代心灵哲学各种理论形态中，占主流地位的始终是自然主义思潮，而这股自然主义思潮又比较集中地体现于关于心理现象、心理状态、心理性质的以物理主义为基底的形形色色的理论形态当中。在心灵的自然化这一问题上，意向性问题构成了较为严峻的挑战，以致当代心灵哲学中各种自然主义流派（包括心身同一论、功能主义等）都尝试通过以物理为基础的途径来完成在自然科学的框架之内对意向心理现象及其特征的自然主义诠释，从而最终实现其将心灵自然化的愿景。毫无疑问，当代心灵哲学中的心身同一论、功能主义等理论形态及其观点反映在意向性问题上，便形成了各种类型关于意向心理现象基于物理主义的看法和主张。然而，我们也应当看到，从逻辑上来看，虽然当代心灵哲学中的自然主义思潮由种种物理主义思潮所主控，但并不能因此认为，前者一定蕴含着后者。事实上，就自然主义本身而言，其所要求的仅仅是在自然科学的范畴之内来对某些特定事物、性质、状态、关系等作出说明，但没有将这种说明局限于某一特定的学科领域。很显然，除了物理科学之外，自然科学还涵括了生物学、经验心理学等其他学科。同物理科学相比，这些学科具有一定的自主性。因此仅仅用物理科学的概念图式是无法描述所有现象的。由此，物理主义的方案尽管可以为意向性及意向心理现象提供特定的且较为有效的自然化解释，但这一途径却不是唯一的，也不一定是最优的。在我们看来，意向性是生物有机体重要的心理特征之一，而生物层次上的特性并不能完全通过物理的术语来阐释清楚。因此，要对意向性及意向心理现象作出自然化意义上的诠释就不能仅仅凭借物理科学，而是要观照其他学科给出的有益且恰当的描述，如生物学视角的解读。这样，要将意向性及意向心理现象纳入到自然科学的框架中也就不应将其仅仅局限于物理科学的范畴之内，更为恰当的做法是，将其拓展至更为宽厚的理论域面，这当然也包含生物学。正是基于此，本章在对逻辑行为主义、同一论、功能主义等以物理主义为基底的意向性理论进行批判性分析、论述的基础上，尝试构建一种以生物学为基底的意向性理论体系，并以此对意向性及意向心理现象作出生物学意义上的诠释与说明。

第一节　基于逻辑行为主义的自然主义解释

一、逻辑行为主义的解释

在严格意义上讲，我们不应将逻辑行为主义关于心理现象的看法，完全地纳入到当代心灵哲学中的自然主义看法当中，这是因为，秉持逻辑行为主义观点的学者并不十分关心心理现象的本体论问题（心理现象本身是什么），他们所关注的核心问题仅仅是方法论层面上的问题（对心理语言加以逻辑分析的方法）。换言之，逻辑行为主义者所要解释的不是心理现象自身的性质，而是关于心理现象描述的意义，也就是特定的行为倾向，或者说作为特定环境刺激的反应的行为。如此说来，在逻辑行为主义者的视野当中，心理现象是无从考察的，它就如同一个黑箱。而心理现象在自然界中的本体论地位这一问题在当代自然主义的心灵哲学中却备受关注。因此，从总体上讲，心理现象在自然界中的本体论地位问题是自然主义的心灵哲学必须要面对的核心问题之一。尽管如此，逻辑行为主义的理论目标与自然主义的目标基本是一致的，其主旨在于将有关心灵及诸心理现象的研究进行科学化。具体到意向等心理现象问题上，逻辑行为主义指出要用逻辑实证主义的方法对其进行重新分析，通过分析与其相关陈述的证实条件，将意向性的心理陈述转换或还原为物理的陈述，也就是转化为关于可观察行为的陈述。总体而言，逻辑行为主义可以说是在方法的层面上，力求通过语言的还原，使有关心理现象的研究获得特定的科学地位，并使关于心理现象的描述在物理科学的方法中进一步得到自然化的阐释。

依照逻辑行为主义的主张，"关于心理术语的意义不是在于具有私人性和主体性的内部状态，而是在于可观察、可证实的行为"[1]。基于此，逻辑行为主义支持者试图将"（意向）心理状态的本质到底是什么"这样的问题作为没有任何意义的形而上学问题排除在其研究视域之外，并力求为内在

---

[1] Kim J. 1996. Philosophy of Mind. Boulder: Westview Press: 26-28.

的（意向）心理过程寻求一种外部的标准，即借助对人的外在行为与及其相关外部表现的观察来完成对（意向）心理现象作出物理意义上的解释。这在实质上就是要将关于意向性的描述转化为（自然化为）关于行为的物理描述。

二、逻辑行为主义解释的理论困境

进一步究其实质，这种关于意向性的行为主义描述在根本上是存在一定问题的。

其一，并非所有的意向心理状态都有特定的行为表现或行为倾向。比方说，我有想在周末去郊游的愿望，但是，由于某些临时的原因（如在周末有朋友来探望），我便无法表现出在周末郊游的行为或是与之有关的特定的行为倾向。

其二，即使是同样的意向心理状态，但由于与其相关的其他意向心理状态的影响，也可能会有不同的行为表现或行为倾向。这就是说，信念持有者其他内部状态的不同可以使一个信念实际上引起无数的行为种类。[①]例如，我有想在某一周末外出郊游的愿望，如果我相信这个周末是好天气，我可能会有如下的行为表现：去附近超市购买外出郊游所需的物品。如果我确信这个周末会下雨，并且我相信去朋友家里打牌是除了郊游之外的最佳选择，那么我便有可能作出打电话预约朋友的相关行为。不言而喻，上述情况对行为主义的挑战是显而易见的。这里最直接的理论困难就是，如果要对某个意向心理状态进行行为化的描述，那么就必然要涉及与之相关的意向心理状态。这样就使得关于某一意向性的陈述无法彻底地、完全地被还原为行为的陈述。而要将行为描述中所关涉的其他意向性陈述继续还原为另外某一行为陈述的话，就必然会陷入一种可怕的无穷倒退困境或循环论证局面。这是因为，要使某种关于意向性的陈述还原为某一行为陈述的前提条件应该总是首先将其他的意向性陈述还原为行为陈述。这在解释实践中显然是行不通的。

---

① Geach T P. 1957. Mental Acts: Their Content and Their Objects. London: Routledge，Kegan Paul.

其三，相同的行为表现或行为倾向也可以通过不同的意向心理状态所引起，例如，"我走到橱柜前，将橱柜门打开"这一行为，可以由"我想找食物""我想找餐具""我想清理橱柜"等种种意向心理状态所引起。这说明，多个不同意向心理状态的持有者，完全可以有同样的行为表现或行为倾向。

上述三个方面的问题其实是所有行为主义理论（包括不同的版本）都会遇到的理论障碍。鉴于这些难题，我们可以说，逻辑行为主义试图对所有具有意向性特征的陈述都还原为外在行为的目标显然无法在完全意义上实现。退一步而言，即使这一构想在实践中是可行的，但就行为的本质来讲，行为本身也在一定程度上具有意向的成分。由此，这并不是其原本意义上的还原。总之，从根本上讲，逻辑行为主义对意向心理状态的理解完全诉诸特定的感觉刺激和行为反应，而对该意向心理状态与其他意向心理状态相互之间的因果联系缺乏必要的考量。其理论缺陷不言而喻。

第二节 基于心身同一论的自然主义解释

一、心身同一论的解释

正如之前所言，对逻辑行为主义所进行的批判与重思，其最直接的结果是促进了自然主义思潮在心灵哲学中的大规模发展。这种批判与重思无疑使人们日渐认识到，至少有一些心理事件、心理状态、心理过程及相关关系是内在的事件、状态、过程和关系，并且在日常心理活动中发挥特定的作用。于是，对心理现象本质及其内部活动与过程的关注、审视又重新回到了心灵哲学的应有议题中。与此同时，基于物理主义的立场来讨论心灵的自然性本质开始成为心灵哲学家的核心任务，基于这一任务与目标的一系列努力，首先导致了心身同一论的出现和发展。以反对逻辑行为主义为切入点，心身同一论不再把心理状态、过程和事件外化于外在的行为表现或行为倾向，而是试图将其等同于在心理状态持有者中枢神经系统

（central nervous system）中出现的状态、过程或事件。确切地说，也就是"每个心理状态或事件在数目上等同于某个神经生理状态或事件"[①]。由此可见，依照心身同一论的基本观点，心理现象（性质、状态、过程、事件等）也就是（等同于）大脑的神经生理现象或大脑中的物理-化学现象。信念、欲求、意图等意向心理状态在此也就无一例外地被看作是（等同于）某种特定的大脑的神经生理状态。正如谢费（J. A. Shaffor）对心身同一论的概括："思想、情感、欲求等心理现象与身体的状态和过程（也许更确切地说是神经系统或只是大脑的状态和过程）是同一的，它们是同一个事物。"[②]这里的"同一"并非是指两个事物之间在形态、组成等方面的一致性（如一模一样的两个物件），而其所预设的是同一种事物。换言之，按照其主旨，心理状态与大脑的神经生理状态（或大脑的物理-化学状态）在本质上是同一种事物。

虽然心身同一论对逻辑行为主义加以严肃的批判，却也保留了后者基本的物理主义主张。不仅如此，心身同一论甚至在一定意义上秉持了更强的物理主义主张，即坚持一种强的从心理到生理（物理）的可还原性。需要说明的是，同样是对"还原"的推崇，但心身同一论所坚持的"还原"不同于逻辑行为主义所强调的"还原"，如果说后者关注的主要是一种语言分析式的还原的话，那么前者追求的则是一种理论之间的还原，其在本质上是一种科学的还原，即要借助科学的成就与方法。具体而言，逻辑行为主义意在强调，"所有有意义的心理学陈述，即是说在原则上可检验的心理学术语都可以翻译成不涉及心理学概念的物理学命题。不仅如此，前者还可以归结为、统一于后者"[③]。这就是说，它更主张还原的结果应当是在语义上的还原，即较高层次的陈述向较低层次的陈述的还原。心身同一论则不然，科学还原论是其基本诉求，为此，它旨在"将人类的心理结构看作是某种理论或某些理论的集合，并认为人类的心理结构作为理论是能够被还原为神经科学等低层次的物理科学理论的，就如同热力学能够被还原为

---

① Place T U. 1956. Is consciousness a brain process？ British Journal of Psychology，47（1）：44-50.
② Shaffor A J. 1968. Philosophy of Mind. Upper Saddle River：Prentice Hall：39.
③ 高新民. 1994. 现代西方心灵哲学. 武汉：武汉出版社：54.

经典物理学一样"①。由此可见，心身同一论的核心要义就是所要求的还原的最终结果就是将每一种心理状态都一一对应为相应的神经生理状态（物理-化学状态）。

二、心身同一论解释的理论困境

进一步作深入的分析，我们不难看出，心身同一论的上述限定显然是太强了，这种过强的限定在将物理主义推向极致的同时，亦招致了多方学者的质疑与诘难，其理论困境也突显出来。

首先，现代科学的发展尤其是认知科学、神经科学、计算机科学、人工智能理论、神经心理学的飞速发展，已在很大程度上表明相同的心理状态具有多重实现可能性这一观点。这就是说，具有不同的物理-化学状态和神经生理状态并不意味着一定会有不同的心理状态。反之，它们完全可能具有某些相同类型的心理状态。举个简单的例子，不同种类的生物体都可能具有饥饿及想摄食的意向心理状态，但其神经生理机制（物理-化学机制）显然完全有可能是存在差别的。再如，人工智能系统在一定程度上可能具有类似于人的意向心理状态类的状态，但显然两者对应的是不同类型的物理状态。②

其次，对于不同种系的生物来讲，即使它们之间存在"相似的心理特性对应于相似的生理结构"这样的现象，也并不能就此说明心理状态的相似性与生理结构（物理-化学状态）的相似性两者之间存在着某种必然的联系。从生物进化趋同论的角度来讲，"生物体之间表层的组织上的相似性可能只是对同样环境问题并行产生出来的进化论的解决，它们可能是完全不同类型的生理结构的表现"③。由此，在种系发生及组织结构上存在很大差别的生命有机体，可能会基于同样的环境压力而在一定程度上显现出具有相似性的心理特征与行为模式。换言之，这种相似性有可能仅仅是反映了生

---

① 田平. 2000. 自然化的心灵. 长沙：湖南教育出版社：20.
② Block N, Fodor J. 1972. What psychological states are not. The Philosophical Review, 81 (2): 159-181.
③ 田平. 2000. 自然化的心灵. 长沙：湖南教育出版社：76.

命有机体在基于特定环境的进化中所历经的自然选择意义上的一致性,而并非生理结构上的相似性。因而,依照这一观点,把特定类型的意向心理状态归结为特定类型的神经生理状态(物理-化学状态)显然是不够充分的。

此外,心身同一论与意向内容的外在论(externalism)主张也无法契合。按照外在论的主张,意向内容不能仅仅通过该意向状态持有者本身内部的某种大脑神经生理状态(物理-化学状态)得到充分的说明。应该说,意向内容的确定与该意向状态持有者所处的外部环境密切相关。而心身同一论的还原主张及其策略毫无疑问只是将还原限定在了意向心理状态持有者本身的物理性质上。这样一来,还原的最终结果必然是在还原的同时,抹杀了意向心理状态的指向性特征,而其内容也因此失去了对外部对象的所指能力。其重点在于,经过还原后的大脑的某种神经生理状态或物理-化学性质并不具有特定的表征能力。所以说,心身同一论所力求的还原的物理主义道路是行不通的。

总之,通过以上分析可知,心身同一论过强的还原的物理主义主张,导致其(意向)心理状态多重实现可能性的理论困境。这在根本上会造成某种沙文主义(chauvinism)式的问题,即在事实上有可能具有意向心理状态的事物因其不具有同一的神经生理状态(物理-化学状态)而被排除。这一问题对心身同一论而言是无法回避的难题。

第三节 基于功能主义的自然主义解释

一、功能主义的解释

纵观历史,功能主义的产生与发展同心身同一论及逻辑行为主义有着密切的关联。可以说,功能主义本质上是在对两者进行批驳与反思的基础上建立起来的。一方面,对心身同一论的质疑作为一个直接动机开启了功能主义非还原物理主义道路的尝试;另一方面,对逻辑行为主义的批判使心理现象的本质问题重新回到了人们的研究视野中,与此同时,逻辑行为主义的某些主张也为功能主义的理论建构提供了有效的借鉴。具体而言，就是诉诸特定的感觉刺激和行为反应，以及特定的感觉输入和行为输出，完成对心理现象及其特征的阐释与说明。

比较而言，同样是物理主义的主张，功能主义在对心理现象及其性质的讨论过程中，试图避免心身同一论过强的还原论主张，而将心理状态定义为某种因果角色或功能角色。因此，以功能主义的立论来看待意向心理状态，对其起决定性意义的并不是大脑神经生理状态（物理-化学状态）本身，而是该状态所从事的工作，亦即它的因果角色或功能角色。可见，在功能主义者看来，意向心理事件及其属性就是大脑的某种功能事件或属性。从此意义上看，功能主义所追求的同一，就不是一种心理状态类型与神经生理状态（物理-化学状态）类型的同一，而是一种心理状态类型与因果角色或功能角色类型的同一。换言之，在功能主义的理论框架内，两种意向心理状态之间具有相同性并不要求其物理-化学结构也具有相同性。它只是强调心理属性在一定意义上是要依赖于特定的神经生理属性，这是因为与其同一意义上的功能属性也是通过物理-化学方式得到实现的，意向属性也不例外。这样看来，功能主义既在一定程度上坚持了物理主义主张，同时又在实践中避免了还原论所面对的理论障碍。也正是在这个意义上，我们可以说，功能主义实质上是一种较弱意义上的物理主义。

功能主义对逻辑行为主义的质疑主要体现于对"心理状态是否是内部状态"这一问题的看法上。功能主义反对后者只看重系统的输入与输出（刺激与行为），而忽视了系统的内部状态的主张，即否认心理状态是一种真实存在的内部状态。与此相反，功能主义在根本上肯定内部状态是真实存在的，因而意向心理状态在其视域中显然就是这样一种内部状态。不但如此，功能主义进一步将意向心理状态看作是能够由某些特定原因所引起，并进而能引起某些特定结果的扮演因果角色的内部状态。[1]基于这一分歧，如果

---

[1] Armstrong D. 1980. The nature of mind//Block N. Readings in Philosophy of Psychology. Cambridge: Harvard University Press: 191-199.

说在逻辑行为主义那里，意向心理状态等同于一种外部行为的话，那么在功能主义的理论中，意向心理状态则等同于引起特定行为的内部原因。仅就这一点来看，尽管功能主义对逻辑行为主义进行了深入的批评与改造，但两者对意向心理状态的自然主义阐释在根本上都不同程度地要依赖于特定的行为反应。也正是在这个意义上，一些科学哲学家将功能主义看作是一种新行为主义。一些功能主义者如阿姆斯特朗与刘易斯（D. Lewis）也声称自己是行为主义者的后裔。①

综前所述，在对意向心理现象作出解释时，功能主义与逻辑行为主义及心身同一论相比，其最大的不同就在于将对意向心理状态及其性质的理解定位在因果角色或功能角色这样一个较为抽象的层次上。尽管功能主义本身并不是一个统一的概念，在其理论内部也存在重要的分歧。但从总体上讲，不同类型的功能主义主张在意向性问题上所具有的一个共同基本观点便是：意向属性是一种功能属性，意向心理状态是一种功能状态，意向心理状态在类型上是其因果角色或功能角色，即它在与感觉刺激、行为反应，以及其他意向心理状态的复杂关系中所扮演的角色。

通过以上分析不难看出，对于意向心理状态而言，功能主义所下的定义在本质上是一种功能性的定义。事实上，功能主义所要讨论的不是大脑神经状态自身是什么，而是这些能干什么，即它的因果角色或功能角色。由此，在功能主义的视野中，意向心理状态与事件在主体的感觉刺激及相应的行为之间起着特定的因果作用，它可以将输入转变为输出。因此，"不管运行于输入和输出之间的内部状态有怎样的物理基础，也不管这一内部状态有怎样的运行机制，只要它能将某种输入转变为特定的输出，那么这个内部状态就是心理状态"①。就其功能性定义而言，之所以给之冠以物理主义的标签，就在于功能主义坚持认为，与心理属性同一的功能属性在一定程度上是由其神经生理结构所确定的。毋庸置疑，这就使得意向心理状态具有了神经生理状态（物理-化学状态）所具有的

———
① 唐热风. 1997. 论功能主义. 自然辩证法通讯，（1）：6-12.

因果效力。

二、功能主义解释的理论困境

可以说，正是功能主义这种在功能层面上对意向心理状态的解读，化解了困扰在心身同一论上的多重实现可能性问题。这是因为，"同种类型的功能角色通常都可以通过不同类型的神经生理机制（物理-化学机制）来扮演"在功能主义这里能够得到较好的说明。因此，对于同一类型的意向心理状态而言，完全可以通过不同类型的神经生理机制（物理-化学机制）得以实现，只要这些不同类型的神经生理状态（物理-化学状态）具有相同的功能状态便可。由此可见，功能主义从"功能"这一视角出发，为我们探寻意向心理状态的本质及其特征提供了新的思路。然而，功能主义仍然面临一定的困境。这是因为，它将意向心理状态限定为大脑神经系统的功能状态或功能角色，这在实质上是一种内在论（internalism）的主张，因而必然会使其与心身同一论一样在意向心理状态最为关键的特征——指向性上失去其解释效力。由此，功能主义给出的非还原的物理主义方案在意向性问题上仍是不能够令人满意的。

具体而言，正如我们在分析心身同一论的理论困境时所谈到的，意向心理状态的指向性在于其所具有的特定的意向内容。而意向内容的确定在与意向心理状态持有者自身的神经生理状态（物理-化学状态）相关的同时，也受到其复杂外部环境的影响。因而，从这个意义上看，即使一个个体在其输入、输出及其所有功能状态都可以确定的情况下，该个体所拥有的意向内容却依然可能是存在差别的。换言之，因果角色或功能角色的同一对于意向心理状态相同一而言，前者并不是后者的充分条件，这是因为因果角色或功能角色的确定并不能保证意向内容也是确定不变的。毋庸置疑，意向心理状态所拥有的内容，不能通过个体之内的，基于因果角色或功能角色方面规定的这些状态得到解释。功能主义对意向心理现象之内容的规定也必定是不充分的，而低估了意向心理现象对外在环境（包括物理环境，也包括语言环境、社会环境）的依赖性是其"不充分规定"这一缺陷的根本性原因所在。①

值得一提的是，就意向性问题而言，塞尔在其论文《心、脑和程序》（*Minds, Brains and Programs*）中所提出的"中国屋论证"（Chinese room argument）思想实验可以说是对功能主义的一个颠覆性论证。这一论证大概内容是：假设有一个不懂中文而只懂英文的人在一间有输入和输出孔道的房间里。这个人通过输入孔道接收到用中文书写的带有一些问题的字条。他虽然完全看不懂中文，但却可依据房间内精确的英文提示，成功地将写有中文标准答案的字条从输出孔道传送出去。②可以看出，这一思想实验表明了这样一个事实：从功能上能够对心理状态（包括意向心理状态）进行模拟并不是拥有该心理状态的一个充分条件。换言之，语义性的特征并不一定能够通过句法的运算操作而产生，功能主义显然遗漏了意向心理状态与过程所具有的基本的语义特征。因此可以说，"中国屋论证"思想实验对功能主义关于意向心理状态所作出的解释给出了"致命的"一击。总体上讲，功能主义将意向心理状态抽象为一种功能，虽然在一定程度上避免了心身同一论的理论困境，但与此同时，功能主义陷入了另一种困境，即它有可能从心身同一论"沙文主义"的这一端，不得不走向"自由主义"的另一端。这是因为，依据功能主义的观点，心理状态的同一就在于其功能状态的同一，这样一来，很可能一些本该不具有意向心理状态的事物由于其功能角色与特定意向心理状态的功能角色相一致，从而在功能主义的域面中被认为具有了特定的意向心理状态。

综前所述，从行为主义到心身同一论再到功能主义，当代心灵哲学的发展有其显然而清晰的脉络，其进步与走向在整体上呈现出一幅由还原的物理主义到非还原的物理主义的演变图景。从中我们也可以看到，物理主义的自然化认识取向虽然一直居于心灵哲学的主导地位，但其自身的理论演变特征实质上标示了物理主义的逐渐弱化。当然，这种弱化有其自身特定的逻辑。这是缘于，仅仅通过神经生理机制（物理-化学机制）来分析（或

---

① Burge T. 1979. Individualism and the mental. Midwest Studies in Philosophy, 4 (1): 73-121.
② Searle J. 1980. Minds, brains and programs. Behavioral and Brain Sciences, 3 (3): 417-457.

还原）内在的（意向）心理现象，其本身无论在理论上还是实践上都是不完备的。不论是逻辑行为主义还是心身同一论抑或是功能主义都无可否认：任何种类的意向心理状态都具有主观性这样的基本特征。然而，上述各种形态的物理主义主张在其解释实践过程中及其解释结果中都没有较好地把握这一特征。考虑到心理现象基本的主观性特征，用来描述、刻画它的词汇都有其独特的意涵，这显然无法在完全意义上由神经生理学词汇（物理-化学词汇）所代替。正是在此意义上，对意向心理状态或意向性进行自然化的解读便不能仅仅局限于物理主义的方案，而是应充分考虑其生物学的事实。不言而喻，"把不包含意向性系统当作有意向性的系统来研究是拙劣的科学，同样，把有内在意向性的系统作为没有意向性的系统来研究也是拙劣的科学"[1]。

这里有必要提及的是，在当代心灵哲学以物理主义为立论基础的自然主义阵营中，取消主义在某种意义上也是其中一种不容忽视的主张。在取消主义的视野中，心理性质（包括意向性）既不能还原为物理性质，也不能随附于物理性质上。这是因为根据其主张，信念、欲求和其他为我们所熟悉的意向状态本身是不存在的。[2]尽管它们都是关于心理现象的常识理论的理论术语，但"我们关于心理现象的常识的概念本身就是一种完全错误的理论，其原则和本体都是最终要被完成了的神经科学所取代"[3]。显而易见，取消主义企图通过取消意向心理现象的方式来达致其自然化的目的。相对于坚持还原论的心身同一论来讲，它在看待心理现象的问题上可以说是从一个极端走向了另一个极端。然而，取消主义的观点与现实中我们的常识相悖。事实上，我们对心理意向现象的了解比我们对世界上任何其他事物的了解都更具直接性和当下性。鉴于研究的重点不在于此，本书对取消主义只是略作提及，不再做更多赘述。上述几种物理主义主张尽管在意向心理现象的解释上或多或少存在着一些不足，但从总体上讲，在揭示意

---

[1] Searle J. 1983. Intentionality: An Essay in the Philosophy of Mind. Cambridge: Cambridge University Press: 125.

[2] Stich P S. 1996. Deconstructing the Mind. Oxford: Oxford University Press: 116.

[3] Churchland P M. 1981. Eliminative materialism and the propositional attitude. The Journal of Philosophy, 78（2）: 67-90.

向心理现象的基本特征、必要条件、实现机制等方面都做出了富有建设性的尝试，为我们进一步认识意向心理现象的深层本质提供了必要的科学基础。总之，相较而言，功能主义可以说处在心身同一论与取消主义之间，是一种较为温和、较为折中的选择。它在抽象的"功能"的意义上对意向心理现象的诠释提供给我们一种较为独特的视角，但其理论缺陷也是显而易见的。因此，我们应该为"功能"寻找一个更宽泛的科学与哲学理论基底，进而以此为基础对意向性做出恰当、合理的阐释与说明。

第四节　基于生物学的自然主义解释

意向性是生命有机体特有的心理现象的重要特征之一。生命有机体虽然由特定的物理、化学机制所组成，但突显于生命有机体之上的种种生命现象特征及心理特征却无法完全通过物理或化学的术语而得到合理的解释。这缘于生命现象拥有与物理现象、化学现象所不同的自主性特征，研究生命现象的生物学或生命科学同物理学、化学相比，有其自主性的一面。毫无疑问，意向心理现象及其意向性特征也是如此。因此，要阐明其科学本质，仅仅诉诸物理学、化学无疑是不充分的。基于此，将其构筑于生物学的自主性这一特征上，才有可能使其在自然界中的合法地位获得较为合理的说明。

一、生物学的自主性

生物学的自主性问题是生物学哲学中一个重要的理论问题。从历史上看，这一问题是针对生物学与物理科学之间的关系而提出的。生物学与物理科学相比，两者之间有怎样的区别与联系，进而生物学在整个自然科学中居于怎样的地位，可谓这一问题的核心。物理科学在 19 世纪及 20 世纪初大放异彩、如日中天的发展，使得人们渐渐以物理科学的标准来对待其他自然科学，亦导致人们对宇宙的科学认识带有浓厚的物理色彩。在这样的背景下，有机生命体、人及人的心灵、智能在某种程度上就仅仅被看作是宇宙范围内的次要的、附带性的偶然现象，从而以从属于物理科学的方式被纳入世界的科学图景当中。与此相应，正统的科学哲学无疑也理所当然地把物理学看作是一切科学的标准范式，而这种几乎完全根植于数学、物理学及逻辑学等科学定律基础之上的标准自然对生物学的科学性产生了质疑。因此，彼时的生物学曾被不恰当地贬斥为类似于"集邮"式的"次等"科学。然而，20世纪之后，生物学领域发生了翻天覆地的变化，并取得了突飞猛进的发展，人们逐渐意识到，经典物理学及相应的实证主义理论体系和概念框架并不足以涵括生物学的所有特征。"生物学是一种与物理科学极为不同的科学；它们在自身的研究对象、历史、方法、哲学等方面有根本的不同……物理科学容纳不了许多生命世界独有的自然特性。作为传统科学哲学基础的经典物理科学被一系列与有机体的研究完全不适合的思潮统治着，这些思想包括本质论、决定论、还原论。"[①]

具体而言，生物学不同于物理科学的独特性就在于：其一，生物学涉及自然科学知识的范围要比物理科学更为广泛。这是因为，生物学的知识范畴不仅关涉适用于非生命物质的种种过程及其相应的解释原则，而且涉及仅仅适用于生命物质的丰富面相及其特有诠释理路。生物有机体的生命活动及其过程具有其属于生命范畴的独特属性。因此，对于这些特有过程和属性的研究也应当不完全等同于对于非生命体的研究。其二，生命的世界具有高度的复杂性，生命有机体的组成由相互适应的各部分有机组织构成，在整体上有很多突现的新特征，因而对于生命有机体的研究而言，应当具有鲜明的层次性。也就是说，不能简单地通过低层次的规律直接对生命整体加以阐释。其三，生命现象有其特有的基本过程。例如，生命物质都有特定的遗传程序，都有特定的自然选择历史，都有特定的进化过程，因此历史性的叙事与描述在其解释过程中具有鲜明的效力，而这一特征在对物理现象的说明中显然不具备。其四，生物世界通常都由可发生变化的

---

① Mayr E. 1997. This is Biology: The Science of Living World. Cambridge: Belknap Press of Harvard University Press: xiii.

个体所组成,即使生物学能像物理-化学等其他自然学科一样遵循特定的规律,但其对象无疑也是可变化的、异质性的。其五,生命现象具有多样性、多维性、层次性、复杂性、社会性等特征,这使得生物学研究在"定量"研究的基础上,对"关系""性质"等概念的分析也很重视。在此意义上,可以说在生物学中,概然性的定则和预测要显著多于定律性的解释。此外,与生命现象相关的伦理、政治、文化、社会、人类意识研究,都能为其研究提供有效的方法论借鉴。正是在此意义上,生物现象的特质使生物学研究在方法特征、概念框架及理论结构上独具特色。所有这些都可以说是对生物学自主性特征的有力说明。事实上,伴随着科学的兴起,生物学从哲学中分离出来,虽然比物理科学的独立稍晚,但有其基本的规律。"生物学从生物的形态、解剖、系统分类、进化开始自己的研究,这与数学从算术关系、物理学从物理运动形式入手有着同等的合法性。"[1]基于此,其自主性特征突出地表现在以下几个方面。

首先,进化生物学在生物学中地位的重要性突显了生物学的自主性特征。作为一门学科,生物学本身具有多样性和非均一性。这是因为在总体上,存在两种不同类型的生物学。概言之,根据理论建构、概念组成、问题阐释与方法运用的不同,我们可将生物学领域大体划分为功能生物学与进化生物学两大类型及相应的组成部分。就功能生物学而言,主要包括生理学、细胞学、分子生物学、遗传学等实验型的学科,这一类型的生物学主要探讨的是生物组成结构及成分(从分子到组织再到器官最后到整个有机体)的种种活动及其相互之间的作用。功能生物学的研究方法可以说同物理学家、化学家等所采用的方法基本一致,通常依赖并注重理论模型、实验验证及精确的表达。至于进化生物学,则主要由生态学、系统分类学、行为学、古生物学等学科组成,其研究主旨是要将历史的因素寓于其中。在研究方法上,除了实验方法之外,进化生物学更多采用的是比较法。如果说功能生物学所关心的主要是关于"近因"的问题,即一般意义上的"如何"问题及"怎么样"问题,那么进化生物学则着重致力于"远因"的问

---

[1] 喻佑斌. 1998. 理论还原问题——生物学还原的分析研究. 自然辩证法研究,(4):16-20.

题探寻，也就是通常所说"为什么"的问题。举例而言，前者包括：遗传信息是如何被表达的；胚胎发育是通过何种方式进行调节的；等等。后者包括：同一个生态位上为什么难以同时存在习性相近或相重叠的两种物种；为什么距离较远的生存环境会有亲缘关系很近的生物，反之，有些较近距离的则没有亲缘关系；如此等等。在同一问题上，功能生物学家和进化生物学家的研究理路、视角和方法也不尽相同。例如，同样是对受精现象的研究，功能生物学家着重于阐发生物有机体受精的过程，而进化生物学家的兴趣点则是，生物有机体为什么能够演化出受精这种类型的生殖方式。

由上可见，正是因为进化生物学的独特性，生物学呈现出鲜明的自主性。进化的抑或历史的因素（即经由遗传程序取得某些特征）可以说是构成生物最突出的特征，而这一特征恰恰是物理科学所缺乏的。换言之，对远因（进化、历史的原因）的研究同对近因的研究一样，都是生物学研究合理、必要的组成。这两种原因在不同程度上都需要得到阐明，否则或许就无法较优地解决问题。这无疑在一定意义上拓宽并深化了我们对科学的理解，尤其是对科学多元性的进一步理解。

其次，与上述特征相应，在生物学的具体研究中，由于进化生物学所具有的重要意义及其相关的影响，历史叙述往往居于很重要的解释地位和具有重要的价值。正统的科学哲学把定律（或者说规律）看作是科学理论的核心。"定律"也常常被作为还原论所倡导的科学统一纲领的基础，即科学解释和预测的基石。然而，当代的生物学理论很少可以表述为类似经典力学一样的规律体系。换言之，"所谓的生物学学说并不是经典物理学中的普遍通用定律而只不过是高层次的概括"，"现代生物学的概括趋向于统计性和概率性，而且往往有很多例外情况"[1]。由此可见，缘于绝大多数生物学过程具有的多重的实现途径及不可预知的随机性特征，生物系统的因果关系无法依照定律进行完全意义上的预测，充其量也只能做出统计学意义上的解释和预测。因此，定律的使用在生物系统中并不是重点。从这个意义上讲，在生物学研究过程中，历史叙述可能要比定律解释更为关键。这

---

[1] 迈尔. 1993. 生物学哲学. 涂长晟，等，译. 沈阳：辽宁教育出版社：viii.

是因为,"规律的观念远远没有历史叙述的观念那样有助于进化生物学"[①]。通常而言,就历史叙述的特征来讲,先前的事件对于之后的事件通常可以起到特定的作用,因而在一定程度上前者的出现可以作为后者发生的缘由。基于这一点,历史叙述的目的也就在于发现此缘由,从而使其发挥出特定的解释作用。任何生命现象都具有历史相关性,都是自然界长期演化的结果,而特异性是其演化过程中的一个重要特征。因而,进化生物学中的解释就不可能像物理科学那样通过定律来提供,而是要经由历史叙述来加以确定。这正是生物学自主性的集中体现。

再次,如果我们秉持生物学的前两点学科特性,那么也就自然会接受在生物学当中目的论思想和语言的运用具有一定的合理性的观点。对于目的论问题的讨论一直是科学哲学中的重要问题之一。目的论问题在哲学中自古希腊罗马时期就受到了关注,我们都知道,柏拉图和亚里士多德等的哲学框架,都有对目的论的诉及。然而,在科学历史中,目的论问题大多受到排斥甚至被长期搁置。例如,伽利略(G. Galilei)的物理学研究便是如此。毋庸置疑,这在一定意义上推动了物理学及其他相关科学的发展。然而,在这里要指出的是,在生物学的研究中,很难彻底绕开目的论的相关思想。尤其是一些进化生物学理论都带有较浓厚的目的论色彩。当然,此处的目的论思想与传统的目的论思想还是有很大差别的,生物学中大多的目的论思想,在本质上是指在自然界中、自然过程中存在的一些"目的性"特征,即具有一定的目标倾向性及定向现象(如生物向着适应和谐的方向演变)。在正统的科学哲学及物理科学中,很显然即使是这样一种形式的目的论思想无疑也是遭到严格意义上的否弃的。

当代生物学哲学家恩斯特·迈尔(E. Mayr)在分析目的论思想在生物学中的作用时曾指出,"目的论"含有四种不同的概念和过程:其一为合目的活动,即在自然生物界由于遗传程序控制的定向性活动,如生理过程的定向及行为的定向等现象;其二为似目的过程,即经由物理定律决定的定向运动,如自由落体运动等过程;其三为适应性活动,即特定器官所具有

---

① 迈尔.1990.生物学思想的发展.刘珺珺,译.长沙:湖南教育出版社:140.

的特定活动，如心脏的泵血等活动；其四为宇宙目的论，即最初意义的目的论。[①]依照迈尔的区分，除了最后一种宇宙目的论之外，其他的概念、过程及其相关目的性问题都应当属于科学的范畴。由此可见，我们可以从本质上将上述生物学领域内呈现出的种种目的性过程概括为一种程序性过程，而这些程序性在某种程度上是自然选择的特定产物。在此程序性过程的框架内，生物学家对目的论语言的使用也就可以说是合理的，进一步将进化过程或进化趋向看作是一种目标倾向意义上的目的论思想也就可以说是合理的。

最后，生物学理论的阐释过程中，对一些自主性概念的使用往往具有较强的解释效力。通常意义而言，作为一门独立的学科，生物学有其自身独特的概念范畴，用于刻画生命产生、发展、遗传和变异的基本特征，以及生命系统所涵括的层级结构、进化程序等，并最终反映生命系统的自然本质。这些包括自然选择、进化、物种、种群、分类等具有一定自主性的概念范畴。纵观生物学的历史沿革，可以说几乎每一次重要的进展都会涉及一些新概念的援引、创设和使用。相较而言，物理学、化学的理论进步和推展更多的是依靠新事实的发现来完成的。当然，这并不是说生物学在概念的引进和创新方面就与新事实的发现之间存在矛盾。反之，在生物学中，"新概念和概念的多少带有根本性质的变化，和事实及对事实的发现比较起来，常常具有同等的、甚至更重要的意义"[②]。例如，在生物学史上，关于"种""物种""种群"概念的运用，都曾具有重要的理论建构与解释作用，不仅使人们不再囿于传统观念和既往理论困境的束缚，而且为进一步在构筑自然选择学说的基石上较好阐发自然界复杂多变的生命现象，开拓了新的研究范式和路径。

需要说明的是，在生物学的解释当中，常常对这些概念进行物理-化学意义上的分析，即将其分解为种种物理-化学术语和概念，并对其组成进行还原性的分析，从而实现实验意义上的可操作性。与此同时，我们也应看

---

① 迈尔.1990.生物学思想的发展.刘珺珺，译.长沙：湖南教育出版社.
② 迈尔.1990.生物学思想的发展.刘珺珺，译.长沙：湖南教育出版社：26.

到，组成上的还原性解释虽然在一定意义上可以成为将生命现象与物质世界密切联系起来的可操作性依据，但最终却要以"自主性概念"为核心来赋予生命物质及其行为以特定的生命意义，这是因为这些概念直接与"生命实在"相对应，亦直接映射出生命现象所独有的特征。在此意义上，"自主性概念"就成为反映生物学自主性特征的重要标志之一。

综上所述，生物学无论在其理论架构、概念范畴上，抑或在其解释范式、方法路径上，都具有有别于物理学、化学等其他自然科学的独特属性。那么，作为生物体的高阶现象，心灵及其种种心理现象的本质与特征也不可能脱离生物学的自主性特征而加以诠释。在此意义上，对生物学自主性特征的阐明无疑可为我们进一步解读心灵及其特征提供启迪性的视域与说明。后文对意向心理现象特征的自然主义分析，以及对意向解释自主性的论证，也正是以此逻辑理路为基点加以推展的。

二、对意向性的生物学解释

鉴于上述种种物理主义的意向性理论在解释意向心理现象时所面临的困难，我们认为可以将意向性重置于生物学的语境下及其理论框架中，以求在新的生物学基点上对之进行自然化的重解。概言之，如果基于生物学的自主性来对意向心理现象进行考察的话，其要义就在于：一方面，意向心理现象作为一种自然界中普遍存在的现象，它首先是一种生物学现象。既然是一种生物学现象，那么意向心理现象就并非什么神秘而不可知的事物，可以说它也建立于特定的生理结构并且具有特定的物理机制。基于此，我们可将心理现象的意向性特征看作是生命有机体在长期演化的历程中，在特定生理机制的基础上渐渐形成的特征。另一方面，基于上述分析，生物学具有不同于物理-化学科学的自主性特征，而作为一种生物学现象的意向心理现象，自然不能被完全还原为物理-化学现象，虽然它并不能脱离特定的物理性结构（脑结构）及特定的物理-化学机制而存在，但仍然有其不能还原为物理性过程的自主性特征。因此，与大脑的物理-化学性质相较而言，意向性是心理现象更高一层次的性质。以此为理论前提，基于生物学

第三章　意向性的本体论地位：意向心理现象的自然主义解释 | 83

的立场，意向性可自然化地从生物在进化的过程中获得的具有规范性、稳定性、目的性规律意义的专有功能这一概念而得以重解。

就意向心理状态与性质在自然界的位置问题而言，基于生物学的自然主义解释，首先承认意向心理现象的实在性，即一种生物学意义上的实在性。展开来说，作为一种生物学现象，意向心理现象及其状态、特征是生命有机体长期进化的一个自然而然的结果。毋庸置疑，它是生命演化史中在一定阶段获得的自然组成部分。随着整个生命系统在自然界中的进化，有些类型的生命有机体逐渐形成了神经系统，并且其中某些神经系统在物质组成上与结构层次上逐渐复杂化、高级化，进而神经系统最终随着漫长的进化历史生成了各类心理现象，并伴有与其相应的种种功能和特征。意向心理现象便是在此过程中逐渐形成的。从这个意义上来说，如果说我们日常所进行的消化、吸收、分泌、呼吸、睡眠等生理过程是一种生物学事实，那么我们就没有理由否认我们所具有的各种欲求、信念、期待、愿望及恐惧等意向心理状态也是一种生物学事实。与其他种种生物学过程（如消化液的分泌、细胞的分裂、营养物质的吸收、激素的分泌等）一样，上述种种意向心理现象也是特定生命有机体在进化历程中形成的特有的、真实的现象。因而我们可以说，我们不是以某种方式去使用各种类型的信念，而是直接地拥有它们。换言之，信念、欲求及其他意向状态的表征能力并非是被强加的，而是内在所固有的。[1]

在上述立论基础上，进一步深入到意向心理活动及过程来看，其实质亦是一种生物学过程。作为一种生物学现象，意向心理现象有其必然的生物学基础，可以说所有的意向心理现象都经由大脑结构中的神经生理过程所引起，进而实现于该大脑结构中。当然，这并不意味着，对意向性特征的较完备解释仅仅凭借对大脑的神经生理状态说明就能够获得。事实上，它只是表明了意向心理现象的发生与实现，不可能脱离大脑这一生理基础及其特定的物理-化学机制。也就是说，意向性作为生命有机体大脑的高层

---

[1] Searle J. 1983. Intentionality: An Essay in the Philosophy of Mind. Cambridge: Cambridge University Press: 12.

次性质，可由后者较低层次的要素（如神经元等）的行为所引起，并且在该要素结构中得以实现。这种由较低层次对象的行为引发较高层次特征的情况在生命系统中广泛存在。因此，意向心理活动过程从其发生和实现上来讲是一种生物学过程，在此过程中所反映的意向心理状态，也可以看作是生命有机体的整个神经系统在特定时间和特定内外部条件下所处的某种特定状态。

由上可知，意向心理现象作为特殊的生物学现象，有其特定的发生与实现的物质结构，即特定的大脑及神经结构。即使如此，这并不意味着我们可以对其进行彻底还原论的解释，如类似于心脑同一论式的还原。也就是说，意向心理现象不能被完全还原为神经生理现象，其意向属性也不能完全还原为物理-化学属性。因为经过这种还原的结果无疑会遗漏意向心理现象在形成过程中的一些重要因素。如前所述，意向性是大脑神经系统在特定时间和特定条件下突显出的某种性质。这里的特定时间与特定条件在本质上表明了意向心理状态与特定的历史、文化、社会语境及特定的外在物理环境之间所具有的相关性。而这种相关性其实就是一种进化意义上的相关性。

通过上述分析不难得出这样的结论：意向性主要是由于生命有机体在对复杂环境的反应与适应过程中得以形成的一种性质，即生命自然系统中的高层次性质。因此，从这个意义上讲，意向性就是内部状态及其相应关系对外部状态及其相应关系的一种适应结果，这里的外部关系涵括了与之形成相关的物理、文化、社会、历史、语言等众多语境要素。由此，这种在与历史等语境要素相关性中获得的性质就不能简单地加以还原论式的说明。这是因为意向心理状态的形成有其必然的适应过程，而在适应过程中获得的高层次意向机制显然不能不加任何考虑地被彻底还原为较低层次的神经生理过程及其物理-化学机制。当然，坚持意向性的不可还原性，并不表示意向心理现象就是独立于物理世界的某种精神实体。事实上，自然界中并不存在与物理世界相对的另一个心灵或精神世界，意向心理现象也不是处于精神媒介中的某种奇特的实体。它只是生物学意义上大脑的高层次特征，这些特征与实际运行的大脑活动相适应。

不言而喻,这种在生物学的视域下对意向性做出的自然主义的说明,本质上将意向性现象解读为生命自然界的一个应然组成部分,从而使其获得了一定的本体论地位。可以说,这种说明主要包含了以下两个方面的主导思想:一方面,意向性是一种非实体性的实在,即生物学意义上的性质实在。因此,对之加以实体层面的描述是不可能的。另一方面,意向性也不能完全还原为物理-化学性质,这是因为它有生物学意义上的特殊性。由此,对意向性的自然主义解释方式应当立足于生物学的范畴,而不能彻底依赖物理-化学科学。当然,这两个方面的主导思想又都是构建于生物学自主性这一基点上的。

那么,具体到操作层面,我们如何对其进行生物学意义上的自然主义描述呢?概言之,站在进化生物学的立场之上以生物学的自主性为出发点来看待意向性问题,欲求、信念等心理状态之所以成为一种具有意向性的自然化状态,就在于它们在该生命有机体生存与繁衍等方面所扮演的重要的角色特征或功能性质。而这种角色特征或功能性质是该生物有机体在与历史、文化、社会语境及外部环境相关的进化过程中,在生物目的论的作用机制下逐渐形成的。当然,这种生命和认知所表现出的功能性质,其基本原理和工作并不能经由它们的物理构造及性质从而得到还原性的解释。[1] 因此,这里的功能是相对于进化的历史而言的,并且也是在进化的历史中得以确定的,所以对功能最优的解释应当通过进行的历史来加以分析。

显然,这里所讲的功能概念与之前功能主义中的功能概念并不同一。相较而言,依据功能主义对"功能"概念的界定,它被理解为一种因果角色,并且其作用的展现主要是通过特定心理状态与感觉输入、行为输出及其他心理状态之间的联系,对意向性做出自然主义的说明,这里"联系"显然是一种典型的因果关系。与上述"功能"概念不同,这里我们要强调的是一种进化生物学意义上的、与目的论思想有着密切联系的"功能"概念。换言之,就是生命有机体中的某些系统在其进化的历史中被设想为(be

---

[1] Bogdan J R. 1994. Grounds for Cognition: How Goal-Guilded Behavior Shapes the Mind. Hove: Psychology Press: 1-2.

supposed to)要做的事情,并因此而使具有该系统的种群得以繁衍和延续的那种意义上的"功能"。这种"功能"是生命有机体在进化过程中获得的具有程序目的性的特征。可见,后一种意义上的功能概念对于心理状态来说具有实质性意义,不在于它趋向于做什么,而在于它被设想为要做什么。①"被设想为"表明具有了目的论的意谓。因此,如果说功能主义的功能是一种数学意义上的数学功能(mathematical function),那么,生物学意义上的功能则是一种基于程序目的性的目的论功能(teleological function)。所谓数学功能具有以下特征,即从某些对象向另一些对象映射,并且每一输入都有特定的、唯一的输出。②目的论意义上的功能显然不具有此特征。

究其实质,基于生物学自主性立场所强调的功能并非普通意义上的功能,而是某一事物在特定的进化历史中获得的专有功能。正如我们都知道的,生命有机体的各器官都具有通过自然选择在进化历史中获得的相对规范、相对稳定的专有功能。既然心理与身体都处在生物有机体同一的进化体系当中,那么我们就有可能在进化的机制中探寻意向性的专有功能。正如眼、耳、心脏、肝、肾等生物体组成器官,其专有功能分别是看、听、泵血、代谢、泌尿一样,意向性所具有的专有功能就在于使其解释者识别它们的所指,即识别它们与之相应的世界上的事物。③如果说这些专有功能赋予了生命有机体所涵括各类型器官以特殊的但却是自然的意义,那么显然,意向性的专有功能也理所应当地在同等的意义上使其获得了自然主义的说明。由此可见,专有功能的重要意义就在于,它可以较优地为意向心理状态及其内容所具有的关旨能力与表征能力提供特定的自然化解释依据。

不仅如此,专有功能还在一定意义上表明,生命有机体与其相应的种种能力对于我们具有特定的生存价值。从生物学意义上的目的论来讲,某

---

① Smith G P. 1996. Complexity and the Function of Mind in Nature. Cambridge: Cambridge University Press.
② Sober E. 1990. Putting the function back into functionalism. Fortschritte Der Physik, 49 (10-11): 1095-1101.
③ Millikan R. 1984. Language, Thought, and Other Biological Categories. Cambridge: The MIT Press.

一事物的专有功能之所以能够从其所具有的众多功能中确定出来并规范、稳定下来，是因为该功能对该事物的存在及其能力做出了相应解释。例如，除了泵血并促进血液循环，心脏还具有其他的效果，如制造声响等，但其专有功能却只是泵血并促进血液循环。因为心脏在其进化历史中形成的价值与存在的意义就在于能促使血液循环，而不是其他。意向性也是如此，其专有功能较好地诠释了其存在的意义与价值，即对特定事物的表征与关旨。这样一来，从生物学的立场出发，我们仍可以在抽象的功能层次上给予意向性以自然主义的描述。只是该功能要从生物学意义上的目的论视域来加以理解和考察，而不能是其他。

三、生物学解释的理论意义

不言而喻，对意向性的自然主义策略是在生物学的视野中，为意向性及意向心理现象在自然界中的地位做出了较为合理的说明，而这又与前述几种物理主义的意向性理论及其自然化方案不尽相同。概言之，其理论意义突出地表现为，以生物学的自主性为依据，从意向性在带有目的论色彩的生物进化过程中所获得的专有功能这一角度，探讨意向性及意向心理现象在自然界中的地位和作用，这在根本上避免了上述物理主义的自然化解释进路所面临的一些理论障碍。

正如前面所述，对意向心理状态的物理主义分析要么犯了沙文主义式的错误（如心身同一论把本该具有心理性质的状态视为非心理状态），要么就是走向了自由主义式的错误（如功能主义将本不具有心理性质的状态归结为心理状态）。在此，我们要强调的是，无论是沙文主义式的错误还是自由主义式的错误，这两种类型的问题在以专有功能为基本点和关键点，对意向心理状态所做的生物学意义上的自然主义解释过程中，都可以得到不同程度的避免。

一方面，与心身同一论相比，生物学意义上的自然化意向性理论虽然与前者一样坚持欲求、信念等意向心理状态有其特定的神经生理基础及物理-化学机制，但却并不赞同特定类型的意向心理状态就等同于特定类型的神经生理状态或物理-化学状态。这是因为，对于意向心理状态而言，有决定性意义和起作用的是其所具有的专有功能，而不是其专有功能所依赖的生理基础本身。更为重要的是，在进化过程中及特定现实的历史、文化、社会语境中，生命有机体的专有功能可以形成并实现于不同的神经生理基础及物理-化学机制中。因而在此意义上，对意向性的生物学自然主义解释也就自然地避免了心身同一论过分强调"同意"而导致的上述错误，从而在一定程度上摆脱了心理状态多重实现的可能性难题所造成的理论困境。

另一方面，与功能主义相比，生物学意义上的自然化意向性理论虽然也强调从功能的层面对各种意向心理现象做出解释，但对功能的理解却与前者有着本质的区别。针对心身同一论的难题，功能主义试图从意向心理状态在系统中的输入-输出关系抑或推理过程中所扮演的功能角色或因果角色这一角度，解释命题态度的意向性特征。然而，正如塞尔在其"中国屋论证"思想实验中所阐明的那样，即使特定的抽象程序与意向心理状态在输入与输出之间具有完全相同的功能角色或因果角色，也不能因此而将该抽象程序性质看作是意向性的心理性质。与功能主义不同，以生物学意义上的解释为基点的意向性理论从生物学层面上的目的论视角来诠释功能这一概念，强调专有功能是意向心理状态关键性的判定依据。专有功能并非具体的、实际的功能，而是以生命有机体的存在为目的而被设想的一种功能。因此，这种目的论意义上命题态度的意向性及其内容或意义的确定也就无需从输入-输出关系这一视角来确定。由此，当我们从生物学的立场上的目的论层次来理解功能时，自由主义式的困扰也就在此得到了一定程度的规避。正如利康（W. G. Lycan）所强调的，从目的论上理解功能的策略所具有的至关重要的好处就在于：①有助于说明心理的东西被感知到的无缝隙性（seamlessness）与心理概念的互相连接性；②可以避免任何形式功能主义所面临的标准反例；③有助于我们理解生物学、心理学规律的本质；④使我们心理状态本身的性能更有把握借助于最终原因（进化的原因）得以阐明，这样便有助于更好地理解我们为什么会有信念、欲求等意向心理状态。[1]总之，正是目的论的观点提供了说明意向性的有效出发点，这种说明避免了其他自然主义说明的标准理论难题，从而为合理地说明意向性及意向心理现象在自然界中的地位与作用，提供了重要的逻辑理路与立论依据。

小　　结

通过以上讨论不难看出，上述以物理主义为基底的种种心灵哲学理论，从各自的立论主旨与观点立场出发，对意向性做出了不同的自然主义解释与分析。这些物理主义方案无疑为我们深入探讨意向心理现象及其性质、特征提供了丰富、有效的理论资源。然而，不可否认的是，无论是逻辑行为主义的主张，还是心身同一论抑或功能主义的阐释，这些方案都在一定程度上遇到了理论困境。基于此，在对其进行批判性分析的基础上，本章对意向性给出了一种以自然主义生物学为基底的理论说明，通过对生物学自主性的分析，进一步从生物体在与环境相关的、历史的进化过程中逐渐获得的稳定的、目的规律意义上的专有功能的角度来实现对意向性加以诠释。这种生物学意义上的说明不仅在一定程度上能够克服上述物理主义自然化说明的理论障碍，还可为"将意向心理现象纳入自然科学的框架中"这一议题提供不同角度、不同视域、不同思路的尝试。其理论意义可谓不言而喻。

---

[1] Lycan W G. 1990. The continuity of levels of nature//Lycan W G，Prinz J J. Mind and Cognition: An Anthology. Malden: Blackwell: 77-96.

第四章 意向性自然化的途径分析：意向内容的自然化

如前所述，20世纪中叶以降，自然化的认识论逐渐成为哲学认识论多元化发展特征下主流趋向之一。这种认识论主张在当代哲学众多分支领域中愈渐广泛而深入的渗透，无疑导致了哲学讨论在认识论、方法论等层面的深刻变革。就心灵哲学在当代哲学整体语境下的发展而言，情况亦是如此。自然主义思潮和自然科学方法在当代心灵哲学研究中所占据的主导性地位毋庸置疑，无论在其问题域面、概念特征上还是在其理论建构、方法采择上，无不突显出自然主义的思维倾向并打上了自然科学方法的种种烙印。而"自然化"作为自然主义的一种基本研究纲领与操作方法，无疑使得在自然主义这一镜像之下，对心灵的自然化解读成为当代心灵哲学的一项基本诉求。然而，心灵的自然化议题在遇到某些心理属性时显得挑战重重，如对意向性的自然化。作为心理现象的标志性特征之一，如何能够在自然科学的框架之内对意向性在自然秩序中的地位给予合理的自然化说明，可以说对于心灵的整个自然化构想至关重要。也正是在此意义上，意向性的自然化也就成为意向性问题在当代心灵哲学自然主义命题之下的理论要旨之一。本章将以意向内容为切入点，着重探讨意向性的自然化途径。

意向性的一个重要特征在于其具有特定的意向内容。通过意向内容，我们可以看到一个意向心理状态指向了实在或非实在的对象，并且表征了特定的事物。作为意向性的一个主要维度，许多意向性涉及的问题在一定程度上都要依赖于对意向内容的探讨。这是因为，"依照我们的术语，我们对意向性的解释实际在很大程度上就是在于对心理状态和事件内容的解释"[①]。当然，这并不是说，意向性问题就是内容问题，但至少我们可以这样说，关涉意向内容所要解决的问题恰恰是围绕意向性问题的核心和关键之所在。虽然在范围上，内容问题只是意向性问题的一部分，但其探讨的程度却直接决定意向性问题研究的深度。因而在此意义上讲，意向内容问题也就是意向性问题在当代心灵哲学研究中的集中表现形式。正因为如此，要解决意向性问题首先要解决意向内容的问题。

意向内容对理解意向性的重要意义不仅在于意向内容问题涉及、涵括

---

① Burge T. 1979. Individualism and the mental. Midwest Studies in Philosophy，4（1）：73-121.

了意向性问题的一些重要子问题，更为关键的是，意向内容在表征等层面对心理状态及其性质的探讨，触及了传统意向性研究并未注意到的一些问题，这为意向性理论的纵深发展提供了新的视域，也为解决意向性的自然化等问题提供了新的生长点。具体而言，对意向内容本质及其与所指对象外部环境关系的探讨，在实质上也就是对意向性的指向性这一基本特征的一个说明，也是对意向性进行自然化解释的一个必要基础。同时，用自然科学的理论框架与概念术语对意向内容的阐释和对意向内容在自然界秩序的探讨，也可以为意向性在自然界中地位的说明提供重要的途径。从总体上讲，意向性的自然化在当代心灵哲学中主要是通过意向内容的自然化得以实现的。此外，对意向内容因果性问题的研究也可为进一步说明意向性在自然界的因果链条中有无因果作用提供重要的理论前提和奠定重要的理论基础。

如前所述，对心灵做出自然化的解释是当代心灵哲学的一个主流趋势，因而也成为众多心灵哲学家所追求的目标。然而，将心灵自然化的进程并不是一帆风顺的，虽然取得了很多突破性进展，但在涉及意向性问题之时，许多自然化构想遇到了巨大的挑战。心理的意向性特征所展现出的心理与对象之间的意向关系，与自然界中一般的相互关系有着一定的差别，这种特殊性的存在使得意向性问题成为每一位在心理问题上的自然主义者都必须面对的问题。因此，在自然秩序中给予意向性一个明确定位，进一步将意向关系解释为一种自然关系，也就成为将心理现象纳入自然现象中，使之成为自然现象一个组成部分的关键所在。

从总体上讲，当代心灵哲学关于意向内容自然化的见解可谓众说纷纭、莫衷一是。与其相对应的理论与方案也是林林总总，纷繁杂陈。概括起来，这些方案、理论可归纳为以下四种类型：相似性理论、因果理论（协变理论或信息语义学）、概念作用理论和生物目的论。尽管这些理论不可避免地存在着不同程度的局限性，但相较而言，笔者认为生物目的论方案在揭示意向内容的起源、基础、机制等方面更具有说服力及鲜明的优势。既然意向性是生物体在进化的目的程序与机制中逐渐形成的心理特征，那么从生物目的论的层次揭示其自然本性无疑是较为理想的方案。

第一节 意向性自然化的理论背景：意向内容外在论

就意向内容的关系性质问题（抑或心灵与世界的关系问题）而言，学界的争论主要存在于内在论与外在论两大理论流派之间的对话。而在当代心灵哲学视域中，外在论的观点日益受到广泛的关注。尤其是在与意向性的自然化有关的问题上，有关外在论的讨论就更不鲜见了。这是因为，"当代心灵哲学对意向内容自然化问题的探讨主要就是在外在论的理论背景之下进行的"，"如果我们对意向内容的关系性质持外在论的看法，那么，在对心灵自然化进程的追寻中，我们所要探讨的下一个问题就是如何将这些具有关系性质的意向内容纳入自然的秩序之中……"[①]。由此可见，在讨论意向性自然化的具体途径之前，厘清意向外在论的特征及其意义尤为必要。

对心灵本质的探讨一直就是心灵哲学中一个最传统、最基本的问题，也是最具争议、最难解决的问题之一。而这一问题的核心又在一定程度上可转化为心身关系问题。在当代心灵哲学中，几乎所有问题都是围绕这一核心或在其基础上衍生而出现的。心灵在本体论上是否依赖于身体这一问题，至少可以追溯至古希腊时代。当然，使这一问题得到明确阐述还是要归功于笛卡儿。笛卡儿之后，不乏哲学家倾向于坚持心理状态与物理状态之间的彼此独立性。然而，"当代物理科学的进展已经清晰地证实了心理状态与神经生理状态之间的紧密联系，以至于现在一般都认为心灵在本体论上是依赖于身体的"[②]。就目前的状况而言，自然主义思潮已成为当代心灵哲学的主流，而占据其主导地位的种种物理主义理论也都强调心理状态与神经生理状态之间的依赖关系，只是在依赖的方式和程度问题上还存在一

---

① 田平. 2000. 自然化的心灵. 长沙：湖南教育出版社：165.
② Edwards D S. 1994. Externalism in the Philosophy of Mind. Brookfield：Ashgate Publishing Company：viii.

定争议。在此背景下，人们关注的问题也就不仅仅聚焦在心身关系上了，而是将对心灵本质的探讨扩展至了心、身及外部环境世界之间关系这一更宽的视域。换言之，人们关注的是心理状态除了相关于神经生理状态之外，是否也在本质上依赖于我们所处的外部环境世界（包括物理环境与社会环境）。这样，有关心灵的内在论与外在论之争也就在此突显出来，而有关意向内容关系性质的思考也在此语境中形成内在论与外在论两大理论派别。

一、心灵哲学中的内在论与外在论之争

内在论与外在论的分歧主要体现在对心灵与外部世界关系的看法上。内在论者往往认为心灵所具有的属性是不以其持有者所处外部环境为条件的，即心灵是独立于外部世界的。与此相反，外在论者则极力主张心灵所具有的属性是由其持有者与所处的历时性、共时性条件共同决定的，也就是说，需要诉诸环境，以及心灵与环境之间的关系才能对心灵做出说明。相较而言，在哲学发展史上，可以说内在论有着更深的理论渊源。笛卡儿、贝克莱（G. Berkeley）、莱布尼茨（G. W. Leibniz）和休谟（D. Hume）等的思想，无不渗透着内在论的内涵。当代心灵哲学中的各种唯物主义理论，如心身同一论和功能主义，也都贯穿着内在论的主张。柏奇（T. Burge）曾经对内在论给出过明确的定义："依据内在论关于心灵的看法，所有人或动物的心理状态（和事件）都有着这样的心理本质，即个体在这些种类心理状态下的存在与个体的物理及社会环境的本质之间没有必然或深层的个体化关系。"[1]从这个意义上来讲，虽然上述各学者及各流派所持观点在根本上有着很大分歧，但他们都一致否认主体心理性质的决定对主体所处的物理和社会环境具有依赖性。例如，笛卡儿的身心二元论在强调心灵作为独立实体的同时，也就蕴含了心灵与外在环境之间的非依赖关系。再如，当代心身统一论认为心理状态等同于神经生理状态的同时，同样意味着心理状态或心理性质只需要通过其持有者自身的性质就能得到解释。总之，内在论思想在哲学中的影响之深、之广不言而喻。

---

[1] Burge T. 1986. Individualism and psychology. Readings in Philosophy & Cognitive Science, 95（1）: 719-744.

然而，随着当代心理学哲学、认知科学、神经心理学等学科的发展，以及人们对心理性质认识的不断深化，环境的要素逐渐突显出来。外在环境，包括心理状态持有者所处的物理环境与社会环境，对于心理现象的发生、发展所具有的作用日益受到关注与讨论。内在论与外在论之争也在此背景下愈演愈烈。根据外在论的心灵理论，外部环境对于身处此环境中的主体心理状态的确定具有重要的意义，至少具有部分的决定作用。举例来说，两个在分子水平上完全相同的事物，即其作为基础的大脑神经生理结构与状态是相同的，那么当其相关外部环境不同时，它们此时的心理状态和心理内容相同吗？如果认为不同，就是外在论的支持者。结合之前的分析可见，外在论的心灵理论既不同于心身二元论等传统的哲学思想，也不同于现代心灵哲学中一些主要流派的基本观点，因此它对以往种种心灵理论带来的挑战是不容忽视的。

外在论思想在当代心灵哲学中地位的奠定离不开普特南、麦金（C. McGinn）与柏奇等的工作。普特南在其著名的孪地球（twin earth）思想实验的基础上，提出了一种语义的外在论（semantic externalism）思想，即"意义不在头脑之中"[1]。具体而言，它是指当一个人使用某个自然类术语（a natural kind term）时，虽然这里所涉及的是这个人的内部心理状态，但这个自然类术语的意义却不在这个人的头脑之中，而是与这个人所处的世界具体相关。[2]麦金将这一思想扩展至了对心理内容的理解当中，形成了外在论的心理内容理论，即某些信念不能完全由这些信念持有者内部的物理性质所决定，其内容也是外在的。[3]而柏奇的反个体主义思想，倡导了一种社会的外在论（social externalism）主张。他进一步延伸至社会环境视角，强调了社会情境对于理解个体心理状态的重要性。[4]此外，迈克道威尔（J. Mcdowell）、皮考克（C. Peacocke）等对维特根斯坦反私人语言论证的进一

---

[1] Putnam H. 1975. The meaning of "meaning"//Putnam H. Philosophical Papers. vol. 2. Mind, Language and Reality. Cambridge: Cambridge University Press: 223-227.
[2] 田平. 2000. 自然化的心灵. 长沙: 湖南教育出版社: 165.
[3] Mcginn C. 1977. Charity, interpretation and belief. Journal of Philosophy, 74（9）: 521-535.
[4] Burge T. 1979. Individualism and the mental//Wettstein F. Midwest Studies in Philosophy IV. Minneapolis: University of Minnesota Press: 73-121.

步探讨，也从另一角度支持了外在论的基本看法。因为根据他们对维特斯根斯坦的解读，"单个的认知（或一般地说，心理学）主体必须被看作是以其某个社会的关系为构成成分的"[①]。显然，这与外在论的思想不谋而合。值得注意的是，20世纪末，克拉克（A. Clark）和查默斯提出的延展心灵论题（extended mind thesis）倡导了一种积极的外在论思想，更加推进了心灵哲学中的外在论理论取向。总之，从普特南的理论到柏奇的理论再到后来延展心灵概念的提出，心灵哲学有关外在论的研究在回应内在论的争论中逐渐被推至高潮。而在此视域中，关涉心灵本质特征的意向性问题也在其内容理论上展开了相关的内在论与外在论之争。

二、意向内容理论的外在论解读及其特征

具有特定的意向内容是意向性的一个重要特征。从根本上讲，我们所具有的意向心理状态，如信念、愿望等命题态度之所以能够指向一个实在或非实在的对象，与其都具有特定的内容密切相关。正因为如此，要对命题态度这样的意向心理现象进行深入研究，意向内容是其必要的前提和切入点。然而，意向内容的本质又是什么呢？它在命题态度中又是怎样被确定的？是完全内在于命题态度持有者的头脑之中，还是达及外部的世界？事实上，这正是外在论在意向性问题上对内在论质疑的核心问题。具体而言，相对于内在论，外在论的意向内容理论主要包括以下几方面的特征。

首先，意向内容外在论的主张是一种对宽内容的主张。

如果我们将单纯由意向心理状态持有者头脑中的神经生理状态和性质所确定的内容看作是一种窄内容，那么意向内容外在论所持的就是一种对宽内容的主张。因为依据其基本思想，心灵与外部世界的关系对于心理意向内容的确定具有决定性或实质性的意义。换言之，当涉及信念、欲望等具有特定内容的命题态度时，外在论者通常坚持这些命题态度的内容，在实质上延伸到人的头脑之外而达及命题态度持有者所处的环境，并受其影响和决定。而这种与命题态度（意向状态）持有者所处环境相关的内容也

[①] Mcdowell J. 1994. Mind and World. Cambridge: Harvard University Press: 11.

就是一种宽内容。

质言之，外在论持宽内容的观点，就是认为意向状态持有者有没有心理意向内容一定要从它们与外部世界的关系层面来考察，而不能一味地停留在大脑的内部状态上。因为只注意大脑的内部状态是不足以确定其意向内容的。由于环境的不同，即使是两个在分子水平上完全一样的人在使用同一自然术语时，其关于或指向的对象也是不同的，其表征的内容也是有所差别的。在这里，要特别注意的是，"关于性"或"指向性"恰恰是意向性的本质所在，因此，关于或指向不同的对象的思想在实质上也就意味着表征了不同的内容，更进一步讲，也就意味着具有不同的意向状态内容（或思想内容）。由此，"具有相同的大脑状态，却有不同的思想内容"，在外在论者眼中也就成为一种完全可能发生的情况。

总之，在外在论者看来，意向心理状态的内容应当是宽的，意向心理状态也应当是一种宽状态。其内容的确定必须要提及、考虑意向状态（命题态度）持有者所处的环境因素。一句话，世界上或者说环境中的各种事物、状态、性质、关系等，对于信念、欲望等意向状态的内容来说，具有明确的、决定性的作用。

其次，意向内容外在论对宽内容的主张不仅重视物理环境的作用，更强调社会环境的意义。

谈及社会环境，它在广义上包括了各种社会因素和文化背景，语言共同体的语言实践活动在其中至关重要。在外在论者的眼中，与物理环境相比，社会环境对于主体心理意向的内容作用具有同等甚至是更重要的意义。根据其主张，不仅物理环境可以决定主体心理意向的内容，社会环境也一样。举例来说，在分子水平上完全一致且具有完全相同物理环境中的两个主体，如果处于不同的社会语境之中，则他们的心理意向内容也会存在不同。因此，某一主体无论是否能够完全理解他所拥有的意向心理状态，其意向内容在本质上都无法独立于该主体的社会环境因素。在此意义上，我们可以更进一步认为"心理状态与事件在原则上随着环境的变化而变化，甚至在非意向的和个体论的规定的个体的物理的（功能的、现象学的）历史保持不变的情况下也是如此"①。

在对社会环境及其意义进行分析时，柏奇进一步阐明了社会环境作用于意向内容的方式。按照他的理解，在构成意向内容要素的过程中，社会环境起着中介的作用。换言之，物理环境对某一主体意向内容的决定作用离不开一定的社会环境因素。从某种意义上讲，一定的社会环境在实质上也包括语言共同体的集体心理状态及他们约定俗成的各种术语，而物理环境在确定作用心理意向状态的内容时，通常都以此为基底。由此，信念、欲望等意向状态的内容与其持有者相关的社会语境是无法分开的。

最后，意向内容的外在论主张归根结底是对心身随附原则的彻底否弃。

随附性（supervenience）概念早先出现在摩尔（G. E. Morre）和海尔（R. M. Hare）等的道德理论中，随后才进入心灵哲学的视野。当心身同一论由于其过强的主张而广受争议且步履维艰时，随附性及心身随附原则的提出无疑为有关心灵的研究开启了一个新的范式。福德对心身随附关系有过这样的描述，即"X 类型的状态随附于 Y 类型的状态之上，当且仅当没有 Y 状态之间的相应的差别，X 状态之间也不会有差别"②，按照心身随附原则，"心理性质在某种意义上依赖于或随附于物理性质。这种随附性可以被看作是指不可能有两个事件在所有物理的方面完全一样，而在一些心理的方面有所不同，或者说，一个对象不可能在心理方面有所变化而在物理方面没有变化"③。事实上，这一原则为心灵哲学解决心身问题提供的是一个崭新的非还原思路和路径。在心灵的自然化运动中，同心身同一论相比，随附性思路既可以在一定程度上维护心理的自主性，又能坚持自然主义和物理主义的立场。因此，随附关系对于当代的心灵哲学研究具有重要的意义和价值。所以，福德进一步说："（任何）在科学上关于心理状态的有用的观念都应遵从随附性；心脑随附性毕竟是迄今为止我们所具有的关于心理原

---

① Burge T. 1986. Individualism and psychology. Readings in Philosophy & Cognitive Science, 95 (1): 719-744.
② Fodor A J. 1987. Psychosemantics: The Problem of Meaning in the Philosophy of Mind. Cambridge: The MIT Press: 30.
③ Davidson D. 1970. Mental events//Foster L, Swanson J W. Experience and Theory. Amherst: University of Massachusetts Press: 79-101.

因如何可能的最好观念。"①

不难看出，心身随附原则在本质上蕴含了内在论对窄内容的主张。因为根据其要义，如果在物理方面无任何差别的话，也就在心理方面无任何差别。因此，主体之外的环境对于主体心理状态而言就没有任何决定性的意义了。如果坚持外在论对宽内容的主张，就必然在根本上否弃心身随附原则。正如金在权所言，外在论的观点否定了心身随附理论两个最为基本的论题：一个是我们所使用的术语的意义随附于我们内部的物理或心理状态之上；另一个是我们的信念和其他意向状态的内容随附于我们内部的物理或心理状态之上。②因此，站在外在论的立场进一步来看，即使是物理方面的结构、性质、状态完全相同的认知主体，也依然有可能存在心理方面的差异。

三、意向内容外在论的理论意义及其对当代心灵哲学的挑战

就其理论意义而言，意向内容的外在论主张不仅仅是在一定程度上克服了内在论的某些片面性，较好地说明了意向性的指向性问题，更重要的是，它从根本上颠覆了一些恒久以来根深蒂固地存在于人们认识当中的传统的心灵观念，在本体论、认识论、方法论层面对当代心灵哲学提出了挑战，从而进一步为解决心-身-世界的关系问题提供了新的启迪性视域。

在本体论层面，外在论的意向内容理论摒弃了自笛卡儿以来就占据人类关于心灵本质认识的一个基本看法，即心灵及其内容在本体论上自主地独立于外在环境，从而表明，信念等意向心理状态并不仅仅局限于信念持有者的大脑之中，而是已经延展到了世界。这就是说，认知主体的（意向）心理内容不仅仅由大脑和身体的物理构成所决定，外部的环境，包括物理环境和社会环境，也是重要的构成要素。

显然，以外在论的视域为阐释基底，可以将大脑、身体、世界作为彼此关联的复合要素，它们之间的因果交互被精密地耦合，这样一来，认知

---

① Fodor A J. 1987. Psychosemantics: The Problem of Meaning in the Philosophy of Mind. Cambridge: The MIT Press: 30.
② Kim J. 1996. Philosophy of Mind. Boulder: Westview Press: 196.

主体与外在环境构成一个动态的、整体的耦合系统（coupled system），心灵就是在这个系统中，在内在要素与外在环境的交错的过程中完成了一次又一次的重构，从而实现其进化和发展。进一步讲，心灵的内在要素与外在要素以一定的目的论机制结合在一起（即在自然选择中，远端的环境的因素与近端的自身内部因素结合在一起）共同构成心理状态所表征的内容。正是在此意义上，心灵可以被看作是统一于内外物理与社会环境系统的认知网络当中，由内部资源、过程与外部工具、过程不断互补、重新整合的产物。在这里，内在结构构成了心灵进化的基点，而外在环境构成了心灵进化的途径。心灵与世界的界限也就在这个过程中逐渐变得模糊起来。

由上可知，外在论的意向内容理论对心理内容与环境关系的说明，已经不仅仅局限于两者之间相互作用、彼此影响这样的因果作用的角度。在本质上，外在论已将外部的世界纳入心灵的逻辑构成之中，即世界的一部分已然是心灵的一部分，世界是心灵的自然的构成要素。

在认识论层面，外在论的意向内容理论最具威胁性的便是对自我知识的权威性或者说第一人称知识的优先性的挑战，而这一观念也是至少自笛卡儿的时代以来就已被广泛认可。以下是戴维森（D. Davidson）关于此问题的一个表述："因为我们通常不需要或者不使用证据（虽然有可用的证据）就知道我们相信（以及想望、怀疑、意图）什么，所以，我们关于自己当下心理状态的真诚的声明不会遭遇那种基于证据的结论的失败。因此，真正的第一人称现在时思想陈述，尽管并非是不可错的或者不可纠正的，却拥有一种第二或第三人称陈述，或者第一人称其他时态陈述所不可能拥有的权威性。"[1]这种权威性在实质上是指，我们可以不通过对我们自身外在行为的观察，就能对我们自己的心理意向状态及其内容直接地进行当下的了解。也就是说，此时不需要借助外在环境也同样能够明白我们关于自己的意向心理状态或获得我们自己的心理知识。因而，"一个人拥有任何其他人都不可能拥有的通达他自己思想的特许方式。我们通过内省获得关于自

---

[1] Davidson D. 1987. Knowing one's own mind. Proceedings and Addresses of the American Philosophical Association, 60 (3): 441-458.

己思想的知识,这种知识的获取和辩护都不需要经验的证据。因此,自我知识和关于外部世界的知识以及关于他心的知识之间的一个重要区别,就是前者具有直接性和权威性,而后者不具有这样的性质"[1]。

显然,意向内容的外在论主张直接颠覆了上述传统的、直觉的自我知识理论。因为在外在论者看来,我们各种心理意向状态的内容的确是不能孤立于外在环境的,无论是物理环境还是社会环境。而且在环境面前,没有所谓的第一人称权威性。换句话讲,我们自己与其他人在环境面前是平等的。因此,要想了解我们的心理意向状态毫无疑问必须诉诸环境。也就是说,既然认知主体的意向心理内容及其变化受外部因素影响,那么就不能仅仅通过内省或内部反观达至一种全面的认识。从这一点来看,意向内容的外在论观点必然地蕴含了对传统观点中自我知识及第一人称直接性、权威性的反叛。

在方法论层面,外在论的意向内容理论在根本上动摇了长期以来受很多哲学家拥护的方法论上的个体主义倾向。在本质上,方法论上的个体主义(methodologic al individualism)要求心理状态必须依其因果效力进行分类。也就是说,只要某些意向心理状态具有的内容因果效力一致即使环境而有所不同,这些意向心理状态也是一致的。比如,一个地球人与"水"有关的意向内容同一个孪地球人与"水"有关的意向内容可以具有相同的因果效力与因果性质。那么,从因果效力的角度来进行分类的话,这两种意向内容就应该是相同的,即便地球"水"和孪地球"水"也许并不是同一种物质。可见,方法论上的个体主义在本质上是一种内在论的思想。

显而易见,外在论的意向内容理论与上述方法论上的个体主义主张无法相容。因为在外在论的理论范畴内,上述例子中的关于两种"水"的心理状态应该具有不同的意向内容。事实上,虽然方法论的个体主义在操作层面有利于解释的进行,但在根本上,它与我们日常的心理学解释性质不甚相符。这是因为,在通常状况下,我们日常的心理学解释在本质上要诉

---

[1] 田平. 2008. 外在论与自我知识的权威性. 华中师范大学学报(人文社会科学版),(1): 49-54.

诸一种意向概括，即意向性解释。而意向性解释显然是与外在语境密切相关的，不受严格的因果关系法则所限制。心理学解释的对象也不只是身体的运动，而是关于事件或对象的关系事实，因而必然涉及环境因素。一个人的心理表征及其外在行为不可能完全孤立于这个人成长与习得的语境中的物理的和社会的关系，这一点是毋庸置疑的。所以心理学解释实践不可能不与外在环境相关。由此可见，只有以外在论对宽内容的主张为基础的解释才能满足此类心理解释的基本要求，进而将环境要素纳入解释实践之中。就此来看，外在论的意向内容思想在心理学解释实践中所具有的方法论意义是不容忽视的。

最后要说明的是，上述对外在论的意向内容理论优势的强调并不意味着有关意向内容的外在论主张就是一个最优的选择，尽管外在论的提出在一定程度上克服了内在论的片面性，阐明了心理与环境的某种相关性，为说明心理意向性问题及其内容问题提供了新的模式与方法。但事实上，它在很多时候是成问题的。例如，外在论对环境作用的过分强调，使得宽内容的分类由于过于模糊、对语境过于敏感、过于不稳定，从而在另一极端阻碍了意向性在心理学解释中的运用。当前，理论界所提出的"外在论威胁"也正是对此问题的担忧。然而无论如何，通过前文对意向内容外在论主张的解读及对它给当代心灵哲学带来的挑战所进行的分析，我们得知其理论意义是不容忽视的。毫无疑问，这一全新的诠释对于我们重审心理现象的本质，扩展对心灵的认识，以及在此基础上进一步厘清心-身-世界问题，进而更深入地重思心灵哲学中的基本论题都具有重要的理论意义和价值。

第二节　意向内容自然化的相似性理论

一、相似性理论的自然化方案

简而言之，相似性理论诉诸相似于意向对象的心理映象（image）来完成关于该意向对象的表征（即意向内容）的自然化说明。这里的相似性涉及这样一种观念，即"表征根源于某种形式的相似性：某一事物凭借相似于所表征的事物或属性从而可以意谓其所意谓的东西"①。就其背景而言，这一理论是受了 17~18 世纪占主导地位的知觉理论的影响。根据该知觉理论，"我们实在地知觉到的东西不是世界本身，而是心理映象或'观念'，它们通常是外部对象使其出现在我们的心灵之中"②。这一理论演变为关于意向内容的自然主义的理论，其精髓"心理映象"也就成为该理论的核心概念之一。由此，意向内容的相似性理论可进一步表述为：当我们在知觉某一事物时，我们便得到了关于这一事物的心理映象。我们的意向内容对这一事物的表征恰恰就是我们已有的关于此事物的心理映象。当然，这一事物之所以能够靠其心理映象得到成功的表征，其关键之处在于两者具有相似性。显然，在这里，意向对象的心理映象相似于意向对象是相似性理论对意向内容做出自然化解释的一个基础。

二、相似性理论的解释困境

不言而喻，相似性理论是一种浅显而简单的内容理论。相似性理论本身就存在许多缺陷，而这些缺陷又使其在逻辑上难以自圆其说，最终导致自身背离了自然主义的约定。具体而言，其理论困境主要体现在以下几个方面。

首先，相似性理论是以映象为基础的，可以说，映象是思维的媒介，意向内容正是通过映象达致其表征目的的。然而，笔者认为，这里的映象是模糊的、整体的，因而它在这里是不能成为表征之基础的，也是不适合作为表征之媒介的。例如，我们有一关于克林顿头发颜色的意向状态。根据相似性理论，我们对克林顿头发颜色的表征要诉诸我们关于克林顿的映

---

① Goldberg S，Pessin A. 1997. Gray Matters：An Introduction to the Philosophy of Mind. Abingdon：Routledge：68.
② Goldberg S，Pessin A. 1997. Gray Matters：An Introduction to the Philosophy of Mind. Abingdon：Routledge：73.

象。但是事实证明，我们根本不可能单单获得关于克林顿头发颜色的唯一映象。我们借助我们关于克林顿头发颜色之映象以完成其头发颜色的表征的同时，事实上，这一映象已经不可避免地涉及与克林顿有关的更多特征，诸如他的头发的长短、疏密，甚至是头发之外的眼、口、鼻、眉及身高、体重、姿势等。显然，这种映象是笼统的，是具有一定模糊性的，我们很难明确地把这一映象再进行更加细致的区分。这样看来，既然任何映象本身就是不明晰的，我们又如何根据它来获得正确的表征呢？可见，相似性理论在其理论基础上就是有问题的。

其次，相似性理论的理论核心在于"相似性"，但"相似性"本身就是一个难以捉摸的概念。"如果说相像就是具有许多或大多数内在属性的一致性，那么事实上映象除了相似于别的映象之外，并不相似于其他任何东西。"①就拿一匹马和我们关于这匹马的映象来作比较。真正的马是由血肉等有机物构成的鲜活的动物，它有皮毛，有形体，有颜色，占据特定的空间……而马的映象不是动物，它更不是活的，没有皮毛，没有形体，没有颜色，也不占据空间……显然，两者之间几乎没有共同之处。这样说来，既然心理映象与与其相对的真实事物之间没有任何共同之处，那么，按照相似性理论的逻辑，马的映象是不应当成为马的表征的。因此，相似性理论在实践上没有"可操作性"，因而也无法行得通。

最后，也是最为重要的，通过以上的分析，我们可以看到，相似性理论所强调的相似性其实是知觉意义上的相似性，而不是实际意义上的相似性。因此，从这个意义上讲，"我们的思想（心理映象）是关于事物的，不是因为存在着实际的相似性，而是因为在它们与它们所表征的对象之间有可知觉到的相似性"②。但是问题就出在"可知觉到的相似性"这一概念上。毫无疑问，"可知觉到的相似性"存在一个前提，即它本身要先依赖特定的

---

① Goldberg S，Pessin A. 1997. Gray Matters: An Introduction to the Philosophy of Mind. Abingdon: Routledge: 74.
② Goldberg S，Pessin A. 1997. Gray Matters: An Introduction to the Philosophy of Mind. Abingdon: Routledge: 75.

心理活动。因此，用我们的心理映象与对象之间的这种可知觉的相似性，解释心理意向的内容及表征问题，这在逻辑上就存在着严重的问题。因为知觉本身就是需要我们解释的，通常也是能够带有意向性的心理活动。换言之，如果我们要运用可知觉到的相似性来对意向内容进行说明的话，那么，我们就必须在这之前首先对我们是如何知觉到那些可知觉的相似性做出明确的解释。但是，通常情况并不是这样的。因此，相似性理论在解释实践中的缺陷可谓显而易见。

综上所述，意向内容的相似性理论实际上缘于这样一种观念，即表征依赖于知觉意义上的相似性。这使得心理意向内容的表征功能在很大程度上涉及并依赖于某种心理映象或意象（imagery）。但是，在上面的分析中，我们也可看到，心理映象或意象实际上根本不相似于任何自然的或者是物理的对象。此外，相似性理论所能凭借或求助的相似性也只能是知觉意义上的相似性，这等于是预设了知觉的心理活动，因此也无法与自然主义的初衷相吻合。正因为如此，从根本上讲，相似性的内容理论在其理论基础上就存在着"致命"的缺陷，而这又决定了它在实践中是不可行的，甚至是有害的。当然，需要说明的是，上述对相似性理论的批判性分析绝不是要否认心理映象或意象在认知中的重要作用，这里只是揭示了它在自然主义前提下所遇到的理论困境。

第三节　意向内容自然化的因果理论

一、因果理论的自然化方案

意向内容自然化之因果理论的根本主旨就在于，它试图依靠、根据心理与世界两者之间所具有的因果关系来揭示心理意向内容的物理基础、形成机制及作用条件，从而对意向内容做出自然主义的解释。换句话说，这一理论基于"因果关系"这一视角，将心灵对外部世界的表征关系阐释为两者之间所具有的因果关系，从而将其作为解决意向内容自然化问题的一个基本思路。纵观历史，对意向内容作因果论的解释这一主张，可以在20世纪50年代由斯金纳（B. F. Skinner）所提出的行为主义语义理论的某些观点中找到思想的基础。这种观点的主导思想可表述为：某一语词意谓（意指）某一事物，是因为该语词是在后者（即语词所意指的事物）刺激的控制之下才具有该意义的。例如，一语词"斑马"是在斑马的刺激的控制之下才具有了意指斑马的（稳定）意义。正是这种观点构成了意向内容因果理论的内核：如果某一表征是在某一事物的控制之下，即如果该事物的出现与意向内容持有者头脑中的那个表征的符号（或标记）之间存在着可靠的、稳定的、有规则的联系，以致该表征与该事物协变，那么该表征就意指该事物。在这里，稳定的、有规则的联系在实质上指的就是心理表征与表征对象之间的因果联系。正是在此意义上，我们也将由此出发对意向状态与其对象之间关系的解释看作是一种原因论的解释。由于这一理论强调心理表征与对象之间存在稳定、规则的协变关系，它又被称为关于意向内容的协变理论。

从某种意义上讲，意向内容的因果理论又可被看作是一种信息语义学（informational semantics）。这是因为，因果理论（协变理论或信息语义学）通常是将意向内容的自然化解释立基于"信息"这个基本概念之上的。也就是说，因果理论的意向内容理论包含的一个基本观点就是，它将意向内容看作是一种信息内容。从本质上讲，信息内容所蕴含的表征与其所指之间的关系可以说是一种信息关系，而后者又以可靠的、稳定的、有规则的因果协变关系为基础。由此，把意向内容归结为一种信息内容，其实质就是把心理意向状态与其所指之间的意向关系解释为一种特殊的信息关系。更进一步讲，也就是将其诠释为意向心理状态持有者与其所在环境之间的一种特殊的因果关系，而这种因果关系即信息关系，并且符合因果自然律。具体地讲，信息关系并非一般意义上事物之间的相互关系，而是一种以自然法则为基础的相互关系。就信息关系而言，它是指"存在于指示器与它所指示的、独立于具有命题态度的行动者而存在的东西（或信息源）之间的关系"①。信息关系一旦形成，某种信息加工装置是否选择某一信息便得到了确定。在这里，信息要素就成为语义属性的真正构成要素，而信息结构也成为意向性最初的一种表现形式，进而成为心理表征的意向内容的来源。正是在此意义上，我们可以说，命题态度的意向性本身就潜在地蕴含于信息结构中，信息理论也因而能够成为意向内容理论的建立基础之一。由此，心理表征的意向内容所展现的基本的意向关系或者说语义关系就可被自然化为一种特定的信息关系，亦即信息的携带或表征与对象之间的协变关系。

二、因果理论的解释困境

不难看出，较相似性理论而言，意向内容自然化的因果理论（协变理论或信息语义学）有其鲜明的优越性。一方面，它无须像相似性理论那样，要求表征必须相似于它所表征的东西；另一方面，它从新的视角分析并捕捉到心理表征与对象之间的某种联系，且在因果层次上对意向内容的自然化问题做出有益的、可供借鉴的尝试与探索。然而，就是这样一种理论在析取问题或者是错误表征问题上却遇到了巨大的挑战与困境。从根本上讲，析取问题或错误表征问题在很大程度上，逻辑地可由因果理论引申出来，而此问题正是意向内容自然化进程中不可避免的、也必须解决的最大难题之一。

具体而言，某一类表征通常由某一事物 A 引起，但有时 A 事物以外的事物如 B 事物或 C 事物或其他事物同样能引起该类表征。如果是这样的话，根据因果论的解释，上述这类表征所意指的就不只是 A 事物，而是 A 事物或 B 事物或 C 事物或其他类型事物，亦即 A 事物、B 事物、C 事物及其他类型事物的析取。由此，只要能够引起该表征的事物及原因，就可被置于上述相应的析取集中，那么该表征也就不再是 A 事物的特指，而是可以指向析取集当中的任一事物。这样一来，反而导致心理表征的内容与其外在对象之间失去了固定的协变关系，失去了稳定的因果关系。而在此意

---

① 高新民，刘占峰. 2003. 意向性·意义·内容——当代西方心灵哲学围绕心理内容的争论及思考. 哲学研究，（2）：86-91.

义上，错误表征在这里也就没有了可能性。例如，关于斑马的表征尽管在多数时候由斑马引起，但有时奶牛或其他事物也可以引起对斑马的表征。在这种情况下，按照上面的分析，表征"斑马"所意指的就不只是斑马，即它失去了对斑马的特指，而是意指斑马或非斑马（如奶牛等）的析取。这样看来，即使是一辆汽车引起了我们对斑马的表征，也就是我们误将一辆汽车认作了一匹斑马，也不会出现表征错误的问题。因为这辆汽车同样可被放入与"斑马"这一表征相应的析取集当中，从而作为其中的一个析取项。毋庸置疑，正是析取问题的存在否定了心理表征（或者说意向内容）对特定类型对象的特指，进而排除了错误表征的可能性，在根本上消解了错误表征问题。可见，析取问题对意向内容的因果论构成了致命的威胁。如前所述，错误表征一样也是意向性的主要维度之一，也是意向性最为重要的特征之一。因果论否定了心灵的错误表征能力，这无疑是对心理表征的意向性的根本否定。正是在此意义上，析取问题就成为意向内容因果理论必须要解决的一大难题，否则，因果论的自然化构想就失去了立论根基。

面对析取问题带来的理论困难，当代意向因果论的代表人物纷纷从不同的角度提出了各自的解决方案。例如，德雷斯基通过对学习及运用语词的过程的分析来试图克服析取问题。以表征"奶牛"为例，他将上述过程分为学习和随后的简单运用两个时期。在学习时期，通过不断强化奶牛与对"奶牛"表征运用之间的严格关联，足以使"奶牛"保持其特定的意义，足以使这个孩子用"奶牛"来意指奶牛。这样即便在后来的语词运用过程中，无论有什么事物引起对"奶牛"的表征，都不会影响"奶牛"对奶牛的特指。[1]再如，福德运用"非对称依赖关系"（asymmetric dependence relation）这一概念，通过比较析取集中各析取项的关系，从而表明析取问题是能够被解决的。在他看来，析取集中的各析取项的地位是不平等的，它们固然都是引起某一表征符号的原因，但其中必有一项不仅它自身是引

---

[1] Dretske F. 1981. Knowledge and Flow of Information. Cambridge: The MIT Press.

起这一表征符号的原因,而且它还是析取集中其他析取项引起该表征符号的原因。换句话讲,如果没有这一项作为引起表征符号的原因,那么其他项也就不会引起该表征符号的出现,而这一项就是表征符号的真正所指或内容。①举例而言,奶牛与"斑马"这一表征之间的因果关系是非对称地依赖于斑马与"斑马"这一表征之间的因果关系的。当且仅当这种非对称依赖关系存在时,由奶牛引起"斑马"的表征就是错误表征。由此可见,福德对非对称依赖关系的论证较为巧妙地解决了析取问题给意向内容自然化的因果理论所造成的困扰。

然而,尽管德雷斯基与福德的论证在一定程度上为解决析取问题提供了有效的,甚至可以说是精致的具体方案(尤其是福德的方案)。但从根本上讲,两人的理论都预设了一定的意向的、语义的成分在里面。因此,他们的理论都存在一定的循环论证之嫌。就德雷斯基的理论而言,使"奶牛"意指奶牛的东西是学习过程中老师的行动,该行动依赖于他的意向状态。至于福德的理论,在确定非对称性依赖关系的同时(是谁依赖谁),也就暗含了语义的断定过程。可见,他们的方案并没有将析取问题从意向内容的因果解释中排除。析取问题仍旧是意向内容自然化因果论方案不可逾越的障碍。其顽固性(robustness)也从另一个角度表明,因果层次并不是解决意向内容自然化问题的恰当的层次。因果论的自然化方案也不是解决意向性问题的最佳方案。

第四节 意向内容自然化的概念作用理论

一、概念作用理论的自然化方案

与因果论的意向内容自然化理论相比,同样是从因果的视角出发,但概念作用理论并不关心表征内容与外在对象的协变关系或因果关系,而是

---

① Fodor J. 1987. Psychosemantics. Cambridge: The MIT Press.

注意表征符号在心理活动中的推理作用或概念作用。换言之，概念作用理论更加注意内在的因素（即符号自身的概念作用）在决定心理意向内容方面所具有的基础性意义。因此，根据这一理论，心理意向的内容的存在及其意义就在于（或者说依赖于），表征符号在输入、输出及其他心理意向状态、表征的相互作用过程中或在认知系统中的概念或推理作用。而在这里，作为意义之内在因素的符号的"概念作用"，在实质上也就是指"符号在推理与思考中，在与别的符号相结合和相互作用中，在感性输入与行为输出之间的媒介作用中如何运作的一种功能"[①]。

不难看出，上述概念作用理论的根本特征就在于，它试图把心理表征符号的意义，建立在符号本身对行动者的认知过程中所起的整个因果作用这一基础之上。这一构想虽然有独到之处，但在概念整体论问题上却遇到了新的挑战。这是因为，依据这一理论对意向内容进行解释时，我们无法考察其所设想的概念作用，是如何将与推理之类的东西无关的那些符号的作用，从认知过程中排除出去的。也就是说，确定哪些意向状态与符号的表征意义有关，哪些意向状态是根本无关的信息，并以此最终去定义、确定该符号所表达的概念，这在根本上是概念作用理论无法做到的。它在上述问题上难以提供任何可行的标准，从而不可避免地会导致这样一种观念：人的（几乎）所有信念都与人的术语的意义有关，亦即一个心理意向状态所具有的内容，由该意向状态持有者的所有其他心理意向状态所决定。显然，上述这种观念恰恰就是概念整体论的核心思想。正是在这个意义上，概念整体论逻辑地蕴含在意向内容的概念作用理论中。

二、概念作用理论的解释困境

如前，概念整体论逻辑地蕴含在意向内容的概念作用理论中，这也是其难以克服的一个理论障碍。概念整体论之所以成为自然主义意向内容理

[①] Goldberg S, Pessin A. 1997. Gray Matters: An Introduction to the Philosophy of Mind. Abingdon: Routledge: 92.

论的一道不可逾越的障碍，就在于它坚持了命题态度是整体论赋予的这一基本观点。这在本质上决定，我们必须依赖意向的、语义的词汇，阐述意向内容的起源基础及其本质特征。因为要解释某人的某一信念必然要涉及决定该信念的这个人的所有其他信念。显然，这在根本上无法与自然主义相容。

就概念整体论而言，其理论本身就存在不少困难。首先，它的基本思想与我们的直觉是相悖的。如果两个行动者在任一信念上有差异，他们在有关术语的概念作用上就有可能不同，进而他们用术语所表达的概念也就不同。而事实往往不是如此。例如，即使两个人在对待"狮子是食草动物还是食肉动物"的信念上有一定的差别，这也不会影响他们用"狮子"这一术语对狮子进行表征。其次，人际间的理解在一定意义上决定于我们所使用的术语具有相同意义的概念。但如果内容的解释、概念意义依赖于整体的情境（包括他人的信念），那么在此意义上的概念就不可能具有相似性。这样的话，进行成功的交流也就不可能发生。除此之外，虚假信念问题及分析与综合的区分问题也是概念整体论不能回避的棘手问题。

总而言之，概念整体论自身的一些理论困境及它内在地与自然主义相悖的理论预设，最终决定了包含这一思想在内的概念作用理论不可能成为意向内容及意向性自然化的一个有效的解决方案。

第五节　意向内容自然化的目的论进路

通过以上讨论不难看出，当代心灵哲学对意向性自然化难题的求解可谓观点杂陈、方案林立，各种流派、理论之间的纷争更是渐趋激烈。值得一提的是，生物学意义上的目的论自然化进路日益受到学界的广泛关注与讨论。这一理路的提出展现了一种新的认识视角和方法，从而为意向性的自然化解释提供了一种较优的可能性选择与尝试。

一、意向性自然化解释目的论取向

从总体上讲，随着心灵哲学自然化运动"生物学转向"（biological turn）的出现，目的论方案的异军突起已成为一种逻辑必然，在生物学意义上的目的论自然化进路受到学界的广泛关注与讨论。就其实质而言，在对意向性自然化解释的实践中，作为一种重要解释图式的目的论进路的形成与发展既非偶然，也非一蹴而就，而是有其深刻的学术根源和理论背景。

其一，就意向性的自然化实践而言，在种种自然主义进路与策略都或多或少地遭遇这样或那样的解释困境之时，目的论理路的提出展现了一种新的视角、思路和方法，从而为化解上述难题给出一种较优的可能性选择与尝试。

如前所述，对意向性的自然化解读可以说是当代心灵哲学家孜孜以求的，在这个过程中形成了形形色色的自然主义求解策略。这些自然化构想在很大程度上都是从内容这一维度展开的，也就是说，其主流的自然化方案大多是以对心理状态和事件内容的解释为切入点。概言之，大致可以将其归纳为几种类型，即前面所阐述的相似性理论、因果理论、概念作用理论及目的论理论。毋庸置疑，这些理论在揭示意向性的内容起源、物质基础、形成机制等方面都做出了有益的尝试，与此同时，它们不同程度地存在着不可避免的局限性，特别是前三种理论遇到的理论障碍似乎是难以逾越的。当然，第四种目的论理论也存在不少解释困境，但相比前几种无疑具有较大的解释力和说服力，其理论优势较为鲜明。

之前已经具体详述相似性理论、因果理论、概念作用理论的理论特征与困境，这里再做一下简单回顾。就相似性理论而言，其核心是诉诸与意向对象相似的心理映象从而实现对于该对象的意向内容（即其表征）的自然化说明。这里的关键在于，意向对象与意向对象的心理映象两者之间的相似性。也就是说，如果当我们通过知觉得到关于某一事物的心理映象时，我们的意向内容便可以凭借这种相似性来完成对这一事物的成功表征。然而，相似性理论最大的争议也就在于对"映象""相似性"这些概念的使用上。这些概念本身就是模糊的、难以捉摸的，并且缺乏可操作性。此外，它们都是建立在知觉基础之上的。换言之，"我们的思想（心理映象）是关于事物的，不是因为存在着实际的相似性，而是因为在它们与它们所表征的对象之间有可知觉到的相似性"[1]。而这种知觉意义上的相似性本身就预设了心理活动于其中，因而也无法与自然主义的初衷相契合。至于因果理论及概念作用理论，两者的共同之处在于它们都立足于"因果"这一层次，试图从因果的视角出发进而对意向性做出自然化的说明。但两者也有本质上的区别，前者捕捉的是表征内容与外在对象之间的因果关系或协变关系，而后者强调的则是表征符号在心理活动中的因果作用，即推理作用或概念作用。因果理论主张用心灵与世界之间存在的某种有规则的联系（即因果关系）来阐释心灵与世界之间的表征关系。依据其要义，如果某一特定的表征总是在某一特定事物的控制之下，以至于两者之间形成了一种有规则的、稳定的协变关系，那么这就意味了该事物可通过该表征所意指。相比之下，概念作用理论注重的则是符号自身的概念作用在意向内容的确定过程中所具有的重要意义，按照其观点，"①语言表达式的意义是由它们被用来表达的概念和思想的内容决定的。②概念和思想的内容是由它们在人的心理生活中的功能作用决定的"[2]。毋庸置疑，这两种意向内容的自然化方案各有独到之处，也具备了一定的解释效力，但在实际的说明过程中，两者也都面临着难以克服的解释瓶颈。非常棘手的错误表征问题或析取问题可以说逻辑地蕴含在了因果理论当中，而概念整体论问题也使得概念作用理论变得捉襟见肘。

通过以上分析不难看出，上述有关意向性的几种自然主义解读都没有给出较好的自然化说明，相似性理论的缺陷是显而易见的，而因果理论与概念作用理论所面临的理论困境也深刻表明，其所依据的因果层次也并不

---

[1] Goldberg S，Pessin A. 1997. Gray Matters：An Introduction to the Philosophy of Mind. Abingdon：Routledge：75.
[2] Harman G. 1982. Conceptual role semantics. Notre Dame Journal of Formal Logic，23（2）：242-256.

是解决意向性自然化问题的最恰当层次（之前已有较详细的阐释）。举例来说，当我们要对某一计算机游戏做出解释时，我们既可以在较低的物理层次与计算层次（如电路、算法）对之进行说明，也可以诉诸较高的游戏层次（如各种游戏规则）对其进行解释。显然，如果仅仅有较低层次的解释是不充分的，较高层次的特征虽然依赖于较低层次特征，但并不能依据后者而得到解释。因此，我们要对某一事物、性质做出充分的解释，必要的层次都应当考虑到。就意向性问题而言，因果的层次纵使具有一定的解释力，但并不恰当、充分，那么就有必要寻找对意向性进行自然化说明更恰当的层次。如果我们将意向性在自然中的位置定位于因果层次，那么就有可能导致一种"泛语义主义"（pansemanticism）倾向。[1]这一倾向意味着那些不具有语义性的、意向性的现象会具有一定的语义属性，而与此同时，那些真正具有语义性的、意向性的现象会丧失其独特性。一旦如此，心灵和物质之间就不会再有任何区别了。由此，从新的角度和层次来寻求解决意向内容自然化的途径也就显得非常必要了。而目的论层次恰恰为我们提供了这一启迪性的视域。既然心理意向性特征是生物体在进化过程中，通过特定的目的程序与机制逐渐形成的，那么从基于生物进化机制的目的论的层次来揭示其自然本性，无疑是一种较为理想的理论进路。

其二，目的论解释在意向性自然化进程中的登场与"大放异彩"，也与整个心灵自然化运动大潮中的"生物学转向"密不可分。当代自然主义心灵哲学试图对心灵在自然界中的地位做出本体论承诺的同时，所面临的进一步难题便是，如何将心灵自然化，即心灵的具体自然化途径。正如福德所言："严肃的意向心理学必定预设了内容的自然化。心理学家并没有权利来假定意向状态的存在，除非他们能够为存在于意向状态中的某种事物提供自然主义的充分条件。"[2]针对这一问题，传统的、主流的物理主义试图用物理学的、生理学的或神经科学的概念和术语来说明心理学的概念和术

---

[1] Antony L, Levine J. 1991. The nomic and the robust//Loewer B, Rey G. Meaning in Mind. Oxford: Blackwell: 1-16.
[2] Fodor A J. 1994. The Elm and the Expert. Cambridge: MIT Press: 5.

语。其典型的逻辑理路要么是将心理状态还原为物理状态、生理状态或神经状态，即将前者等同于后者，要么是强调前者虽然不能还原、等同于后者，但前者是随附于后者的，因而可将前者理解为某种机制或功能（如神经机制、生理功能）。前一种是通常的还原论立场，后一种则是非还原论的随附论立场。然而，无论是哪种解释都无法真正摆脱这种困境：由于常识或多或少告诉我们，心理现象总是存在一些与用物理的或生理的方式进行描述所不同的特征，进而，即使我们总是希冀能够用符合物理的或生理的术语的方式去解释这些特征，但结果往往是，这种解释本身又与我们的常识相悖。换言之，一旦我们做出了这样的解释，解释对象便失去了其所应然的一些特性，很显然，这样的解释也是无效的。

正是这些解释困境促进了心灵自然化运动向以生物学为科学基础的转变，这是因为从生物学（特别是进化生物学）的立场出发，既可以保留以上述种种自然科学为基础的近端（proximate）解释，也可将以"进化""选择""目的"等术语为核心的远端解释或终极（ultimate）解释纳入其中，进而被解释项所具有的某些规范性要素或自主性特征也就得到了相应的保留。由此，生物学视角与目的论立场的引入成为心灵自然化运动的一种新趋向（这一趋向与目的论解释在进化生物学领域中地位的不断攀升相得益彰）。这一趋向被麦克唐纳（G. Macdonald）冠以自然主义战略所采取的最近的一次转向，即"生物学转向"[1]。恰恰是这一趋向为心灵的自然化诉求提供了一种新的认识论立场、方法论支撑，因而也为意向性的自然化途径提供了必要的理论先在背景。

二、意向内容自然化的目的论解释

在物理科学享有霸权并大行其道之时，目的论因以往种种"不光彩"的历史而无法容纳于自然科学的框架之中，以至于被严格地排除在了自然主义的心灵科学之外。然而，随着"生物学转向"在当代心灵哲学中成为一种逻辑必然诉求，目的论也合理、"合法"地进入了心灵哲学家的视野当

---

[1] Macdonald C, Macdonald G. 1993. Philosophy of Psychology. Oxford: Blackwell: 238.

中（从一定意义上讲，这里的"生物学转向"，其本质也就是一种"目的论转向"），并深刻影响了心灵哲学及其相关的认识论、认知科学等领域的发展。当然，这里的目的论已不同往日，这里的"目的"也得到了全新的、科学性的阐释。与传统目的论相比，它是一种基于进化生物学的目的论，其问题域主要集中在与生命相关的有机世界，且对涉及认知、心灵等生命现象的哲学难题尤为关注。这种目的论把进化、选择及适应等术语融入对目的本身的重新阐释之中，进而指出，目的是通过进化、选择等机制而形成的，并且可以随有机生命的进化而进一步发展。"它依赖于物理实在，但本身不是物理实在，也不是物理的、生物的事件……但它又确实存在着，即以程序的形式存在着，经过一定的条件、环节还能实现，因此可归入倾向（disposition）范畴之下。"[①]可见，这样一种目的论虽然与传统目的论有着千丝万缕的联系，但其立论基础深受进化意义上现代生物学的影响。这种目的论也被英美哲学界冠以"新目的论"（neo-teleology）之名称，以区别于之前的种种。

目的论解释之于心灵自然化的意义是，建立在目的论解释在生物学中所具有的合理性地位基础之上。我们知道，目的论语言（如为了、以便、有利于等）在生物学中的使用是无可厚非的，一些学者，如迈尔、阿耶拉（Francisco J. Ayala）等（这里就不详述了），也从不同角度对生物学中目的论解释的自主性或目的论语言使用的合理性进行了深入的探讨和辩护。就其本质而言，目的论解释是这样一种解释："目的论解释说明了系统中某一特征的存在，这种说明是通过对该特征之于系统的某一特定属性或状态具有贡献的描述得以实现的。目的论解释要求该特征或行为之于系统某一属性或状态的存在及维持具有贡献。除此之外，这一概念还意味着：这种贡献在最终意义上必须是有关该特征或行为为什么会存在的理由。"[②]那么，这种目的论策略如何作用于对意向性的自然化解释呢？事实上，目的论进路在这里并没有形成一套完整的体系，也没有达成统一的方案，从这个意

[①] 高新民，殷筱. 2007. 新目的论与心智的终极解释. 哲学研究，(1): 54-62.

[②] Ayala J F. 1970. Teleological explanation in evolutionary biology. Philosophy of Science，37 (1): 1-15.

义上讲，有关意向性目的论理论是相当复杂的，其内部也存在较大的争论与分歧。可以说，与其相关的哲学家有很多，包括密立根（R. Millikan）、博格丹（R. J. Bogdan）、帕皮诺（D. Papineau）等。虽然其理论的起点都基于目的，但其具体自然化方案不尽相同。也正因为如此，本书只是从各种目的论方案最具一致性、简明性或代表性的观点对之加以论析。

概言之，关于意向性的目的论解释最基本的观点是：在对意义进行确定的过程中，我们所要关注的应当是表征的生物学功能或目的，而不能仅仅简单地考察表征是由什么引起的（因果理论往往考虑的是后者）。可以说，"功能"的概念是从生物学角度对意向性做出的自然化解释的一个关键所在。而从根本上讲，这里所谓的生物学功能就是指某一事物在进化的历史中，经由世世代代进化过程所"选择"的功能、作用（例如，眼的功能"看"、耳的功能"听"、心脏的功能"泵血"及肝的功能"解毒"和"代谢"）。基于这一思路，对意向内容做出目的论解释的一个基本出发点便是将意向心理现象的机制看作是进化的产物，进而将意向性或心灵的指向性特征最终归结为生物有机体心灵与环境之间的某种目的相关性。可见，这种目的相关性是以生物进化机制为根本依据的，最终是要在其进化的历史中寻找某种对意向性做出解释的自然关系，从而实现对意向性的自然化解读。

对此，生物目的论的旗帜性人物密立根诉诸某一事物在特定的进化历史中获得的专有功能这一概念从而进行了较细致的说明。在她看来，"意向性是建立在表征与被表征者之间外部的自然关系基础之上的，这种自然关系是规范的和/或专有的关系，而'规范的'和'专有的'这些概念是通过（族类的，或进化中的个体的，抑或族类和进化中的个体的）进化的历史来被定义的[1]。"在这里，专有功能（某一事物在进化的过程中通过自然选择机制被"设计"而成的某种特定功能或作用）是其关键所在。某一表征之所以能够成功地表征某一事物就在于其稳定的专有功能，而对此专有功能的规范性使用（通过自然进化的历史而被确定的）也是其必要条件。当然，

---

[1] Millikan R. 1984. Language, Thought, and other Biological Categories. Cambridge: The MIT Press: 93.

这里的"规范性"也自然是通过进化的历史而得到确定的。不言而喻，按照其观点，心灵与世界在进化过程中所形成的某种特定的、规范的及稳定的自然关系构成了意向内容的表征基础。这种生物学意义上的专有功能概念的一个特点就在于：哪里有功能，哪里就有功能失常。[1]因为该功能是通过历史性的进化过程而被规范的。这就是说，意向性依其专有功能而确定的所指是"被设想为"的所指，而不是其实际的所指。因此，当其实际所指与其规范性所指不符时，也就出现了"功能失常"的现象。显然，这在充分说明心理表征是具有一定可错性的同时，也为解决意向性错误表征问题提供了必要的理论基础。

基于密立根及其支持者的上述观点，博格丹的目的进化论（teleoevolutionary theory）又将意向内容自然化解释的目的论立场向纵深推进了一步。他的解释重心从自然选择转向了"目的指向性"（goal-directedness），认为目的指向性有其遗传学意义上的依据，是经由遗传过程得到确定的（从这个意义上讲，基因的目的性就具有了更为基本的意义），它是自然界生命物质所具有的关键性质，因而完全可以纳入自然主义的框架之中。依循其分析，其目的论方案就是要将这种目的指向性看作是目的导向者（guidance to goal）的终极进化依据，同时又将目的导向者看作是心灵（认知的程序与机制）的终极进化塑造者（shaper）。[2]在这里，"目的指向性囊括了一切生物体-环境相互作用的一般性结构。目的导向者便是这些结构中的一种，它所反应的是生物体与环境之间的信息交换"[3]。在此意义上，作为生命最基本的一种性质，用目的指向性来说明心灵认知的基础，进而对意向性问题做出自然主义的解释也就顺理成章了。因此，从终极意义上讲，意向性是基于目的指向性的进化产物，它由后者派生而来。正如博格丹所言："大多数动物的心灵都具有目的指向性，进而都具有意向性……意向性之被进化出来，是服

---

[1] Smith G P. 1998. Complexity and the Function of Mind in Nature. Cambridge: Cambridge University Press.
[2] Bogdan J R. 1994. Grounds for Cognition: How Goal-Guilded Behavior Shapes the Mind. Hove: Psychology Press: 3.
[3] Bogdan J R. 1994. Grounds for Cognition: How Goal-Guilded Behavior Shapes the Mind. Hove: Psychology Press: 3-4.

务于目的指向性的……"①

除了密立根、博格丹之外，许多目的论的追随者，如帕皮诺、普赖斯（C. Price）等，也都依据目的、生物学功能或机制等范畴提出了他们独到的、富有个性的目的论解释。更有学者，如沃尔什（D. Walsh）、雅各布（P. Jacob）等，在上述思想的基础上，通过修正及与其他方案的重新整合进而创生了一些新的理论形态。这里就不一一详述了。无论各种方案之间存在多大的分歧与纷争，但其理论的种种亮点无疑为从目的论视角解释意向心理现象提供了启迪性的视域，进而对意向性的自然化做出了有益的、深入的尝试。

三、目的论进路的理论意义

综上所述不难看出，对心灵及其意向性等心理特征进行自然化诠释的目的论进路所秉持的目的论，与传统的带有唯心主义和神秘主义色彩的目的论相比，已有了质的区别。这种生物学意义上的目的论虽然在其关键性陈述上仍使用了"设计""选择"等传统术语，但其自身在构建其理论时结合了大量科学研究的前沿成果，尤其是进化生物学、神经科学、脑科学、遗传学、行为科学、发展生物学等学科的新进展，使得这些术语在摒弃以往某种超自然力量的同时，被赋予了一定的科学的意蕴，从而使其在最终意义上与自然科学得以相容。也正是在此意义上，这一进路是自然主义的、唯物主义的，受到了众多科学家与哲学家的青睐与辩护。许多学者在此视域中，从"选择""进化"等层面对目的的形成机制及动力、作用进行了说明，进而将之用于对心灵及其意向心理现象的解释当中，提出了诸如上述一些富有创见的自然化方案，其理论意义不言而喻。

首先，从总体上讲，这种目的论主张基于心灵与环境的目的相关性，将意向心理等现象置于环境复杂性论题之中，从生物进化机制出发，将目的、生物学功能、行为等概念结合起来，从而对信念、愿望等表征状态及其与行为、动机状态之间的相互作用进行了较好的描述。它将有机体内部、

---

① Bogdan J R. 2000. Minding Mind. Cambridge，Mass：the MIT Presss：104.

外部各种复杂的环境要素及其相互作用整合成一个整体的物理系统，用于说明心灵与其环境之间的共生关系，而这种共生关系的形成自始至终是受进化机制调节的，因而其在本质上脱离了"上帝"等精神要素的介入，从而也就在此意义上给出了一条较合理的自然化路径。

其次，这种目的论主张赋予"功能"概念以进化意义上的目的论色彩，从而使其在一定程度上获得了新的解释效力。具体而言，目的论方案的核心在于：意向状态的内容根源于它们的功能。信念、愿望等意向心理现象都有其特定的生物学功能，正是这种功能有助于意向状态持有者以提高其生存或再生能力的方式去行动。这里所涉及的功能与心灵哲学中先前较正统的观点是有区别的。不可否认的是，当代的心灵哲学在这样或那样的意义上都与功能主义相关。在目的论意义上诉诸生物学功能，从而给予心灵及其意向性等特征以自然主义的说明，可以说在一定意义上是一种目的功能主义（teleo-functionalism）。如果说正统的功能概念是通过意向心理状态与感觉输入、行为输出及其他心理状态之间的因果关系得到规定的，那么目的论的功能概念则是通过进化的历史而得到分析的。而这样一种功能概念更有助于我们把握生命有机体及其心理的规律本质，有助于规避前一种功能概念在解释意向心理现象时容易导致的"自由主义"，从而避免把一些不具有意向心理属性的状态涵盖于其中。在生物进化的意义上，依据环境复杂性特征，我们可以将问题转换为意向心理状态在自然界中的作用问题，从而对其给出自然化的解释。这是因为对其而言，意向心理现象如何存在于自然界中与该现象在自然界中所具有的作用在很大程度上是同一个问题，两者统一于自然的历史、进化的历史。

最后，这种目的论主张恰到好处地为错误表征问题的解决提供了一种自然的方式。错误表征是意向心理现象最重要、最基本的特征之一。如前所述，简而言之，它是指某一表征通常由 A 事物引起，但有时也可以由非 A 事物（如 B 事物或 C 事物等）引起。如前所述，这一问题是因果论自然化方案难以解释的。因为根据因果论的观点，凡是能够引起某一表征的事物都可以成为该表征的意指对象。这样一来，也就不存在错误表征的可能性了。而在这里，这是因为目的论立场恰恰可以表明，"某一事物偶尔甚或经常不能完成某一种生物学功能与其具有该项功能没有任何矛盾"①。哪里有功能，哪里就有可能功能"失灵"，例如，我们的各种脏器可能因种种原因不能执行其功能（就如同眼睛"看"的功能、耳"听"的功能、心脏"泵血"的功能及肾脏"泌尿"的功能等出于某种原因都有可能出现"失灵"的情况），但这并不能说明它们并不具备这些功能。同样，某一表征符号并不会因为偶尔或经常出现错误表征现象就不具有其正确表征的能力。某一表征符号的错误表征的问题是完全有可能发生的。如果某一表征通常由A事物引起，即使有时它可由非A事物引起，但它仍会意指A事物，因其这一功能已被固定在了选择当中。正是在此意义上，错误表征问题也就在生物功能的层面得到了自然化的说明。这只不过是极为平常的、生物本应具有的自然情况。事实上，该表征符号并没有因为错误表征的偶尔或经常出现就丧失掉其正确表征的能力。此时，即使是发生了由其他事物引起了"大象"这一符号的出现，这里的符号"大象"依旧具有表征大象的意义。也就是说，它所意指的仍然是大象，而不是大象与其他事物的析取。也正是在此意义上，"心理意向状态的内容根源于生物学功能"就成为在生物学意义上对意向内容进行自然化解释的一个最为基本、最为简明的概括性阐释。

　　以上分析表明，目的论解释进路的最大优势可以说就在于，它消解了错误表征问题（析取问题）对意向内容理论所造成的困扰，而且，这一进路也不存在要面对意义整体论的威胁，从而较为合理地为意向性的自然化找到了新的立场，即生物学意义上的目的论立场。以此立场为基点来阐释意向性，我们则可以把意向性看作是生物体所具有的一种目的指向性。很显然，在生物学意义上的目的论这个特定的自然主义框架中，目的指向性毫无疑问不是处在对于物理世界来说最基本的和最具一般性的因果层次，而是处在与物理世界中的生命世界等级相对应的目的论层次。这也正是对

---

① Goldberg S, Pessin A. 1997. Gray Matters: An Introduction to the Philosophy of Mind. Abingdon: Routledge: 84-85.

意向性进行自然主义说明所需要的层次，是比因果层次更高的层次。[①]如果说因果层次的诠释所关注的只是生命有机体自身的物理结构及其功能机制的话，那么目的论层次的解读则更加关注于这一物理结构及其功能机制在进化的历史沿革中逐渐形成的终极原因，也就是其"在生物体的生存与繁衍方面所扮演的角色或所行使的功能"[②]。从这个意义上来讲，基于目的论立场对意向性及其内容的说明，就不仅仅是简单地把它看作为复杂的物理系统对外部环境的刺激所做出的机械性的反应。更明确地说，它应该超越了心灵与环境之间互相作用的因果机制，从而在终极的进化论意义上将意向性自然化为目的指向性，进而阐明了意向内容的终极来源，并由此确立了意向性在自然界中的"合法"地位。

当然，上述对目的论策略理论意义及优势的探讨，并不能说明目的论解释就是意向性自然化的最佳方案。事实上，目的论进路在许多问题（如功能的不确定性问题、内容贫瘠问题等）上都面临着严峻的挑战，也因此招致了多方面的批评，甚至在错误表征问题上也饱受质疑。不仅在其理论内部纷争迭起，来自外部的种种诘难亦使其处境困难。尽管如此，这一进路在目的论层次对于心灵及其特征所做的富有创见性的自然化解释，仍不失为一种较合理、较优的选择。无论遭遇到怎样的考验，人们都无法抹杀它所具有的重要的理论意义与实践价值。总之，相关的问题还有待于进一步的质询、检视和讨论。

小　结

综上所述，关于意向性（意向内容）的四种自然化理论分别从各自的角度，以不同的方式回答了以下问题：是什么使我们处于某种或某些意向当中，又是什么使得心理符号指向特定的对象，以及这些符号又根据什么

[①] Bogdan J R. 1994. Grounds for Cognition: How Goal-Guilded Behavior Shapes the Mind. Hove: Psychology Press.
[②] 田平. 2000. 自然化的心灵. 长沙：湖南教育出版社：251.

而派生出它的意义。在回答这些问题的过程中，由于它们把各自的理论建立在不同属性的基础之上（它们分别是相似性、协变关系、概念作用、生物的特定功能），这些理论各具特色，各有其优越性。然而，从总体上讲，相似性理论缘于其理论基础的浅陋而缺乏必要的说服力。因果论、概念作用理论面临的难题也分别是意向内容自然化的两个最重要的障碍（即析取问题和概念整体论问题），因而也没有明显的优势。生物学意义上的目的论进路虽然存在一定的局限性，但它将意向性看作是生物有机体不可还原的复杂性进化的结果。正是这种把意向性质理解为进化中产生的功能性质的看法，为意向内容自然化问题，提供了与我们的生命与认知本性较为吻合的自然主义解释策略。因此，比较以上四种理论，目的论的方案显示出较为明显的优势，充分体现并深化了意向性在生物学意义上的自然本质与特征。

第五章
自然化语境下的意向解释与心理学解释的衔接问题

一般而言，我们在对认知对象进行探究和考察时，往往可以基于两种不同的理路及方法去理解和把握其本质与特征。这两种分析框架分别是常识的理论及科学的观点。而常识与科学两者之间的关系问题，也是心理学哲学与心灵哲学所恒常关注的核心问题之一。对这一问题的焦点性争论，其实是围绕"关于信念、愿望等的常识心理学概念与蓬勃发展的科学心理学（如认知心理学、神经心理学）概念之间的关系问题"具体展开的。概言之，即我们的常识心理学或民众心理学概念与科学心理学概念之间是否能够相融共存。进一步讲，即作为常识心理学解释核心的、居于个人层次的意向解释是否可以与处于各种亚人层次的科学心理学解释有效地衔接起来，进而构成完整的心理学解释体系。在此争论过程中，乐观主义者始终持肯定态度，而悲观主义者则认为两者完全不能相容，常识心理学及其整个解释框架应当被科学所抛弃。这样，依据后者的观点，包容在常识心理学概括中的心理意向方法及其在科学解释中的地位，也必然随着常识心理学的取消而成为毫无意义及用处的虚假之物。事实上，尽管在对拥有意向性特征的信念、愿望等命题态度之性质的探讨中尚存在实在论与反实在论的争论，但它们在解释和预测中的作用是不容忽视的。随着意向性自然化认识的不断深入与展开，意向解释在科学解释中的地位问题也日益突显出来。如果意向心理现象能用自然科学的术语进行解释，那么心理意向分析方法与科学的方法并不应当是矛盾的，进而，作为一种常识心理学解释概括的意向解释，与其他亚人层次心理学解释的衔接也是可行的。虽然在传统的以物理学为标准范式的科学哲学的科学解释模式中，意向解释被无情地排斥，但是，随着科学哲学的"心理转向"的全面扩张与渗透，心理意向分析方法及意向解释在科学及其哲学研究中已逐渐显示出独特的魅力。换言之，在对心灵进行解读的自然主义进程中，心理意向方法已在更宽的域面上越来越受到认可与重视。正是在这个意义上，本章力求通过阐明心理意向解释方法的特征及其自主性，揭示其在科学解释中的地位。并且分别选取福德与丹尼特两人从不同角度、以不同方式对常识心理学及心理意向分析方法的论证与辩护进行分析。在此基础上,通过对心理学解释的层次与衔接问题的细致考察,以命题态度为切入点,深入、具体地探讨了以意向解释为核心的常识心理学解释与以认知科学、神经心理学等为依托的科学心理学解释,如何得以合理衔接这一基础性心理学哲学论题。

第一节 意 向 解 释

就科学哲学的发展趋势而言,"科学哲学的各个领域都在寻找一种跨学科的结合",学界已达成一种潜在的共识,即"第一,各个学科的本体界限在有原则地放宽;第二,各个学科的认识论疆域在有限度地扩张;第三,各个学科的方法论形式在有效地相互渗透。同时,科学哲学研究的本体论性在从给定的学科性质中弱化,认识论性在从给定的学科性质中摆脱了狭义的束缚,而方法论性则从给定的学科性质中解构出来"[1]。这就意味着,方法论的大融合与大渗透已成为一种不可阻挡的趋向性特征。在这样的背景下,更多的方法在科学与哲学的研究中异军突起,在其科学地位重建的过程中,展示出独特的、具有启迪性的哲学魅力。心理意向分析方法便是在这一趋势的推动下,在科学哲学"心理转向"的运动中,突显出的一种引人注目的且具有普遍意义的科学与哲学研究方法。尽管这一方法有其自身的局限性,但它在许多哲学问题的解决上,对于在某种程度上摆脱传统哲学发展的方法论困境来说,无疑为我们提供了一种新的理论支撑与方法路径。尤其是意向解释方法在科学解释中所具有的战略性地位,已使其在更深远的意义上与语境分析方法、修辞分析方法、隐喻分析方法等共同构成了当今辩护科学实在论很重要的方法论战略。[2]正是在这个意义上,阐明意向解释方法的内涵、特征及其在科学解释中的自主性地位,就成为一项重要而必要的工作和任务。

---

[1] 郭贵春. 2004. 科学实在论的方法论辩护. 北京:科学出版社:4.
[2] 郭贵春. 2004. 科学实在论的方法论辩护. 北京:科学出版社:7.

一、意向解释在科学解释中的重建

"对世界做出科学的解释是人类科学实践活动的重要目的。而研究揭示科学解释的一般方法和特点、科学解释的一般标准、科学解释与非科学解释的区别,对科学解释做出认识论或知识论层面的建构与评价,则是科学哲学的中心任务之一。"[①]我们都知道,科学解释作为科学哲学研究的一个重要内容,其正统的理论由亨普尔(C. G. Hempel)所创立,其标准观点建立于逻辑实证主义基础之上,其立论支撑依托于"完全形式化的逻辑重建纲领",其理论要旨是以"科学解释是由普遍规律所做的论证"为核心的逻辑分析观点。不难看出,这是一种完全形式化的解释模式,其实质是将科学解释视为一种"用普遍性的经验定律对个别性的经验事实的覆盖"。在此意义上,科学解释也就成为一种纯粹的逻辑论证过程或逻辑推导过程,而这种过程与解释主体的目的、需要及其心理动机完全无关。从根本上讲,逻辑实证主义的科学解释观的基本预设为"科学语言的主体间无歧义性",这在本质上就是要力图消解作为科学解释主体的人的意向解释等问题。由此,在逻辑实证主义的科学哲学框架中,"科学解释问题也就自然地成为科学命题之间的逻辑推导问题;科学解释也就成为解释项(explanans)对被解释项(explanandum)的逻辑证明关系,成为以直接所予为基础的逻辑句法学和经验语义学关系。而主体的理解、意向和语用的问题则成为全然无关的东西"[②]。毫无疑问,意向解释并不满足于上述的科学解释标准,即使退一步承认它是解释中的一个步骤,其解释特征也显然不是完备的,因而常常被排除在正统的科学解释理论之外。如果说逻辑实证主义科学解释观的主旨是对理性主义的绝对追求,那么,心理分析的意向解释则带有明显的非理性主义特征。无论在理论上还是在实践中,与心理意向相关的"提供理由"式的解释,都无法符合追求"单纯理性说明"的陈述原因式的解释。其原因在于,前者缺乏必要的"似规律"的解释特征。也就是说,对心理意向分析持否定、反对态度的学者,将心理意向分析方法同科学解释

[①] 郭贵春. 2004. 科学实在论的方法论辩护. 北京: 科学出版社: 47.
[②] 郭贵春. 2004. 科学实在论的方法论辩护. 北京: 科学出版社: 48.

完全隔裂开来的依据便是，他们将解释的重心放在了"说明原因"与"逻辑重建"上，并进一步认为"存在于世界之中并为科学解释提供基础的关系应当是因果关系"①。

毋庸置疑，上述科学解释模式必然在解释实践中陷入一定的解释困境。这是因为，这种解释因其对形式理性的绝对追求而片面地将科学与价值割裂开来，并进而将方法与信念等也割裂开来，而这种割裂在本质上是对包含心理因素在内的常识性解释及人文社会科学解释合理性的否弃，其结果会导致认知与实践相脱离，从而失去其解释意义。由此，摆脱上述困境的唯一路径是超越科学解释传统的模式，进而将语用维度引入科学解释的实践当中。从根本上讲，在科学解释中，语言的语用维度是一个无法忽略的要素，"解释必然要涉及人们的信念和理解，正是理解、信念和意向决定着人们如何使用语言以及使用语言去达到什么目的。要求对某件事进行解释的那些人的信念及其理解是科学解释的一个本质性因素"②。也就是说，"解释不仅仅是逻辑和意义的问题，不仅仅是句法学和语义学的事情，它更多的是一种语用学（pragmatics）的事务，是人们在语言实践环境中根据心理意向使用语言的问题；仅仅在事实陈述之间寻求独立于语境（context）的客观逻辑关系，并仅仅以这样的逻辑关系来对事物进行解释不具实际的解释效用……因此，除非我们已经考虑了科学解释所包含的语用因素，除非我们理解了做出某个科学解释的人类语境，否则便不可能真正达致成功的科学解释"③。也正是在这个意义上，科学解释"语用学转向"的过程，恰恰就是心理意向解释方法在科学解释中的地位得以重新确立的过程。因为在语用维度上的解释超越了科学逻辑的严格界限，并可在特定的信念、态度等心理状态的基础上做出有意义的判断和分析。它在一定程度上反映了特定的心理价值取向。毫无疑问，没有心理解释的解释实践是不完备的。基于这一点，心理意向解释在科学解释中地位的重建，是在科学解释层面

---

① Salmon C W. 1984. Scientific Explanation and the Causal Structure of the World. Princeton: Princeton University Press: 121.
② 郭贵春. 2004. 科学实在论的方法论辩护. 北京：科学出版社：50.
③ 郭贵春. 2004. 科学实在论的方法论辩护. 北京：科学出版社：51.

上对逻辑实证主义传统解释域面的新超越,是由追求单纯理性说明走向意向分析等心理解释的新实践。而这一过程也自然地成为科学哲学"心理转向"的一个重要的功能表现及其目的的完成。当然,需要说明的是,注重心理意向方法的解释地位,并不是要绝对地排除科学逻辑的作用,而是试图在科学语用的基础上,在具体而特定的语境中,在语义学解释与语用学解释的相互关联中,在"说明原因"与"提供理由"相统一的原则下,构建一种"立体的""全面的"的解释策略。由此看来,意向解释的重铸过程与科学哲学"心理转向"的基本要义是一致的。

二、意向解释的意涵与特征

(一)意向解释是比物理解释更高层次的解释策略

一方面,从心理学的角度来讲,意向解释因作为一种常识心理学概括方式而常常涉入到常识心理学与科学心理学两者之间恒久的关系争论中;另一方面,从科学的角度来看,由于意向解释在科学解释中地位的重新确立,其理所当然地融入科学心理学的解释实践当中,并在其解释过程中发挥重要的作用。就其基本含义及特征而言,意向解释是与物理解释相对的一种解释方法,两者的区别首先在于在对心理的意向现象进行解释时,是否关注意向现象的物理组成。例如,在解释"总统 A 赦免了罪人 B"这一现象时,如果运用意向解释就需考虑总统 A 对政局的估计,以及其自身的信念、愿望、其他建议者的影响等。而运用物理解释时,涉及的则是总统 A 脑神经细胞等身体各部分的运动方式,其在文件上的物理性文字标注,以及由他发出的声波等。这就是说,物理解释依赖于微观物理的基本性质,将意向现象(如宽恕、赦免等)看作是由非意向现象(如声波、脑神经状态)构成的。在对两者关系的争论中,一些物理主义者声称,"物理解释相对意向解释是更深一层次的解释",或与地心说取代日心说一样,"意向解释终将会被物理解释所取代"。[1]也就是说,意向解释最终将还原为物理解

---

[1] Baker R L. 1995. Explaining Attitudes: A Practical Approach to the Mind. Cambridge: Cambridge University Press: 127.

释抑或干脆被取消。另一些物理主义者则采用了随附性（supervenience）这一概念，认为意向性质是随附于物理性质的，而物理性质是更为基础的一种性质，因而物理解释是更基本层次的解释方法。究其实质，这种观点就在于把随附性关系（性质之间的关系）同组成关系（事物之间的关系）等同了起来。只有在非意向系统中，随附与组成才是同一的。而涉及心理的意向现象（如信念、欲求等命题态度）时，情况则完全不同。某一事物由某些分子构成并不意味着其性质要随附于这些分子，正如水彩画的实质内涵与设计者的某种意向密切相关，而不是取决于所构成的水彩颜料分子。至于意向解释会像氧化说取代燃素说一样，最终将被取消的观点，则显得过于激进。意向解释同物理解释之间并非像氧化说同燃素说之间一样是竞争关系，亦非对错或深浅关系，从根本上讲，两者的关系并非无法相容，在不同的领域，两者可以同时存在。从本质上讲，相对于物理解释而言，意向解释是一种更高层次的解释策略，因为两者在对事物做出解释时所采取的立场明显不同。物理解释通常从物理立场（physical stance）出发去构筑其解释的基本框架，意向解释则往往基于意向立场（intentional stance）来完成其对被解释项的说明。相较而言，物理立场比意向立场更基本，而后者则比前者的解释层次更高。显然，意向解释的许多特征是物理解释中所没有的，在解释中的确存在着一些不可还原的标准元素。固然，将意向解释作为一种科学解释理论，其准确性与充分性还需进一步讨论，但其解释效力在事实上是不容忽视的。

总之，上述对意向解释重要性的强调并不是对物理解释的否弃。事实上，两者是基于不同立场、彼此独立的解释方式。在意向解释发挥作用的同时，物理解释仍具备基本的解释效力。由此，在对事物进行解释的具体过程中，只存在根据对象系统的复杂特性确定哪一种解释策略更为有效的问题，而不存在任何一方被还原或被取代的问题。毫无疑问，在解释实践中，只有兼顾意向解释与物理解释两者的作用，其解释效力才是充分而完整的。从这个意义上来看，意向解释并非与物理解释相对立，更确切地讲，前者与后者可以通过某种构建方式形成统一的解释体系。

（二）意向解释过程需要诉诸一定的意向法则

意向解释有别于物理解释的另一个重要特征在于，意向解释要诉诸一定的意向法则。物理解释作为一种一般性的因果解释，所遵循的是一种基本的物理法则。如果说物理法则是一种具有极高概率性的因果法则的话，那么显然并不能将意向法则归入其中。尽管信念、欲求等意向心理状态与刺激、行为及其他意向心理状态之间存在一定的引起与被引起的关系。换言之，特定的命题态度可以引起特定的行为，抑或引起特定的其他命题态度。然而，在意向法则使意向心理状态与刺激、行为相互关联起来之时，其有效性、准确性和充分性是在特定的限制之下才得到确保的。当我们把意向法则运用到命题态度与行为之间相互作用的解释时，可将其简要地概括为以下形式。

（1）信念持有者A具有欲求P（即A想望P）；
（2）信念持有者A具有信念Q（即A相信Q）；
（3）其他条件均同；
（4）信念持有者A做行为B。

从上述意向法则的基本形式中我们可以看到，在其他条件均同的情形下，欲求（P）与信念（Q）是引起信念持有者（A）做行为（B）的原因。这样的法则，实则是通过信念持有者（A）的欲求（P）和信念（Q）在特定的条件下完成了对信念持有者（A）产生行为（B）的解释，从而建立起该信念持有者信念、欲望等意向心理状态与其行为之间的相互关联。不言而喻，其原理、方式及过程具体而又明确地反映出意向法则的一个根本特点，即运用意向法则对行为进行解释和预测时，需要限定前提条件，而这个前提条件便是"其他条件均同"。事实上，意向法则在本质上就归属于"其他条件均同法则"。后者显然不是一种严格意义上的因果法则，而是"一种开放的，可以具有无限多的其他条件均同从句的法则"[1]。然而，只要在其他条件均同的前提下，信念、欲求等意向心理状态持有者与其行为之间的

---
[1] 田平. 2000. 自然化的心灵. 长沙：湖南教育出版社：106.

关系便是基本可以确定的。从这个意义上讲，意向法则能将众多心理过程与行为之间的相互作用关系统摄于其解释框架之下。其解释效力可谓不言而喻。

（三）意向解释是一种"给出理由的解释"

意向解释与物理解释等自然科学解释方式之间存在着一个重要区别，即意向解释是一种"给出理由的解释"。尽管信念、欲求等意向心理状态（命题态度）可以作为一定的原因引起特定的行为及特定的其他意向心理状态，但从进行行为解释的方式来讲，其有别于经典、传统意义上的因果解释。意向解释并非像传统解释模式那样，将解释的重心放在"说明原因"与"逻辑重建"上，而是将"有理由"作为解释的一个标准，试图通过"提供理由"达到解释的目的。从这个意义上讲，一旦将意向解释运用到科学解释当中，"科学论述就是在'有理由'基础上对或然性陈述做出的合法性保证"[1]。那么在此基础上，给出一种好的解释并不仅仅在于说明原因，还在于提供一个好的理由。虽然仅提供理由式的解释在物理学、化学等其他自然学科中的地位远不及"说明原因"式的因果解释，仅凭它给出的理由往往也不能满足这些学科的要求，但它却在科学心理学等领域拥有着与后者同样高甚至更高的解释价值。其优越性恰恰在于，它可为被解释项提供"有理由"的保证。这是因为，正如前面所分析的那样，意向解释不必拘泥于严格的科学逻辑的界限，通过它做出的判断和分析也可建立在一定的信念、态度和行为基础上。因此，这样的解释势必在逻辑上更为自由，其解释的域面也更为宽泛。正是在这个意义上，如果将"提供理由"与"说明原因"结合起来，无疑能够在一定意义上超越传统科学解释理论的局限，从而构成一种全新的科学解释模式。

（四）对意向系统的合理性预设是意向解释的一个基本前提

根据意向解释的上述一些特点，不难看出：在意向解释中，解释项与

---

[1] Prelli J L. 1989. A Rhetoric of Science: Inventing Scientific Discourse. Columbia: University of South Carolina Press: 7.

被解释项之间的关系并不是严格意义上的因果关系。作为"给出理由的解释",意向解释最突出的便是它往往要诉诸命题态度来遵循标准的解释原则,即"在描述他人的命题态度时,我们总是试图尽可能地使此人的思维与行为更为理性"[1]。在物理解释中,却没有类似的标准原则被运用。这便是意向解释的"理性建构观念"(constitutive ideal of rationality)。它表明,意向解释总是以解释项与被解释项之间的"合理性"关系的预设为前提的。换言之,"按照基本的理由,一个行为总是以与行为自主体的某种或长或短的或独有或非独有的特征一致的形式显现出来,而这个行为自主体则以有理性动物的角色出现"[2]。其解释过程不仅仅是根据被解释者的信念、欲求来进行解释操作,更重要的是,这样的操作只有在将被解释者设想为是有理性的行为者的前提下才是可能的。从这个意义上讲,"有理由"并非是对"有理性"的排斥,恰恰相反,"有理由"反而需要"有理性"作为其成功解释的关键性基础。这一点正符合前文中所提到的意向解释中的"理性建构观念",因而从某种意义上来看,也可将"有理由标准"看作是一种与"形式理性""规范理性"有所区别的"修辞理性"和"实践理性"。

在一定意义上,我们可以将意向解释看作是一种"应当"式的解释,这是因为,这种解释总是根据被解释对象应当具有的信念和欲求,预测其应当有什么样的行为或其他命题态度,最终达致其解释的目的。这里的关键是"应当"这一概念,其实质上是对解释的意向系统提出了一个规范性要求,即意向系统必须是建立在其合理性预设的基础之上的。从根本上讲,"应当"只是一种推测,而要确保这种推测的准确性与可靠性,就必须首先确保意向系统是合乎理性的。否则,信念、欲求等意向心理概念便失去了发挥作用的根基,"应当"式的解释和预测也将无法进行。正是在这个意义上,对意向系统的合理性预设也就成为意向解释的一个最为基本的前提性特征。

---

[1] Wilson A R,Keil C F. 2000. The MIT Encyclopedia of the Cognitive Science. Cambridge: The MIT Press: 65.

[2] Davidson D. 2001. Action, reasons and cause//Davidson D. Essay on Actions and Events. Oxford: Clarendon Press: 3-20.

（五）意向解释与语境的相互关联

心理意向方法在科学解释地位中的合法化，深刻昭示和突显出心理意向因素在科学解释进程中涉及的诸相关因素的重要地位。显然，对于科学解释来说，不仅解释活动本身与心理意向性密切相关，而且"与解释活动直接相关的理解（understanding）、意义（meaning）等概念本质上都以心理意向性为前提，都是由心理意向性赋予的"[①]。

如前所述，心理意向方法的加盟，内在地要求科学解释将语形、语义和语用分析方法整合起来，构筑一个立体的、全面的解释策略，而语境的特点恰恰满足了这一要求，这是因为语境本身就是一个立体的架构。在这个架构中，语形、语义、语用及其他诸多相关因素能被较好地、有机地统一进来，这当然包括心理意向因素在内。从这个意义上讲，如果将意向解释建立在语境的基点上，不仅可以构建一个稳定的思想基底，还可获得一个涵盖诸多相关因素与多元方法论的有效的解释工具与手段。特别是随着语境分析方法与语境原则（context principle）在科学解释中的扩张与渗透，两者在科学解释过程中愈加鲜明、愈加紧密地关联在一起。这不仅仅是缘于心理意向因素本身系语境因素之一，更为重要的是，两者虽然都可作为一种独立的科学解释方法而自主地发挥作用，但两者在解释过程中都需要对方的支持、强化与整合，这样才能在更深的层次与更广的域面上得到更为合理、更为有效和更为系统的解释效果。一方面，语境分析方法的实施在本质上是依赖于心理意向这一因素的。在诸多语境因素中，其他一切因素（如作为语境要素的文本、诸物理因素等）都是外在的、显像的和确定的，而只有意向性因素是一种内在的、能动的和驾驭性的因素。换言之，虽然只是语境要素组成之一，但意向性要素与其他语境要素有着实质性的不同，它在语境中居于主导的创造性地位。而心理意向性这种独特的语境地位正是通过其他外在语境因素的能动性支配来彰显的。其他一切因素居于怎样的地位、具有何种意义及发挥何种作用都统一于心理意向性因素的

[①] 郭贵春. 2004. 科学实在论的方法论辩护. 北京：科学出版社：53.

整体驾驭之下。同时，作为语境构成要素的社会背景、历史背景、指称和意义的背景关联等也都是由主体意向性地引入的。正是主体的心理意向性使诸语境因素具有了即时的、在场的和生动的意义，从而为语境及语境中的解释和理解展开了空间。另外，语境的运用过程实际上是诸语境要素不断调配、整合及新要素引进的过程。而语境要素的整合、新语境要素的引入及新意义的生成等，归根结底是要通过心理意向网络构建新的意向对象来完成。显然，在科学解释中，心理意向性所具有的语境地位是相当重要的，因为科学解释正是通过语言行为把特定的心理意向性内化到求释者的意向网络中而得以实现。[1]另一方面，要运用心理意向方法得出成功的科学解释，语境的规范和整合作用也是必不可少的。例如，理解作为科学解释的一个关键性环节，其过程在一定意义上是一种构建新的意向对象、"制造"新的意义并使之融于主体视界内的意向网络的过程。但这个过程要通过与在场的诸多语境要素的相互融合与整合才能在根本上得到实现。这从另一个角度揭示出，要运用心理意向方法得出成功科学解释，语境的规范和整合作用是必不可少的。总之，从上述分析看来，科学解释的过程是主体在特定语境中通过心理意向来建立新的语境性关联的过程。在这种关联的过程中，通过新要素的不断语境化，不断生成新的意义。新的意义又进入一定的意向网络中通过对意向网络的整合、调配及新的意向关系的建立，从而达到科学解释的目的。[2]正是在这个意义上，意向解释必然是在与语境的相互关联中，才得以在科学解释中占据重要的方法论地位的。

三、意向解释的自主性

意向解释的自主性问题，或意向解释与物理解释的关系问题，抑或是意向解释在传统自然科学解释中的地位问题，一直是心灵哲学与科学哲学探讨的基本问题之一。然而，根植于逻辑学、数学及物理学定律的所谓正统的科学哲学一直把物理学看作是科学的标准范式，这无疑导致了科学解

---

[1] 郭贵春. 2004. 科学实在论的方法论辩护. 北京：科学出版社：53.
[2] 郭贵春. 2004. 科学实在论的方法论辩护. 北京：科学出版社：53-54.

释中严重的还原论倾向，意向解释也因此被认为终将被还原为物理解释。事实上，意向解释的过程鲜明地表现出一些独立于物理解释的特性、原则与规律。无论从其解释对象的复杂性来看，还是从其解释过程中对概念、语言的使用情况来讲，意向解释都应是一种具有自主性的解释方式。

（一）意向解释对象的复杂性

意向解释不同于物理解释，具有自主性的一面首先在于其解释对象的复杂性。这是因为意向解释的对象往往涉及高度复杂的心理系统及与心理现象相关的各种行为。而心理系统是深藏于内，难以直观的，心理现象也是变化多端，结构复杂的。其复杂性具体体现在以下几个方面。

第一，心理现象具有多样性。诸如感觉、知觉、意识、注意、记忆、思维、情绪、态度、动机、信念、期待、想望……都属于纷繁的心理世界。

第二，心理现象具有多维性。从动态-稳态这个维度来看，它涵盖了心理过程、心理状态和心理特征等不同的内容；从整体性与差异性来看，它又可以被诠释为个性心理特征、个性心理特征倾向性和自我三个不同的结构层次；从能否被知觉到的角度来看，心理现象又可以被区分为意识与无意识两大类型。而且，单就心理过程而言，同一心理过程还可以具有多方面的表现形式。例如，思维既有理性方面，也有非理性方面；既有逻辑思维方面，也有非逻辑思维方面等。单就个性心理特征而言，需要、兴趣、理想、世界观、能力、气质和性格等都可以多方面表现人的心理风貌。凡此种种，无不反映了心理现象是多面相、多维度的。

第三，心理现象具有主观性。与物理、化学现象相比，它不具有形体性，是人的内部世界的主观精神生活，因此无法对之进行直接观察，也无法完全运用物理语言来描述清楚。例如，作为心理现象本质特征之一的意识现象是由内在的、质的、主观的状态和过程构成的，"这种第一人称本体论的主观性是不可还原、不能归结为或等同于物质的东西的"[1]。一旦我们

---

[1] 约翰·塞尔. 2001. 心灵、语言和社会——实在世界中的哲学. 李步楼，译. 上海：上海译文出版社：4.

将之还原，那么结果实质上等于遗漏、丢掉了它的这一特性。意识的这种主观性使意识现象在解释过程中呈现出与物理-化学现象不同的复杂性。它不能像热、液体性、固体性之类的其他自然现象那样被还原为第三人称现象。例如，固体性可通过网络结构中的分子振荡运动来给予完全的因果性解释。也就是说，物理现象可通过微观要素被还原为分子运动。如果我们将意识现象还原为一些神经元的放电活动，那么还原的结果实质上遗漏了其自身最本质的特征——主观性。

第四，心理现象还具有直接性或当下性。心理现象中有特定的感受质，其扮演重要角色的感觉现象（包括痛觉、色觉、听觉或看到某一事物时的情绪、感受等），满足了对心之为心的标志的传统看法之一，即直接性或当下性。这个标准是知识论方面的，也就是说，一个人关于自己的心理状态的知识是直接的或当下的，它不需要任何中介，也不需要证据的支持。但是，我们关于物理、化学现象的知识则不具有这种直接性或当下性。从这个意义上来说，心理因素支配的行为及其倾向的复杂程度更是不言而喻。

第五，心理现象的有机性。心理现象是一个统一的有机整体。具体而言，在一个成熟的心理系统中，"并列存在的心理方面在心理结构中都有特殊的位置和作用，它们相互之间彼此制约和联系。一个心理方面的缺少或发展，都会影响到心理整体机能"①。换言之，"个体心理结构中包含哪些相互制约的方面或过程，不仅决定了心理的整体机能，而且标志着心理发展的阶段和水平"①。心理现象虽然具有多样性、多维性等基本特征，但这并不表明心理现象就是零散的、分割的各个心理要素的简单加和。事实上，其上述诸特征正是作为有机的、整体的结构及完整的形态而相互影响地存在着。心理学在西方的发展历程，也从历史的角度动态地印证了，人们对心理现象有机整体性这一特征在认识上的深化。总之，有机性是心理现象的主要特征之一，也是其复杂性的具体体现。

第六，心理现象的建构性与过程性。心理现象的多维性与层次性不仅是作为有机的、整体的结构而存在的，而且是作为过程发展、建构起来的。

---

① 石凤妍.1999.心理科学与哲学：现代心理学导论.天津：天津大学出版社：66.

具体而言,"由多侧面、多层次的心理要素构成的人的心理的有机整体,并不单纯表现为它的静态结构的复杂,必须从并列关系的相继性和各种心理形态演变的过程性上把握这种复杂过程的存在"①。从这个意义上讲,"心理结构中并列存在的是一个个过程,而不是一个个元素"②。事实上,这里所强调的心理的建构过程,也就是指心理结构、心理内容不断综合的过程。这不仅意味着现实的心理内容与结构的获得,是基于对先前心理发展过程中的内容和结构的扬弃与改造,而且在一定的意义上表明,心理的建构是实践过程中的一种未定性、未完成性的创生。因此,"建构不仅说明了并列的结构关系是相继关系的结果,是一个过程的结果,而且说明了后继的结构、整体并不完全包含在并行的结构、整体关系之中,它是建设性的"③。总之,由心理结构、心理体系、心理活动综合而成的具有完整关系和内容的有机整体,并不是一蹴而就的,而是依据其中相互联系着的要素与活动相继生成的。

第七,心理现象的社会性。人是自然性与社会性的统一。人的双重属性决定人的心理现象也必然是自然属性与社会属性的统一。事实上,心理现象不仅是一种自然的现象,它在本质上更是一种社会文化现象。社会文化是不同时代人类的连绵不断的创造过程,社会文化创造活动的历史同时推动着人类心理的历史发展。这就是说,心理现象是在人类创造自己生存环境的社会生活中形成并发展的。从这个意义上讲,心理现象被看作是人对环境关系的主观把握和内在体验。由此,心理现象的社会性也在一定程度上决定于心理与环境不断深化的相互作用。心理与环境在主体与客体的交互实践关系中能够形成怎样的认知关系,建立怎样的价值关系,以及这些关系的发展程度如何,都直接或间接影响着心理的结构、体系和内容及其发展。因此,心理世界的多样性在根本上来源于社会文化生活及其相关环境的丰富性,其建构过程中的社会文化生活根源是不容忽视的。

---

① 石凤妍.1999.心理科学与哲学:现代心理学导论.天津:天津大学出版社:68.
② 石凤妍.1999.心理科学与哲学:现代心理学导论.天津:天津大学出版社:69.
③ 石凤妍.1999.心理科学与哲学:现代心理学导论.天津:天津大学出版社:71.

通过以上分析不难看出，心理现象的复杂性不仅在于其横向结构的多元有机联系，更体现在其纵向的动态生成过程中。心理因素的复杂性尚且如此，而由其支配的各种行为及行为倾向的复杂程度更是不言而喻。由此可见，意向解释对象的复杂性在根本上决定了其解释过程必然是复杂的、自主的，因而也不可能通过简单地还原为物理解释而完成。

很显然，意向解释对象的性质与物理解释对象的性质有着很大的不同。如果说物理解释所解释的是物性的变化，那么意向解释所解释的则是人性的变化。而人性较之物性是相当复杂的。台湾学者张春兴在其著作《现代心理学——现代人研究自身问题的科学》中对人性与物性的特征进行了比较。简而言之，物性与人性相比，至少在以下几个方面是不同的：首先，物性的特征是外显的，因此根据个别物性的外显特征去解释一般物性是较为容易的。而人性的特征除少部分外显之外多半是内蕴的，因此根据个体人性的外显特征去解释团体人性则极为困难。其次，物性的变异较少。物性个体自身的变化遵循着特定的自然规律，物性团体内个别物体之间的同质性较高，而个别差异相对较小。因此，根据个体物性而推论团体物性是较为容易的。而人性的变异极大，除个体自身多变之外，个体之间差异也是相当大的。因此，仅凭个体人性而去推论团体人性，显然有很高的难度。再次，对物性的测量，较易采用数据的量化方式进行处理，这样较易达到客观与验证的标准。测量工具本身是客观的，而物性本身也是外显客观的，因此，无论测量的时间及测量的操作者如何变化，对测量的结果影响都不会很大（如对一张桌面长度的测量便是如此）。然而，对人性的测量则完全不同。即使测量的问题是客观的，但由于被测量对象，即受试者的主观意识受多方面因素（如性别、年龄、职业等）的影响而变化不定，加之测量方式的变化（如是否匿名、是否当面等），最终得到的答案是各不相同的（如对态度的测量便是如此）。因此，从这个意义上讲，物性反应在测量上的结果是"客观的客观"（客观工具测出客观结果），而人性在测量工具上的反应，却是"客观的主观"（客观工具测出主观意识）。此外，在对测量所得资料的处理方面，两者也是有区别的。凡物性特征所测得的资料，只需按

"客观的客观化"原则处理即可，所得结果即可对一般事象进行推论解释，因而可将结果推广应用至同类的问题。而对人性特征所测得的资料，则必须按"主观的客观化"原则进行处理。研究者必须尊重受试者人性的主观反应，在不改变其原意的条件下，按既定程序处理。当然在结果的解释、推论及其应用上，也必须要考虑到人性表达及需求上的差异。[1]从他的分析中，我们也可看到，个体人性之间的异质性及其测量上的难度无不体现了人性较之物性复杂的一面，而恰恰是这种复杂性也决定了对人性的解释必定有不同于对物性解释的复杂性与独特性。

（二）意向解释对自主性概念的运用

意向解释作为一种独立的解释策略，往往要依赖一些基本概念，诸如意向与态度、意识与思维、信仰与期待等来勾画其解释对象的轮廓，研究其特有的规律，并以此反映其本质。这些概念的共同特征在于，它们都不是能运用物理-化学术语进行描述和定义的概念。从其建构过程来讲，它们都是直接从生命体的心理现象中认定的。更明确地说，它们是理论中不可再分解的最基本、最原始的元素，因此通常是解说其他现象的起点。我们通常将这些概念称为"自主性概念"。从科学的发展历程来看，一些具有自主性的新概念的引入有时要比新事实的发现更能促进人类对世界的理解和认识。事实上，许多重要的科学理论的进展都涉及一些自主性概念的引进和发展。例如，弗洛伊德（S. Freud）将"潜意识""本我""自我""超我"等新概念引入其心理学理论中，开创了现代心理学中影响力最大、20世纪影响人类文化最深远的理论之一——精神分析学，从而极大地推动了整个心理学的发展。再如，布伦塔诺将"意向性"这一概念引入到他的意动心理学（act psychology）理论中，进一步阐明了纷繁复杂、灵活多变的心理现象与物理现象相比所具有的特殊性质，对心理学的理论发展起到了推动作用。由此看来，自主性概念在科学理论的说明与解释中所起的作用是毋庸置疑的。意向解释最重要的特征之一便是，将解释对象设想为具有理性

---

[1] 张春兴. 1997. 现代心理学——现代人研究自身问题的科学. 上海：上海人民出版社：7-8.

的自主体，从而通过对自主性概念的合理性操作（如信念、愿望的归与）来完成对其行为的解释。当然，在这个解释过程中，这些自主性概念直接反映了心理现象特有的意向性本质，因此，作为解释与理论的起点，不必也不可能对之进行进一步的物理-化学描述。正是在这个意义上，意向解释的过程呈现出与物理解释过程全然不同的一面。这也正是意向解释自主性的又一深刻体现。

（三）意向解释中目的论语言使用的合理性

从进化的角度来讲，人类的感知觉、意识意向、信念态度等心理现象，在个体生长发育过程中的生长程序与发育机制，早已通过自然选择目的性地定向、预设在了"人"这个物种的各种遗传程序中。因此，意向解释在对这些术语的使用过程就不可避免地会带有一定的"目的性"色彩。当然，这里所说的"目的性"与传统意义上的目的论是有一定差别的。前者实际上是一种基于描述或解释层次上的目的的趋向性，而后者则是物理解释极力回避的问题。这里的问题在于，意向解释中对目的性语言的使用是难以忽视的。因为心理性质是生物体的心理性质，在生物的层次上，并不仅仅是物理规律在发挥作用，目的性规律（teleonomy）（这一术语通常被一些心理学家用来指代能够在自然选择的过程中找到基础的内容）也起着同样甚至是更加重要的作用。生物体作为进化的产物和自然选择的结果，其心理认知机制和心理活动规律，在总体上是服务于生物体整体的生存和繁衍的总目的的。从进化论观点出发，决定生物体心理性质的绝不仅仅是（或主要不是）生物体近端的性质，而是生物体的种系在进化的漫长过程中通过自然选择与环境之间形成的一种整体性关系。对于近端的解释模式来说，心理活动对于其环境可能相对不敏感，而对于远端的进化论的解释模式来说，心理活动则是以远端环境为背景而设计（通过自然选择）的。可见，生物体的远端环境比生物体的近端关系对于生物体的心理性质具有更强、更深刻和更充分的解释作用。如果仅仅从近端的直接因果关系来解释生物体的心理活动，而忽略掉远端程序目的性目标取向，那么，我们就无法把握心理活动的内在整体性，从而使其许多重要特点被排除在解释之外。可见，在意向解释中，目的论语言的使用是非常必要的。

此外，就有效性而言，意向解释也依赖于解释者与被解释者都是生物进化的产物。因为意向解释的前提是意向系统的"合理性"预设，而其"合理性"也是在进化层次上得到论证的。这就是说，"进化的过程已将人类设计为有理性的，设计为相信他们所应当相信的，想望他们所应当想望的。我们是长久的和有力的进化过程的产物的事实，确保了对于我们使用意向立场的可靠性"[1]。由此，人类完全可以依照他们的信念和欲望来进行合理的行动。"自然选择确保了我们大部分的信念为真，并且保证了我们大部分形成信念的方式是合理的。"[2]尽管这种合理性程度并非完美，但其可靠程度却是相当高的。也正是在这个意义上，意向解释本身的解释效力也是被目的性地预设在了人类进化的遗传程序中，这也再次表明目的性在意向解释中的关键性意义。

（四）几点争论

综上所述，意向解释中存在的自主性因素已是一个显然的结论。正是因为意向解释自主性因素的存在，确立了其在科学解释中的独特地位，从而在方法论层面进一步表明意向性在科学研究中的合法地位。然而，如果将此问题扩展开来，必然在更广的范围内引发一定的争论。具体而言，主要涉及以下几个方面。

1. 坚持意向解释的自主性与科学统一性问题

从某种意义上讲，意向解释的自主性问题与心理学的自主性问题密切相关，因为意向解释本身就是一种（常识）心理学的概括与解释。坚持意向解释的自主性，在一定程度上就是坚持心理学的自主性。而心理学是否是一门自主性的科学又与科学统一性问题紧密相连。在 20 世纪，由于逻辑实证主义对科学统一性问题的关注，掀起了关于心理学自主性问题大规模的争论与探讨。对于实证主义者来说，物理科学有着独特的本体论与认识论上的权威性，其他科学（包括心理学）对世界的描述都必须将之还原为

---

[1] Dennett D. 1987. The Intentional Stance. Cambridge: The MIT Press: 33.
[2] 田平. 2000. 自然化的心灵. 长沙：湖南教育出版社：152.

物理语言才能辨明。科学将最终统一于物理学。在这样的哲学背景下，一些学者认为，如果坚持意向解释的自主性进而坚持心理学的自主性，就会破坏科学必然统一的前景。事实上，笔者认为，上述这种看法，只有把科学与物理学等同起来才是正确的。坚持意向解释与心理学的自主性，反对物理主义的统一观点并不意味着就要放弃科学能够统一的信念。现实中的确存在科学统一的可能性，但统一是不可能通过将心理学还原成物理学的办法来完成的。认识到学科领域尚不统一的现实与世界的最终统一性趋势固然重要，但固执于要在某个特殊的时期和发展水平上，急于求成地将一种理论还原为另一种现有理论，是不切实际的，也是没有必要的。真正的科学统一应该也必须放弃对僵化的本质论和规定论的依附，以便有利于更广泛地了解传统的科学哲学中所缺乏的种种随机过程、因果关系所具有的多元性、自然系统中的丰富等级结构形式、较高层级突现的始料不及的各种性质、复杂系统中的内聚力，以及许多其他概念。也就是说，随着科学概念的不断拓展，不仅在物理科学的基本原理、概念和方法上，而且在心理科学的基本原理、概念和方法（如意向分析方法）上，科学的统一是有可能实现的。科学包括一切真正的科学而不仅仅是物理学。从这个意义上讲，承认意向解释与心理学的自主性不仅不会破坏科学的统一，而且"正是迈向统一与和解的第一步"。

2. 坚持意向解释的自主性与心灵的自然化问题

如前文所述，意向解释的自主性在很大程度上体现在其解释过程中，即目的论语言使用的合理性这一方面。然而，在承认意向解释中目的论语言使用的合理性的同时，也会带来新的问题。"一些关于目的论概念常识上的直觉很可能成为对所有自然主义分析的恒久的障碍。"[①]因为当代心灵哲学与心理哲学的主流是自然主义的，在自然主义这把"大伞"之下，具有多种理论形态和流派，包括意向实在论、工具主义和取消主义等，甚至一些性质二元论的观点也被归入其中。从这一点来看，坚持意向解释的自主

---

① Smith G P. 1996. Complexity and the Function of Mind in Nature. Cambridge: Cambridge University Press: 20.

性并支持其目的论描述，似乎与心灵的自然化主题格格不入。然而，事实并非如此。正如第四章中所提到的，当前的许多自然化理论正是通过目的论途径来建构的。例如，密立根的意向性自然化构想便是运用生物目的论解释，将心理表征作为一种以语句为范式的意向记号，并以通过历史性和规范性概念而得到解释的稳定的专有功能为基础来开展的[①]。再如，巴格丹（R. J. Bogdon）的目的进化论将目标指向性（goal-directedness）看作是对心理认知的目的论的终极解释的根据。而这种目标指向性恰恰是自然生命的一个最基本的特征，因此，用目标指向性来对意向性等（心理）问题做出解释是完全与自然主义的目标相一致的[②]。只是在自然主义框架中，这种解释"并不是处于对于物理世界来说最具一般性和最基本的因果层次，而是处于物理世界中的生命等级相应的目的论层次"[③]。由此可见，心理学及意向解释中目的论描述语言的运用，与心灵自然化立场的选择并不矛盾，它在捍卫了科学心理学解释自主性的同时，又为心灵自然化设想提供了一个理想的方案。也许正是在此意义上，意向解释的自主性与心灵的自然化最终找到了新的融合点与生长点。

3. 坚持意向解释自主性与心理学两大研究方法论传统的整合问题

科学与哲学的运动，长期伴随着科学主义与人文主义两大社会思潮之间孰是孰非的争论。心理学从经典的生理学与传统的心灵哲学脱胎出来，其发展过程也必然反映出上述两种哲学文化的对立。纵观心理学的演进历程，实证主义与现象学、解释学构成了心理学研究的两大方法论传统。自从科学心理学产生之后，心理学中就一直存在着一种远离思辨哲学的倾向，崇尚自然科学及其方法的科学主义逐渐在心理学当中变得强势。其基本主张是以自然科学的框架和模式来对心理学加以建构，旨在把心理学构建成为一种同生理学、物理学相类似的科学。此种方法论"所坚持的最基本的研究途径便是还原分析，即将复杂的心理现象简化为物理、化学、生理过

[①] Millikan R. 1984. Language, Thought, and Other Biological Categories. Cambridge: The MIT Press.
[②] Bogdan J R. 1994. Grounds for Cognition: How Goal-Guided Behavior Shapes the Mind. Hove: Psychology Press: 69-168.
[③] 田平. 2000. 自然化的心灵. 长沙：湖南教育出版社：252.

程，试图以生物的、生理的或机械运动形式来解释人的复杂的心理现象"①。可见，意向解释作为一种非还原的方法，其自主性在这里遭到了一定程度的排斥。随着人本主义心理学的兴起，相应形成了一些与科学主义方法具有鲜明不同的方法和研究理论，如心理学中的后现代主义、浪漫主义等观念和方法。越来越多的学者开始认识到，人、主体和心理规律具有不同于自然规律的特点，这些特点意味着心理学并不需要通过模仿自然科学来获得自己的科学性。此外，现象学、解释学的发展也开辟了心理研究方法的新天地。而意向解释的方法论特征更加接近于此。例如，相较于实证主义，现象学并不具有关于科学标准的硬性规定，它所重视的是经验的整体性和意向性。其基本主张意欲强调对人的独特性的研究，因而在本质上也秉持一种心理学的整体论、自主论主张。又如，解释学的核心是"理解"问题，它认为理解者所处的特定的历史环境、文化背景、社会语境、信念与欲求等意向状态、价值取向及其他都制约着主体的理解。因此，"对于心理学来说，解释学的方法比自然科学的科学主义方法要更合适"②。

通过以上分析不难看出，心理学中两大研究传统和方法论的对立，其实质上是科学哲学中科学主义与人文主义、还原论与自主论、自然主义与心理主义相对立的一种体现。然而，在具有多元科学文化的今天，传统意义上截然对立的科学主义和人文主义已在后现代的视角下出现了相互融合、相互渗透的趋向。这也意味着两大方法论只有在自身的基础上吸纳对方，才有利于对心理学研究进行整体的把握。两种文化整合的前提和关键在于，转变传统的物理科学统一观，进而在方法论上实现心理学的重新整合。从这个意义上讲，意向解释（意向分析方法）的自主性本身蕴含了两种文化融合的后现代趋向。因而，坚持自主性不是一种障碍，反而是走向融合的一个基点、一个开端。坚持自主性只是对实证主义还原论的摒弃，却不是对实证方法的丢弃。意向解释及其相关方法并不排斥实证方法，两者恰恰是由富有成效的实证研究组成的。因此，只有坚持意向解释的自主

---

① 高峰强. 2002. 科学主义心理学的理论误区探析. 自然辩证法通讯，（3）：35-40.
② Smith A J. 1995. Rethinking Psychology. California：SAGE Publications Inc：23.

性，才能在更宽的哲学基底上对心理学进行更深入、系统的探讨，才能为寻找新的心理哲学和心灵哲学研究的基点，促进心理学的进一步发展，提供更加合理的途径与方法。

第二节 福德对意向法则的实在论辩护

作为一名在当代享有盛誉的哲学家与认知心理学家，福德一直坚持一种从心理语义分析的角度出发，通过物理主义的途径，对信念、欲求等具有意向性的命题态度做出科学的实在论解释的尝试。在此基础上，他所倡导的意向实在论已成为当代科学实在论阵营中具有代表性的、独具特色的理论形态之一。从一定意义上讲，福德在意向实在论立场上对意向法则的论证，实际上也是站在自然主义的立场上对常识心理学所做的实在论的辩护。这是因为，他对意向法则所做论证的目的是，将意向解释纳入科学的解释当中，其实质是一种对意向层次上的行为解释所做的科学辩护，而意向解释在本质上恰恰是一种常识心理学的概括。显然，福德对心理状态意向实在论主张不仅给予命题态度以充分的本体论承诺，而且在根本上肯定了意向法则（意向解释方法或常识心理学概括）的科学地位。正是在这个意义上，对福德意向实在论所具有的科学认识论价值的肯定，也就是对他的意向法则科学方法论意义的认可。

一、基于自然主义的意向实在论立场的选择

福德对意向法则的论证是从他的意向实在论开始的。在对待信念、欲求等意向心理状态（命题态度）的态度上，福德坚决反对取消主义的主张。同时，他也不赞成工具主义对折中主义道路的选择。在这一点上，福德坚持的是一种实在论的立场。然而，他的这种实在论，并不仅仅是一般意义上的意向实在论。具体而言，他的理论不仅仅限于将具有意向特性的命题态度看作是人脑实在存在着的内部状态，并且是在行为的产生中因果地蕴

含着，在此基础上，福德更进一步肯定科学的关于心的理论可以以常识心理学的概念为预设，即"科学心理学必须包含能够涵盖由意向术语描述的意向心理状态的法则"①。这充分表明，在福德看来，真正合理的科学心理学理论，就是要（应当）把类似于"命题态度"这样的心理状态列入科学研究，以说明科学的行为。而"科学的意向实在论恰恰是将常识心理学作为严肃的科学心理学的开端来严肃地谈论常识心理学的方式"②。常识心理学作为一种意向的解释方法与理论体系，虽然与物理解释有着根本的区别，但这并非是对其与科学具有深层次上一致性的否定，因而也并不意味它不能作为一个起点而发挥科学解释的作用。正是这种基于意向状态真实存在的意向解释方式，预设了那些在因果性上具有相同效应的意向心理状态，同时在语义上也是有价值的。从这个意义上讲，既然对意向科学的肯定就是对"意向心理状态的因果效力与语义性质可以共存"的肯定，那么，"存在使得这些意向心理状态（信念、欲求等命题态度）和行为等相互关联的意向法则"也必然成为一个不可争辩的事实。

通过上面的分析我们可以看到，福德对命题态度的实在性论证的关键就在于，对命题态度所具有的因果效力与语义性质的肯定。正如他自己所言："一个人是关于命题态度的实在论者，当且仅当：①他认为存在着这样的心理状态，这些心理状态的产生和相互作用引起行为，并且是用与常识的信念/欲求心理学的概括相一致（至少大体是这样）的方式而引起行为的；②他认为这些具有因果效力的心理状态也同样是在语义上可评价的。"③具体而言，这里的因果效力指的是常识心理学所预设的心理状态对行为及其他心理状态之间的引起与被引起的关系；而这里的语义性质则是指命题态度对世界上的事物、事件和事态的关于性与指向性，即命题态度的意向性。因此，对命题态度因果效力的肯定就是要表明，特定的命题态度可引起特定的行为或特定的其他命题态度；而对命题态度语义性质的肯定则意味着

---

① 田平. 2000. 自然化的心灵. 长沙：湖南教育出版社：108.
② Loewer B，Rey G. 1991. Meaning in Mind. Oxford：Blackwell：14.
③ Fodor J A. 1985. Fodor's guide to mental representation: The intelligent auntie's vade-mecum. Mind, New Series, 94（373）：76-100.

对命题态度意向性质的肯定，这一点是不言而喻的。事实上，上述两方面的内容，在本质上与福德用于科学行为解释的心理意向法则是有着密切关系的。一方面，心理意向法则虽然不是一个严格的物理法则，但这样的法则却能将众多心理过程与行为之间的因果关系统摄其下。也就是说，正是意向法则确保了诸如信念、欲望等命题态度这样的意向心理状态对行为的因果作用。另一方面，按照福德的主张，阐明意向法则自然化的实现机制是确保常识心理学的关键所在。而要阐明意向法则得以实现的特定机制，则最终要依赖于对意向状态的因果效力何以与意向内容的语义性质具有一致性或者是对心理过程何以与心理表征的语义性质相一致的有力说明。①也正是在这个意义上，福德对具有因果效力和语义性质的意向心理状态作实在论的辩护，在某种程度上是对意向法则的本体论地位的论证。这从另一个角度揭示出：若要站在自然主义的基点上来说明命题态度的性质（具有因果效力和语义性质的意向状态，且两者表现出高度的一致性）的话，则必须面对如何对意向法则的实现机制做出自然主义的说明这一基本问题。

那么，福德又是如何构建其自然化的意向实在论的呢？在福德看来，意向非实在论的最深的动机导源于一种"本体论的直觉"（ontological intuition），即"在对世界物理主义的看法中没有意向性术语的位置；意向性的事物是不能被自然化的"②。对于这一点，他却持相反的看法。为此，他恰恰选择了物理主义的途径与策略，力图于物理主义地说明意向性如何能够通过世界与心之间的因果关系而得到自然化的目的。具体而言，他认为命题态度正是在一些物理系统（如神经系统、计算系统等）中得以实现的具有语义性质和因果效力的状态。③而在此基础上，关于命题态度的常识心理学概括（即意向法则）也必定可以通过特定的物理机制从而物理地得以实现。然而，正如前面分析的，从传统的哲学观点来看，意向状态的自然性是很难与理性证明的逻辑性相联系的。换句话讲，意向实在论与物理主义能否在理论上相容，还是一个有待阐明的问题。对于上述担忧，福德

---

① 田平. 2000. 自然化的心灵. 长沙：湖南教育出版社：109.
② Fodor J A. 1987. Psychosemantics. Cambridge：The MIT Press：97.
③ Fodor J A. 1975. The Language of Thought. New York：Crowell.

则不以为然，持彻底的乐观主义态度。在他看来，"自然主义的心理语义分析途径，完全可以满足意向实在论与物理主义之间的一致性"①。为了构建意向态度与物理主义之间的联结点，福德依据他所创设的心理表征理论（the representational theory of mind，RTM），通过还原的途径，将人类头脑中的心理意向性归结为符号句法的物理的可操作性。而意向法则也可以通过计算过程得以物理地实现。当然，需要说明的是，福德的意向实在论虽然倾向于物理主义的操作说明，但与传统经验的操作主义有着本质的区别。"因为操作定义回避本体，消除本体，从而走向反实在论的立场，而福德的物理主义，则是要通过计算式的、符号的句法操作映射本体，说明本体，回归本体，从而建立一切心理意向的实在论的本体论基础。"②正是在这个意义上，福德对于具有因果效力和语义性质的信念、欲望等意向心理状态及意向法则的探讨做了实在论立场的选择，也就具有了一定的科学解释价值。

二、福德对意向法则论证的核心内容及其本质特征

如前所述，福德对意向法则的论述与他对意向实在论的辩护是密不可分的。作为一种常识心理学概括，意向法则使信念、欲求等意向心理状态与行为相互联系起来。然而，作为一种因果解释理论，其有效性、准确性和充分性则是在意向实在论的前提下得到肯定的。简要言之，正是由于福德对意向实在论的论证，给予意向法则（即意向心理状态之间及意向心理状态与刺激、行为之间因果关系的常识心理学概括）以"合法"的地位。而他在实在论基础上对意向法则的论证是从以下几个方面具体展开的。

（一）意向法则在本质上是一种"其他条件均同法则"

前文已对意向法则的基本形式做了概括与说明。这里试举一例来说明意向法则如何运用于意向心理状态与行为之间的关系的解释。例如：

---

① 郭贵春. 1995. 后现代科学实在论. 北京：知识出版社：99.
② 郭贵春. 1995. 后现代科学实在论. 北京：知识出版社：103-104.

（1）小明想望在周末看某场电影；
（2）小明相信如果他在周末之前做完作业，他周末就能看那场电影；
（3）其他条件均同；
（4）小明在这个周末之前赶做作业。

不言而喻，上述这一实例是对意向法则工作原理、方式及过程具体而又明确的演绎。它表明了意向解释过程对于"其他条件均同"这一前提的依赖可见，福德虽然强调意向法则的说明是一种因果解释，但它与一般性的因果解释并不是完全相同的。也就是说，常识心理学的解释与一般的因果解释是既有联系又相互区别的。一方面，两者具有相同的特征，都是反事实支持的。这就是说，依据前面对意向法则基本形式的概括，如果命题态度持有者（A）没有欲求（P）或者不具有信念（Q），那么他也就不会做出行为（B）。另一方面，两者的不同之处就在于，常识心理学解释在解释和预测的过程中通常要诉诸特定的"其他条件均同法则"。只要在其他条件均同的前提下，信念、欲求等意向心理状态与行为之间就应该具有较为明确的关系。从这个意义上讲，正是这样一种意向法则，使得命题态度作为行为的心理原因可以得到特定的解释与说明。

总之，基于上述对意向法则基本性质的分析可以看出，意向法则是一种非基本法则。因为基本法则是不需要特殊限制与规定的，而非基本法则是需要特定的机制才能实现的。然而，正如我们前面所论述的，说明意向法则何以通过特定的机制得到实现，关键在于对意向状态的因果效力何以与意向内容的语义性质具有一致性的具体说明。由此，运用意向法则在解释过程中的因果力（causal power）与语义力（semantic power）相一致的基本特性就突显出来。

（二）意向法则的说明突显出意向状态的因果效力与意向内容的语义性质相一致的基本特征

作为一种因果解释的非基本法则，如前所述，意向法则涵盖了对心理过程及其与行为之间因果关系的说明，其特殊性也在此过程中突显出来，即意向状态同时具有因果效力和语义性质的特征。不仅如此，这里的因果效力与语义性质还表现出高度的一致性。福德正是根据这一特征，沿着两者相关一致性何以可能的思路，以心理表征理论和心理计算理论（the computational theory of mind，CTM）为基点来完成对意向法则的科学地位及其实现机制的论证与说明。他的论证是分两个步骤来进行的。第一步，福德运用他所提出的"心理表征理论"，对命题态度这样的"意向法则"所预设的具有因果效力和语义性质的意向状态，做出必要的实在性说明，即解决了它们何以可能的问题。第二步，在上述基础上，运用他的心理计算理论，对意向法则在使用过程中所呈现出的意向状态的因果效力与意向内容的语义性质之间的一致性、对称性特征，做出肯定性解释，也就是解决了意向法则在非意向层面（即物理层面）上如何得到实现的问题。

　　心理表征理论的核心是一种心理语言（mentalese）或思维语言（language of thought）的假设。根据心理表征理论的核心主张，在对命题态度的认识上，将其看作是命题态度持有者与心理语言或思维语言中表达该命题态度的语句式的表征之间所具有的某种关系。正如福德所言，"我所要阐明的是心理表征理论……这一理论的核心是一种对思维语言假设：一个无限集合的'心理表征'"，在这个假设或集合中，心理表征"既作为命题态度的直接对象，又作为心理过程的域而发生作用"[1]。可见，在这里，心理表征理论也可被看作是一种心理表征的无限集合。也就是说，依据其理论要旨，一个命题个例是一个个例的心理表征。这种命题态度和物理特征之间的个例关联在日常生活中是显而易见的，尽管两者之间并不存在普遍的类型关联。此外，具有一个命题态度的意向主体与一个心理表征之间的关系，在一定意义上可以说是一种功能关系。凭借这种功能关系，表征便可以成为以物理方式实现的真实的存在物。因此，心理过程也在此意义上成为心理表征个例的因果序列。那么，这一理论又是怎样以心理语言或思维语言为基点来完成对命题态度的解释的呢？

---

[1] Fodor J A. 1987. Psychosemantics. Cambridge: The MIT Press: 11.

在福德看来，思维可以被看作是一种与语言类似的、具有一定内容的表征性系统。根据福德的主张，思维的结构与语言之间存在一定的可比性是显而易见的。毋庸置疑，自然语言本身并不具有意义，如声音与标记等，但我们依然能够用上述自然语言来表述意义。既然如此，那么与之类比，思想作为一种心理表征也必然可以表述意义。由此，某一思想就可以被看作是思维语言中的某一语言表达。因此，我们就可以将思维语言看作只是一个类比，即一个假设大脑中有语言表达系统的类比。从其特征来讲，思维语言就像一个符号所具有的计算系统一样，也具有其自身特定的表征元素和组合规则，同时具有独特的句法结构。可以说，正是这一假设为心理表征的缘起及其语义性质的来源提供了较好的解释与说明。依据心理表征理论，一方面，就命题态度的语义性质的来源而言，它是从思维语言中那些原始的心理语言符号所具有的语义性质中获得的；另一方面，就命题态度持有者具有的心理趋向而言，或者说就对心理表征持有者的态度而言，其在很大程度上，取决于思维语言中的语句所具有的个例的因果角色或功能角色。这里的心理趋向在一定意义上指的是趋向于一个命题所承载的态度，或趋向于承载特定态度的命题。毫无疑问，心理趋向在这里就成为心理表征符号所引起的因果性结局。由此，意向法则中的意向心理状态（信念、欲求等命题态度）就通过上述两个方面对思维语言所进行的假设，获得了特定的本体论地位。当然，福德在此对思维语言的假设，也是建立在一定的自然系统之上的，这里的自然系统即神经系统。在福德及其支持者眼中，思维语言"是以某种神经的或神经化学的代码的形式编码在神经元网络上，就像计算机所用的机器语言以特定的物理形式编码在计算机的特定物理构件上一样"[1]。由此，我们可以这样认为，福德对心理表征理论的说明是他的意向实在论在心理语义分析中的一种具体体现，是一种具有自然主义倾向的实现方式。正如福德所言："就心理表征理论与意向实在论之间的关系来说，给定了后者，前者在实践上就是强制性的了。"[2]

---

[1] 转引自：高新民. 1994. 现代西方心灵哲学. 武汉：武汉出版社：374.
[2] Fodor J A. 1987. Psychosemantics. Cambridge: The MIT Press: 17.

这里要说明的是，福德对思维语言或心理语言的假设，并非只是一个简简单单的假设，而是建立在其从多角度、多面相所进行的一系列系统性论证基础之上的。具体而言，福德的论证主要是从以下几个方面展开的。

福德从四个方面提出了心理语言存在的原则性理由。理由之一与思维内容的复杂性相关。在福德看来，人类的思维内容具有很高的复杂性，这在根本上决定了其表征也需要一个错综复杂的符号媒介。"思想——至少是涉及复杂语义内容的思想——在性质上是语言性。除非人们能够发现某些能处理如此复杂内容的其他表征媒介，否则语言性思想就是唯一的解释性选择。"[①]由此，心理语言的存在就成为一种必要的选择。理由之二涉及思维的生成性。基于思维的生成性，我们可以具有不确定的抑或说无限多的思想内容（只要这没超过我们大脑的工作限度），但这些无限多的思想并非是已经储存在脑中的，而是在已有的思想基础上生成的。福德认为，我们思想内容的生成能力要借助于语言这一复合媒介。这在根本上要求思想媒介应当是语言性的，从而进一步论证支持了心理语言的存在。理由之三与语言理解的系统性相关。通常来说，我们的思想在语义上具有复合性。它可以被划分为不同的概念，而概念在这里就依次成为思想的复合因素。理解必须借助于特定的经由概念联系而获得的复合性的系统性知识。因此"语义的复合性似乎是使得表征系统语言化的关键性特征之一"[①]。这一点可以说是语言性思想存在的关键性理由。理由之四来自内省的证据。具体而言，"我们好像意识到持续不断的语言性思想之流——最好被描述为'内部与自己谈话'，我们清楚地意识到出现在我们所说的一种或它种（自然）语言中的这些思想"[②]。不难看出，上述四个理由较好地阐明了语言性表征假设的必要性。

除了在一般的抽象的层面给出心理语言存在的原则性理由之外，福德还具体到实证的层面，大量论证了心理语言存在的根据。大体上讲，福德是从否定与肯定两个层面来进行论证的。从否定方面来讲，他主要是针对

---

① 熊哲宏. 2000. "Mentalese"是否存在？——福多"心理语言理论的几个难题. 华中师范大学学报（人文社会科学版），(4): 13-19.
② 转引自：熊哲宏. 2000. "Mentalese"是否存在？——福多"心理语言理论的几个难题. 华中师范大学学报（人文社会科学版），(4): 13-19.

自然语言进行批判性论证。在福德看来，其一，自然语言在通常情况下是模棱两可的，但是我们的"思想"却不是这样。一般来说，我们并不是以自然语言的句子来进行思维，而思想的非模棱两可性（非含糊性）也需要假定存在一种思维语言。其二，自然语言不能很准确地对信念进行划分。一方面，不同的自然语言句子可以具有相同的意义，这是因为它们所表达的是同一思想。因此，"操不同语言的人之所以能用不同的语言表达同一的信念，就在于这信念与思维语言的句子有某种关系，即都有共同的思维语言"[1]。基于以上两点思考，福德坚持认为，自然语言系统没有对信念进行划分的适当手段，而"心理语言理论家比口头语言理论家似乎有更准确地将信念加以归类的手段"[1]。总之，在福德及其他心理语言倡导者看来，作为思维器官的大脑是不可能让带有音、形等这类特征的自然语言进入的。换言之，"自然语言的文字和话语、形和音不可能直接地、赤裸裸地、原封不动地进入思维，必须转化成与思维相适应的、特定的符号形式才能为其把握和操作"[2]。我们的思想活动必须以不同于自然语言的心理语言作为媒介。

从肯定方面来讲，福德的论证主要涉及语言学习和亚人思想（sub-personal thought）这两者的分析。就前者而言，在福德及其支持者看来，对于语言学习来说，"学习者为了获得一种自然语言，就需要一种像自然语言一样概念上强有力的语言"[3]。这种语言即所谓的思维语言。这里的关键就在于，人们需要借助一种语言来学会另一种语言。这意味着至少我们应当具有一种语言，要先于学会任何其他语言，即存在一种"天赋的心理语言"（innate mentalese）。可以说这种语言是普遍的，而且对于使用不同自然语言的不同群体而言是共通的。正如福德所言："（心理语言）是先天的，是与命题内容一一对应的程式（如'约翰打玛丽'和'玛丽被约翰打'对

---

[1] 高新民. 1994. 现代西方心灵哲学. 武汉：武汉出版社：553.
[2] 高新民. 1994. 现代西方心灵哲学. 武汉：武汉出版社：552.
[3] 熊哲宏. 2000. "Mentalese"是否存在？——福多"心理语言理论的几个难题. 华中师范大学学报（人文社会科学版），(4)：13-19.

应于相同的'内容句子')它像人类心理学一样是普遍的。"①至于亚人的思想,福德的论证为:"对自然语言是思想的媒介这一观点明显的(我应该认为,充分的)反驳是,存在着思维着的非语言的有机体……深思熟虑的行动、概念学习、知觉整合是类人生物(infrahuman)和前语言儿童熟悉的成就……而前语言儿童和类人生物的表征系统肯定不可能是自然语言。因此,我们不是像我们到目前为止拼合的那样放弃这种前语言的和类人的心理学,就是承认某些思维(至少)不用英语进行。"②按照此观点,类人生物和前语言儿童虽然有命题态度,但却没有自然语言,在此情况下,他们拥有命题或思想的语句构成物就不可能是自然语言的句子,而是像心理语言这样的句子。可见,在有思维的非语言有机体意义上,对心理语言存在的假定是必要的。

综上所述,在福德看来,心理语言不仅是客观存在的,而且在我们的心理生活中起着不可或缺的作用。它不仅是思维的媒介,还是我们学习并掌握母语的中介和桥梁。此外,它的语义性又是心理状态的意向性的根源与基础。从其性质上来讲,福德认为,心理语言是以某种神经的或神经化学的代码形式编码在神经元网络上的。可以说,与思维语言有关的符号系统都是物理的,或者说是"神经系统的客体",正如福德所言,"符号有意向内容,符号的记号在各种已知情况下是物理的","是有因果作用的那类事物"③。不言而喻,福德正是以这种心理语言或思维语言的假定为基点,阐发、推展其心理表征理论。

那么,在心理表征理论的基础上,也就是在对意向心理状态所做的实在性阐释的基础上,意向法则又是如何自然地得到实现的呢?意向法则中因果效力与语义性质又是怎样相统一的呢?为了说明这一点,也为了进一步阐明意向心理状态之间如何自然地发生因果关联,意向心理状态又如何与外部的对象世界及对象行为相互关联起来,福德又独创性地提出了心理

---

① Fodor J A. 1991. Propositional attitude//Rosenthal D. The Nature of Mind. Oxford: Oxford University Press: 334.
② Fodor J A. 1975. The Language of Thought. New York: Crowell: 56.
③ Fodor J A. 1990. Why there still has to be a language of thought//Lycan W G. Mind and Cognition: A Reader. Malden: Blackwell: 282-283.

计算理论，用来对其心理表征理论加以论证、补充和完善。在福德看来，图灵机所显现出的关于计算的系统概念表明了这样一个事实，即任何有关逻辑理性的演算皆可以在句法的意义上经由简单的操作而被确定，而该操作是通过构建的符号表征来执行的。在此意义上，我们可以将心理计算理论看作是一个假设，其主旨在于强调：意向心理过程是通过符号表征的计算或演算而在物理上被实现或被完成的。根据心理计算理论，某一符号的因果性质与其语义性质是通过其句法而关联起来的。在这里，句法显示了它作为符号的"某种高阶的物理特性"[1]。依照这种特性，我们可以把符号所具有的句法结构看作是其形状（shape）所显现出来的一种抽象性质。这样一来，一方面，符号的因果角色就潜在地通过符号的句法所决定；另一方面，符号间的语义关系也可以被符号间所具有的句法关系所模仿。我们都知道，计算机的操作由符号的转换所构成，并且仅仅对符号的句法特性表现敏感。在此，符号操作实则是限制于它们结构形态的变化。因而在此意义上，计算机与人脑之间就可以进行类比，前者可以看作是与后者相比拟的一个"实在环境"，计算的过程在这里也就类似于一种特定的"心理过程"。不难看出，这种将心理过程看作计算过程的设想，在一定意义上使得对心理意向法则的实现机制的解释成为一种可能。换言之，正是对心理学解释的计算层次的说明，揭示了意向法则在较低层次的实现机制。也正是在计算的层次上，符号的因果角色与符号所表达的命题的语义角色的一致性得到了较好的解释。可见，"意向法则的实现是计算的……没有这一设想，意向状态的因果效力与意向内容的语义性质的一致性就完全是一个谜"[2]。恰恰是"心理表征的假设"与计算机隐喻的结合，使得计算机表现出将符号的语义特性和因果特性结合起来的功能。

综上所述，福德的心理表征论正是通过他的心理计算理论得到了辅助性的阐释和进一步的论证。它们在实质上是将心理状态解释为有机体神经系统的一种功能状态。一方面，这些功能状态具有因果力，这些因果力又

---

[1] Fodor J A. 1987. Psychosemantics. Cambridge: The MIT Press: 18.
[2] 田平. 2000. 自然化的心灵. 长沙：湖南教育出版社：114.

是从实现它们的句法结构的物理特性中自然地获得的；另一方面，这些功能状态具有语义力，它们与因果力相关，是通过符号表征状态的实现而获得的。"这些功能态所具有的因果力与语义力的心理统一，构成了心理状态的结构变换和对信息内容的加工处理，从而引生了人类的科学行为。"[①]由此可见，心理表征理论与心理计算理论的结合，就这样较为合理地解释了在常识心理学的解释（个人层次解释）中所表现的意向法则在非意向的层次（亚人层次解释）得到实现的问题。它们不但赋予意向法则以科学的地位，而且促成常识心理学与科学心理学在一定基础上的相互融合。

（三）意向法则在解释实践中的运用，是意向内容外在论的关系性质与因果解释内在论的基本要求相统一的具体体现

如前所述，意向内容是意向性的一个主要维度，也是意向心理状态的关键性特征所在。福德在对意向法则论证过程中所强调的心理表征理论就是以心理状态的内容为根据和关键点的。这种理论认为命题态度之间、命题态度与刺激、行为之间都具有因果关系，而这种因果关系又是建立在命题态度所具有的特定的内容基础之上的。如果说关于意向内容的关系性质的看法，如前文所言，可以被划分为外在论（认为意向心理状态的内容是宽内容，即意向状态的内容的确定必须要提及意向状态持有者所处环境的因素，世界上的事物、事态、性质、关系等对于确定信念的内容具有决定性的意义）与内在论（认为意向心理状态内容是窄内容，它决定于信念持有者头脑内部的性质和过程，意向内容的确定不涉及环境的因素）两大阵营的话，福德对此问题却持有一种较复杂的综合性观点。也就是说，他走的是一条中间线路：一方面，他认为信念、欲求等意向心理状态的内容是宽内容，也就是说，这些状态是在与外部的关系中使其内容得到确定的；另一方面，他又坚持，意向法则作为一种常识心理学概括，其核心概念诸如信念、欲求等意向心理状态具有非关系性质的窄内容，而正是这种窄内容满足了科学心理学解释的要求，从而对常识心理学的科学地位给予了进

---

① 郭贵春.1995.后现代科学实在论.北京：知识出版社：103.

一步的论证。福德坚持这样一种主张，缘于其"科学心理学解释是一种纯粹的心理学因果解释"的根本看法。具体而言，依据其主张：其一，科学的目的就是要对自然界中那些可以进行因果解释的事物抑或事件做出因果性的解释；其二，因果解释涉及的主要是因果性的概括（causal generalization）；其三，这种因果性的概括依据待解释事物的因果性质将待解释事物涵括于自身之内。①显然，在这样一个基底上的科学心理学，在其解释过程中也必然要求对行为所具有的因果效力是一种非关系的性质，即窄内容性质。因此，意向法则若想成为科学心理学解释的组成部分，无疑也应当满足上述基本前提。

通过以上分析不难看出，福德对意向法则的论证所采用的实则是一种方法论上的个体主义策略。这一主张的实质就在于："尽管我们的信念、欲望等心理状态是关系状态（与外部世界相关），具有语义性质，但它们与外部世界的相关性及它们的语义性质并不适合用来解释行为，在对行为的心理学解释中，真正具有因果相关性的是其内在的性质，即窄内容。②"换个角度来讲，"福德虽然并不一般地反对外在论的主张，但却反对心理学解释中的非个体主义观点"③。然而，福德的方法论的个体主义主张是有一定前提的。这个前提便是他对窄内容的特殊规定，即"从本质上讲，窄内容就是从语境到真值条件的一种功能，而不同的窄内容事实上也就是不同的从语境到真值条件的功能"④。这里的窄内容具有一定的抽象性与潜在性，它仅仅是一种将特定的语境与宽内容或真值条件相对应的特定功能。"当我们把窄内容具体化或现实化，即把窄内容放到特定的语境之中，那么，信念的内容就成为宽的了，就具有了指称或真值条件。"⑤正是在此意义上，对意向内容关系性质持外在论的主张与心理学解释中的个体主义观点之间的相调和也就成为一种可能。某一主体坚持意向内容关系性质的外在论看法，并不表示该主体不可以在心理学的解释实践中遵循个体主义的方法论原

---

① Fodor J A. 1987. Psychosemantics. Cambridge: The MIT Press: 34.
② 田平. 2000. 自然化的心灵. 长沙：湖南教育出版社：114.
③ Macdonald C, Macdonald G. 1995. Philosophy of Psychology. Oxford: Blackwell: 169.
④ Fodor J A. 1987. Psychosemantics. Cambridge: The MIT Press: 53.
⑤ 田平. 2000. 自然化的心灵. 长沙：湖南教育出版社：183.

则。同样，某一主体在心理学的解释实践中坚持方法论的个体主义，也并不能进而断言该主体就是意向内容关系性质外在论主张的反对者。换言之，"一个人完全可以在持有语义学上的外在论观点的同时持有心理学解释上的个体主义主张"①。由此，在科学实在论的语境下，意向法则在解释实践中的运用（意向解释）就实现了对意向内容关系性质外在主张与对因果解释内在论的基本要求的相互统一。进一步而言，上述这种"统一"在本质上与福德对思维语言的假设是相一致的。这是因为，依据福德的观点，信念、欲求等心理表征在一定意义上是通过思维语言得以确定的，而思维语言中语句的内容及其语义性质又是在与外部环境的关系中得以确定的，但从其特征来讲，这些语句本身应该说是一种纯粹的内在性质。由此，在此视域下，我们可以将后者看作是福德提出前者的一个思想动机。

三、意向法则论证的理论意义及缺失

从某种意义上讲，对意向内容持外在论的主张是一种与常识的看法非常相似的观点。而方法论个体主义的主张却是迎合科学的心理学解释的要求后而形成的，因此在这里，它与上述常识的看法相悖。然而，上述两种在传统看法中相对立的主张却在福德的理论中得以共存，并且统一起来。综上所述，福德使其统一的具体做法便是，以特定的语境为基点，对窄内容做特殊的规定。具体地讲，上述规定的要旨在于，窄内容是使特定语境与宽内容相对应的功能。通过这一规定，窄内容与宽内容可在语境的基底上得以共存。换言之，宽内容是由窄内容与特定的语境共同决定的。语境在此发挥了至关重要的作用。正是在语境的基础上，宽内容与窄内容都可以成为科学的意向实在论及心理学解释中合理的理论形态。也正是在此意义上，常识的看法与科学的要求能够调和，常识与科学之间的矛盾亦随之在一定程度上得以消解。可见，福德在实在论基础上对意向法则的论证，实质上是一种力图调和常识与科学、常识心理学与科学心理学之间矛盾的尝试。正是这种尝试打破了"在科学解释中没有心理意向分析方法任何地

---

① 田平. 2000. 自然化的心灵. 长沙：湖南教育出版社：182.

位"这一传统认识的偏见,从而以语境为切入点,使得心理意向方法及包括其在内的常识心理学拥有了科学的地位。

综观福德在实在论基点上对意向法则在科学心理学中地位的论证及其一系列理论的建构与阐释,他确实在深度和广度上拓展了当代西方科学实在论的论域,显示了其立论基础与思维方法独创性的特征。当然,其独特的见解也导致了各方对其理论的广泛批评。特别是整个理论的核心,即他对心理语言或思维语言的假定引发了众多的争议。例如,丹尼特就曾指出,"头脑中的语句"表现为用大脑粉笔写在大脑黑板上的铭文,这种观点即使不说是怪诞的,起码也是想象出来的。主张思维语言这一观点必然会遇到一个问题,即就思维语言而言,除了既有的那些类比之外,我们还能再说些什么呢?[1]此外,丹尼特还以意向性问题为出发点进一步指出,"用福德用思维语言来说明意向心理状态以及行为具有意义",这根本就是一个没有指望的回答。在其看来"它没有指望,是因为它只是拖延了问题。假设确实存在一种思想的语言,那么,其词汇的意义是从哪里来的呢?你怎么知道你的思维语言的句子在说什么呢?"[2]美国马萨诸塞大学哲学家卡伊(L. J. Kaye)也认为,福德迄今为止支持语言性思想的种种论证,没有一个能够证明或导致人所有的思想必须都是语言性的。他还针对福德在一般意义上为思维语言所做的辩护理由一一进行了驳斥。[3]另外,丘奇兰德夫妇(Paul Churchland and Patricia Churchland)也明确反对福德的主张。他们认为,把思维语言当作一种内在的、具有像自然语言那样的结构和组织的体系,这种观点是"非生物学的",既不符合进化的事实,也找不到生物学的、解剖学的根据。[4]有学者甚至对其进行了激烈的批判,认为思维语言如果不是在贩卖意向实在论,那么就是在宣扬一种多余的或者压根就不存在的东西。乔姆斯基(N. Chomsky)和塞尔等也曾提出过类似的批评。

---

[1] Dennett D. 1991. True believers//Rosenthal. The Nature of Mind. Oxford: Oxford University Press: 339-350.
[2] 丹尼尔·丹尼特. 1998. 心灵种种——对意识的探索. 罗军,译. 上海:上海科学技术出版社: 40.
[3] Kaye L J. 1995. The languages of thought. Philosophy of Science, 62(1): 92-110.
[4] 高新民. 1994. 现代西方心灵哲学. 武汉:武汉出版社: 563.

与思维语言的主张相关，福德的其他理论也引发了众多的问题与责难，概言之，其焦点往往集中于以下几个方面：其一，福德的心理表征理论把信念、欲求等意向心理状态，当作是有机体所处的一种与心理表征抑或心理语句之间的关系状态（这里的关系并不是与命题之间的关系）。然而，这种隐喻式的说明对于从根本上揭示这些意向状态的真正本质与特征是没有任何实质性的作用的。①其二，福德的理论在面对一些复杂现象时，失去了应有的解释能力。例如，对于处在前语言阶段的婴儿及没有语言能力的高级动物而言，他们都没有自然语言，也没有心理语言，然而他们却有信念、欲求等意向心理状态，但根据福德关于意向心理状态是与心理语言之间的关系的理论，必然会得到他们没有信念、欲求的推论（因为他们就不可能与心理语言发生关系）。因此，两者在逻辑上是前后矛盾的。③其三，根据意向实在论的内在关联，心理表征的能力必须被表明满足了因果力的特定集合的逻辑要求。但福德对于符号表征、句法结构、语义特征及语境的内在关联方面，仍缺乏系统的理论性阐释。②其四，福德关于窄内容的主张并不适合心理学解释的性质，因为心理学解释往往要诉诸具有宽内容或关系性质的说明，而窄内容的解释无法满足这种要求。事实上，将窄内容的解释放到特定的语境中就等于在解释中加入了内部状态的关系性质。这样一来，这种解释也就不再是个体主义的了。此外，类似的批评还有许多，这里就不一一赘述了。总之，这些批评都是相当尖锐的，但无论如何，我们必须明白，具有开创性的理性探索不可避免地会存在或多或少的局限性。况且，上述批评在理论上还是可争辩的。福德思维语言的假设，尽管遇到了强有力的批判，但还是引起了更为广泛的关注和重视。这一假说至少提出了一些新颖的、深刻的、令人深省的论域与见解，在一定程度上深化了对思维的研究，同时也为心灵哲学中的一些难题（如意向性问题）提出了新颖且独特的尝试性解决方案。不言而喻，福德的理论虽然面临着许多困难，但他对意向法则所做的实在性论证，一方面使得心理意向方法成为科

---

① Stephen S. 1980. Paying the price for metho dological solipsism. Behavioral and Brain Sciences, 3（1）：97-98.
② 郭贵春. 1995. 后现代科学实在论. 北京：知识出版社：109.

学实在论在新的语境（即实在论与反实在论的相对弱化及相互渗透、融合）中的一种可接受的新方法；另一方面实现了通过心理意向方法在方法论上为科学实在论的辩护。

第三节　丹尼尔·丹尼特对意向战略的工具主义论证

丹尼特是当代西方心灵哲学领域的领军人物之一，其许多重要思想和主张在学界都有着广泛而深刻的影响。长期以来，他一直致力于对常识心理学及其原则和方法进行工具主义的阐释和论证，并试图在此基础上运用意向战略（intentional strategy）为之进行必要的辩护，力求借此进一步在科学的行为解释和预测中为意向分析方法寻求合理的方法论地位。在其看来，常识心理学中，虽然诸如"相信""欲求"等具有意向性的术语并不指称什么实在，意向心理状态也并非是实在的内部状态，但它们却在我们对行为的解释和预测中具有关键性的意义和作用。他站在工具主义的立场对意向战略的论证，使得意向分析方法逐渐在意识等科学及其哲学研究中发挥出愈来愈重要的作用。在此基础上，意向方法亦在更大的程度上日益受到科学家及哲学家的认可。

一、意向战略对工具主义立场的选择

在当代西方心灵哲学关于意向心理性质的众多看法中，丹尼特的意向工具主义思想，可以说是介于意向实在论和取消主义之间的较为折中的一种主张。他一方面承认常识心理学中信念、欲望等意向性术语的有用性，承认它们有存在的理由与价值；另一方面否认意向心理状态是真实存在的内部状态，否认上述术语、概念能够指称、描述任何实在、过程、状态和属性。具体而言，丹尼特是以反对意向实在论为出发点，构建其意向工具主义理论的。具体地讲，在他看来，意向实在论及与其相近的理论在本质上是一种"内因论"。针对这样一种认识，他从五个方面提出了质疑。其一，

他明确提出了其批评内因论的一个前提和基础,即对于任何科学而言,之前及之后都无法发现内因论所强调的信念,这些信念可以作为内部状态抑或机制。在此基础上,他进一步指出,如果按照内因论的主张,"有信念这样的意向状态就是有用思维语言表达的心理语句",这在实际上就等同于以下主张,即在人脑内部,存在类似于黑板的事物,并且可以写在其上心理语句之类的句子,而这显然是无法成立的。基于上述论证,丹尼特再次通过类比阐明了其观点。他将关于信念、欲求等意向状态的解释与关于动物、博弈计算机的解释作了细致的比较,进而指出,在此情形之下,人们没有理由认为对信念、欲求的描述是一种对内部状态的描述而不是演算或预测的一种方式。接着,他又将矛头指向了意向解释的过程。在他看来,内因论将信念、欲求等意向状态看作是一种内部状态仅仅是缘于从意向状态持有者在其环境中信念或想望的东西中所作的推论而已,而仅仅凭借推论所做出的结论显然是不可靠的,因为既然我们可以从其推出"有",那么我们也可以以同样的方式推出"没有"。之后,他坚称,如果纯粹规范性的假设或者说合理的假设是描述的一个重要特征,那么描述本身并不一定就是对事件、状态纯粹实际的描述。这进一步表明,关于信念和欲求等意向状态的描述并不能等同于对一种内部事件或状态的描述。[1]总而言之,他否认意向实在论将信念、欲求等命题态度看作是存在于人脑内部的一种实在,并通过对思维语言或心理语言存在性的否定性论证,从根本上否定了命题态度的内部原因性质。然而,与此同时,他也并没有采纳取消主义的观点,将我们对信念、欲望等意向心理状态的预设看作是完全错误的,并认为它们是终将随着神经科学或认知科学的发展而被取消的极端化主张。换言之,丹尼特并没有完全拒斥意向心理状态的术语,相反,他还强调上述这些现象的客观性。因此,与实在论及取消主义相比,丹尼特的观点比两者都要温和,他自己也称他所主张的是一种较温和的实在论(the mild realism)。[2]

---

[1] Dennett D. 1982. Beyond belief//Woodfield A. Thought and Object: Essays on Intentionality. Oxford: Oxford University Press: 38-52.
[2] Dennett D. 1987. The Intentional Stance. Cambridge: The MIT Press: 28.

丹尼特构建其意向战略的核心是从实用的角度出发，将信念、欲望等意向术语、概念及其思想、理论看作是主体为了某种目的而设计的。因此，"其真理性不在于它们与实际的一致或符合，而在于它们能有效地充当人们行动的工具"[①]。可以说，作为一种工具，它是一种用来进行预测及演算的手段，其本身并没有真假之分，而只有有效与无效抑或恰当与不恰当之别。因此，丹尼特构建的意向战略及意向系统理论在本质上就只是一种用于解释和预测行为的工具。人们拥有信念和欲望等意向心理状态的意义只是在于，它们有助于对行为进行解释和预言，就如同赤道、经线、纬线等概念，也好比力的平行四边形中的线，抑或类似算盘上的算珠的应用。在解释实践中，对它们的运用只是为了有助于对地球地理及气候、力的关系、数量关系等现象进行描述和解释，整个过程虽然并没有触及实在性的事物，但通过对它们的操作、计算却可帮助我们理解、解释或预言实在世界中的事物。由此，信念、欲望等术语所指谓的意向状态并非是真实的状态，它们只是"抽象物——与计算连在一起的实在或逻辑构造"[②]。这充分表明，在丹尼特的意向工具主义理论框架内，关于信念和愿望这些"所谓的……状态"其实就是"行动预言和行动解释演算中的理想化虚构角色"[③]。其工具主义色彩是显而易见的。这样看来，如果说意向实在论主张的是意向心理状态的真实存在，是其具有解释效力的前提，那么意向工具主义则恰恰相反，它坚持认为正因为意向心理状态强有力的解释效力才使其获得了存在的意义、理由与价值。正是在这个意义上，在丹尼特的意向战略中，"一方面，信念、欲望等由常识心理学所预设的意向心理状态的形而上学的实在性就被工具主义取消了；另一方面，常识心理学的概括及其所预设的意向心理状态的解释作用又被工具主义合法化了"[④]。

[①] 高新民. 1994. 现代西方心灵哲学. 武汉：武汉出版社：385.
[②] Dennett D. 1981. Three kinds of intentional psychology//Healey R. Reduction, Time and Reality. Cambridge：Cambridge University Press：631-649.
[③] Dennett D. 1978. Brainstorms：Philosophical Essay on Mind and Psychology. Cambridge：The MIT Press：30.
[④] 田平. 2000. 自然化的心灵. 长沙：湖南教育出版社：147.

二、意向战略的核心内容及其本质特征

在丹尼特看来，意向战略是一种有用的战略，因为"它给予我们以预言的力量"，"是预言的极其有力的工具"[①]。而意向战略的预言和解释功能是通过运用意向系统方法，站在意向的立场上，在系统合理性预设的前提下，将信念、欲求等意向心理状态归属于意向系统或作为相信者的人的方式得以实现的。具体地讲，意向战略的核心思想及本质特征主要体现在以下几个方面。

（一）三种立场的划分是意向战略的理论前提

丹尼特认为，人们在对一个系统行为进行解释和预测时，可根据解释对象的不同类型及其复杂程度，分别按照三种不同立场来操作。这三种立场分别是：物理立场、设计立场（design stance）和意向立场。丹尼特对意向战略的阐释与说明正是通过将意向立场与物理立场、设计立场进行对比而实现的。就物理立场而言，它是比设计立场、意向立场更为基础、更为基本的一种立场，可以说，它是对一切物质科学进行解释和预测的标准方法。很显然，自然科学对种种自然现象的解释和预测大多都是基于这种物理立场上的解释。当解释者站在物理立场采用其方法时，其实质就是要诉诸因果自然律，并且利用既有的、已知的有关物理定律，根据被解释对象所具有的实际的物理结构与组成，以及所处的外在物理环境来加以解释和预测，例如，对手中放开某一物体会落到地上的预测所采取的便是这种物理立场。因为在此过程中，解释、预测者考虑的只是引力定律和物体本身的质量，并没有把信念和欲求赋予这一物体。然而，基于物理立场的解释在某些时候不仅十分烦冗，而且并非十分有效，例如，对于一些人工制品（如恒温器、摩托车、钟表等），以及通过进化而获得的具有功能性的大自然的产物（即生物体及其组成部分，如动植物及心脏、肝脏等器官）来说，采用设计的立场往往更为便捷。当使用闹钟叫醒功能的时候，我们只需根

[①] Dennett D. 1991. True believers//Rosenthal D M. The Nature of Mind. Oxford: Oxford University Press: 339-350.

据其设计的功能，简单地查看闹钟按钮及其显示，并依照说明简单地进行操作便可达到目的，而无须考虑闹钟本身的物理学原理。当我们在春天使用种子进行播种直至秋天收获粮食时，只需要将种子按操作规范埋入土中，再加上进一步的照料和培养，便可在数月之后如愿以偿，但我们根本没必要掌握大量有关植物生长与繁殖的物理学原理、化学原理。不难看到，对设计立场的运用可以忽略被解释对象的物理构造，而可凭借该对象的特定的设计与功能，依据不同的环境来作出合理的解释和预测。至于意向立场，它适合于复杂程度更高的系统，例如，要对"一台正在下国际象棋的计算机"的"行为"进行解释和预测，解释者所需要做的便是，把该计算机看作是一个有着"想赢"愿望的有理性的自主体，这样便可得到较为满意的结果，尽管这台计算机在物理层次与设计层次上是非常复杂的。由此可见，意向立场在此解释过程中无疑是比物理立场、设计立场更为有效、便捷的"好方法"。当然，意向立场在某种意义上可被看作是一种特殊的设计立场，但两者的重要区别在于解释对象是否是真实存在的这一问题上，前者持否定态度，而后者持肯定态度。总之，概要地讲，"意向立场正是我们通常对彼此采用的态度或观点，所以对其他东西采用意向立场似乎是故意将它拟人化"。也就是说，"它把一个实体（人、动物、人造物、其他任何东西）看作似乎是一个理性的自主体，它通过考虑自己的'信念'与'愿望'来对'行动'加以'选择'"[1]。丹尼特正是以这一立场为基点，来构建他的意向战略及意向系统理论的。

（二）有理性的自主体是构建意向战略的重要基石

按照丹尼特的观点，意向战略的核心与关键是要站在意向立场上，"将某一对象——它的行为是你所要预测的——看作是具有信念、欲望及其他表现出布伦塔诺和其他人称之为意向性的心理状态的有理性的自主体"[2]。这里所谓的有理性的自主体可以是作为信念持有者的人，但是除其之外，

---

[1] 丹尼尔·丹尼特. 1998. 心灵种种——对意识的探索. 罗军, 译. 上海：上海科学技术出版社：21.
[2] Dennett D. 1987. The Intentional Stance. Cambridge：The MIT Press：15.

也还可以是其他类型的事物,举例而言,那些具有趋光性的植物,以及具有趋利避害特性的微生物,都可以被视为具有理性的自主体,其在实践中等于把解释对象处理为我们当中的一员,因而它们也都可归入某一可以进行解释和预测的意向系统。由此表明,意向战略只有在某一意向系统中才能够实施。当我们选择了意向立场,进而对一个系统中的行为进行解释与预测时,我们便可将这个系统看作是一种意向系统。那么具备了这样的前提条件,意向战略又是如何进一步实施的呢?其步骤是这样的:"首先,将你要解释和预测其行为的对象看作是一个有理性的自主体;其次,推测他应当有什么样的信念,并给定其在世界中的位置以及他的目标;接着,出于同样的考虑,设想他有哪些欲求;最后,预测这个有理性的自主体将会按照其信念作出特定的行为以实现其目标。"① 可见,所谓的意向战略就是根据行为来确定信念、欲求等心理意向的归属,并且反过来又依赖这些具有意向性的信念、欲求,从而解释和预言其行为的一种战略。尽管就解释实践而言,意向战略并不总是每每奏效,但它却有相当程度的可靠性与准确性(当你不明白某一意向系统的物理结构,或对之进行物理立场或设计立场解释存在很大难度之时便是如此)。当然,这里有必要指出的一点是,丹尼特强调意向战略的有用性并不能等同于对意向心理状态的本体论承诺。也就是说,在构建意向系统并对其内的对象加以解释和预测时,并非是对该意向系统具有内在意向性的一种承诺。正如丹尼特自己所说:"我所给出的意向系统的定义并没有说意向系统真的有信念和欲求,而是说人们可以通过将信念和欲求归与它们,从而对这些意向系统的行为作出解释……"② 由此看来,丹尼特的意向战略及其构建的意向系统理论在实质上是"将常识心理学解释为一种理性主义的演算(rationalistic calculus),即一种对人的信念、欲望和行为进行解释和预测的理想化的、抽象的和工具主义的技艺"③。言其"理想化",旨在强调意向战略的解释和预测方式、

---

① George B, Peter C. 1999. The Philosophy of Psychology. Cambridge: Cambridge University Press: 29.
② Dennett D. 1978. Brainstorms: Philosophical Essay on Mind and Psychology. Cambridge: The MIT Press: 7.
③ 田平. 2000. 自然化的心灵. 长沙: 湖南教育出版社: 146.

步骤所具有的规范性;言其"抽象性",意在表明对"信念、欲求等意向心理状态是真实的内部状态"这一观点的否定;而言其"工具主义",则是要确立意向立场在特定解释和预测过程中所具有的合法性。

(三)意向系统的合理性预设是确保意向战略可靠性的关键

丹尼特在分析了意向战略实施方式与步骤的基础上,又明确提出了意向立场工作的三条基本法则:①如果一个系统的知觉能力、认知需求及历史都是确定的,那么这个系统的信念是它所应当具有的信念。②如果一个系统的生物需求及满足这些生物需求最为实际的手段是确定的,那么这个系统的欲求是那些它所应当具有的欲求。③一个系统的行为就是那些信念与欲求的持有者会合理地作出的行为。[①]由此,我们可以看到,丹尼特的意向战略主要是在意向的立场上,通过对一个有理性的自主体在特定的条件下应当有什么样的信念和欲求,来进一步推测他应当有什么样的行为,从而达到解释和预测的目的。这实质上是对意向系统提出了一个规范性要求,即意向系统必须是建立在其合理性预设的基础之上的。因为"应当"是一种推测,而要确保这种推测的准确性与可靠性,就必须首先确保意向系统是合乎理性的。因此,如果说采取意向立场是丹尼特意向战略的前提基础与核心的话,那么对意向系统的合理性(intentional system rationality)的预设则成为前提下的前提、基础上的基础、核心中的核心。换言之,只有在对意向系统合理性地预设之下,意向立场的运用才是可能的。否则,信念、欲求等意向心理概念便失去了发挥作用的根基。这也是要将解释、预测对象看作是具有信念、欲求等意向心理状态的有理性的自主体的重要原因。正是在这个意义上,"系统的信念、欲望与系统的环境和目标的合理性的关系,以及系统的信念、欲望之间,信念、欲望与行为之间的合理性的关系,构成了意向的立场对系统的行为进行解释和预测的基本框架"[②]。意向系统的合理性预设也就在根本上成为丹尼特意向战略一个最为基本、最

---

① Dennett D. 1987. The Intentional Stance. Cambridge: The MIT Press: 49.
② 田平. 2000. 自然化的心灵. 长沙: 湖南教育出版社: 151.

为突出的特征。在这里需要说明的是，对意向系统的合理性要求的强调并不是对运用意向战略不可错的坚持。相反，这一战略显然是可错的，它也有"失灵"甚至是"失败"的时候。也就是说，当我们在意向立场上所得到的关于信念、欲求、刺激、行为间的关系模式的描述在真实世界实践中的显现，并不一定就像在系统合理性预设下条件所刻画的那样理想、清晰、完美。然而，可错性丝毫不会影响意向战略在解释实践中的有用性和可行性。事实上，它在通常情况下并非是完全有效的，也正是因为其是一种非绝对意义上的理想化状态，才能称意向立场上的信念和欲求的归与只是具有工具层次上的意义，从而并非是对我们真实的内部状态的一种真实说明与阐释。

综上所述，丹尼特的意向战略在方法论层面为人们提供了一种较为有效的解释与预测模式。在这一模式中，信念、欲求等意向心理状态虽然并没有被认可为某种特定的思维语言而真实存在（这与福德的意向实在论不同），但这种解释、预测模式的整个过程却揭示出，意向系统理论所预设的合理性关系具有一定的客观性。这就是说，在特定意义上，意向解释模式本身是具有客观性的。当然，这种客观性只有当解释、预测者站在某一特定的意向立场时，才能较为准确地把握它。正如丹尼特所言："这些模式是客观的——它们是部分地由我们自身对存在于某处的事物的'主观'反应而构成的……"[①]通常来讲，对于某一解释对象而言，人们可以分别站在不同的意向立场、从不同角度、采用不同模式对之进行解读。尽管这些意向关系的模式并不是完美的，但其中每一种模式都是客观的，而且在一定范围内或一定情境下都是有效的。因此，它们之间并不彼此排斥，而是可以相融共存的。可以说，对意向解释模式客观性的阐明与界定是丹尼特意向战略本质特征的又一集中体现。也正因为如此，丹尼特才将其行为能够可靠地、有效地经由意向立场而得到诠释的意向系统称为"真实的信者"（true believer），而其温和的实在论（the mild realism）的理论位定也正是缘于此。

---

① Dennett D. 1987. The Intentional Stance. Cambridge: The MIT Press: 39.

三、意向战略的理论意义

不言而喻，丹尼特以意向战略为基点所构建的一套理论体系，给我们带来的是一种全新的视野与洞见。这一战略及意向系统理论的提出，在理论上为现代功能主义的发展提供了启迪性的思路，为认知科学的形成提供了新的思想基础。不仅如此，它还在为常识心理学的存在进行辩护的基础上，进一步调和了自我概念与科学、常识心理学与科学心理学之间的关系。具体而言，其理论意义主要表现在如下几个方面。

（一）为功能主义的进一步发展奠定了一定的理论基石

丹尼特的意向理论是对以普特南为代表的机器功能主义的进一步修正、补充与发展。在当代有关意识和心灵问题的各种流派和理论当中，功能主义可以说是影响力较大的一种，且拥有众多分支和支持者。从产生和发展来看，它是在批判、继承了关于心身问题各种理论的基础上，在综合汲取了丰富的自然科学研究成果的前提下，所形成的一种心灵哲学理论。普特南提出了早期的功能主义，即所谓的机器功能主义。虽然其理论是当代心灵哲学中较早的一种功能主义理论类型，但他大胆的哲学设想和新颖的心灵观点，却使其成为功能主义诸理论形态中颇有代表性的一种思想。其主要核心思想可以概括为：意识状态就是功能状态，心理属性就是一种功能属性，心理事件也同样是一种功能事件。这就是说，按照其主旨，心理状态的属性与功能状态的属性在本质上是同一的。当然，尽管这一理论较为巧妙地对心身问题中的许多难题给出了回答，但自身所具有的局限性却使其遭到了学界多方的责难与批评。究其原因，具体地讲，如果支持普特南的机器功能主义主张，即将意识状态定义为功能状态，那么意识的外延则会有无限扩大的趋势和危险。由此，一些本不该具有意识状态的功能状态，如器具等一些人造物品在发挥作用时的状态，也可在此意义上被归属于意识状态的范畴。因此，这种理论最终导致的只可能是一种意识的泛化。丹尼特看到了这一点，从其意向性理论的角度出发，依据当代科学心理学的进展及人工智能等新学科知识体系的形成，指出了普特南功能主义的这一缺陷，并且在意向层面上规范了这一理论。依据他给出的建议，只有站在意向立场或具有意向内容、意向属性的功能状态，才能成为严格意义上的意识状态。由此，在这里，意向性就成为区分意识功能状态与其他功能状态的一个重要标志。可以说，正是丹尼特的这一限定，才使机器功能主义在一定程度上摆脱了上述理论困境，并且在此基础上得到了进一步的补充与发展。也正是在此意义上，意向战略的提出在理论上为现代功能主义的发展提供了启迪性的理路与视域。

（二）为认知科学的形成与发展进行了必要的理论准备

从前面的分析中我们可以看到，丹尼特的意向战略所展现给我们的是一种基于意向立场的分析，这种分析的前提是要忽略被解释对象具体的物理组成与结构，以及其设计方式，直接从心理意向的层面与高度，对一个系统所具有意识、行为等特征进行解释和预测，因此这种分析无疑是一种具有高度抽象性的哲学方法。显然，这种方法与从物理层次、化学层次、生理层次出发去研究意识、行为的方法大不相同。如果说后者是一种还原论的、"自下而上的战略"（bottom-up strategy）方法，那么前者就是一种反还原论（anti-reductionism）的、"自上而下的战略"（top-down strategy）方法。①虽然两者对于意识及其行为的研究来说，都是必不可少的手段与方式，但就意识及其行为的解释及预测来说，在更多时候采用意向的方法显然更为有效。在一定意义上，大脑及其意识属性可以说是作为一个整体而存在的，一经还原则会失去某些重要的特性。丹尼特的意向战略给出了明确的建议，即不必去探究大脑复杂的物理、化学结构，而只需将其看作是一个可与外部世界进行交流，并可进行信息加工的意向系统，从而通过研究其与外部世界的信息交流及信息加工、信息传递、信息存储等方面的功能，达到对意识及其行为进行解释的目的。可以说，正是这样一种高度抽象的

---

① 章士嵘，王炳文．1996．当代西方著名哲学家评传（第二卷：心智哲学）．济南：山东人民出版社：177．

战略方法，在哲学层面上构成了当代认知科学形成的一个重要理论来源。一方面在理论上，它在意向属性的意义上、在人类与计算机之间找到了可以类比的共同点，从而较好地回答了计算机科学及人工智能理论在发展过程中所产生的哲学难题与困惑；另一方面在方法上，它为认知科学方法体系的建构提供了可供选择、借鉴的启迪性思路。事实上，就当代认知科学的形成而言，它正是吸收并验证了丹尼特的意向战略与理论。这是因为，当代认知科学在分析意识及其行为时，也是从较高的意向层次出发，将意识理解为一种关于外部世界信息的传递、加工、存储及检索等操作的具有表征功能的意向系统，从而替代（仅仅研究大脑的）较低的物理层次。[①]总而言之，正是由于上述两方面的突破，丹尼特被誉为"是从哲学的角度对认知科学的形成作出贡献的典范之一"[②]。

（三）为常识心理学作出了工具主义的辩护

从某种意义上讲，丹尼特意向战略的提出实际上在一定程度上消解了自我概念与科学概念、常识心理学与科学心理学之间的对抗，使它们在共存的基础上，彼此都得到进一步强化和发展。一般而言，"人类在其活动中总是将其自身看作是一个具有意识的，能自由地履行其意志的，并且能够出于某种原因或理由作出特定反应，产生特定行为的自主体"[③]。事实上，人类很难放弃诸如思想、意识、自由意志、意愿、意向、创造力等这样一些自我概念。然而，从传统的观念来看，这些自我概念与人类希望并还在努力建构的科学世界中的概念往往是相互抵触和对抗的，因而认为两者难以共存。这种对抗性通常的表现为：一方面，科学似乎总是意欲削弱或尽可能地取消自我概念及其在常识心理学等学科中的运用；另一方面，自我概念等常识心理学术语及生命有机体、多样性与复杂性的存在，似乎削弱了科学解释及科学的心理学解释的充分性。面对这种矛盾，丹尼特从工具

---

① Flanagan O J. 1984. The Science of the Mind. Cambridge: The MIT Press: 242-246.
② Howard G. 1987，The Mind's New Science——A History of the Cognitive Revolution. New York: Basic Books Inc: 81.
③ Elton M. 2003. D. Dennett——Reconciling Science and Our Self-Conception. Cambridge: Polity Press: xii.

主义的角度所建构的意向战略，在一定程度上起到了调和作用。这是因为，一方面，丹尼特的意向战略并没有预设心理性质及其术语的实在性，而是采取了工具主义的策略，这样一来，它在本体论预设上并没有违背科学心理学的原则；另一方面，丹尼特的意向战略又强调，作为一种解释与预测的工具，自我概念这些常识心理学术语是相当有用且有效的。因此"它们与我们在认知科学或神经科学中发现的任何东西实际上是可以和睦共处的"[1]。这在实质上是基于工具主义视角，对自我概念及常识心理学的一种保护性策略。由此看来，正是这种介于实在论与取消主义之间的、带有折中主义味道的意向战略，调和了"我们作为负责的、自由的、理性的、自主体"的观点与"我们作为科学的物理世界的复杂部分"的观点的关系，并在此基础上进一步调和了常识心理学与科学心理学的关系，从而构建起一种双方由对立走向相互接纳的新的可能。

四、意向战略面临的挑战

不言而喻，丹尼特以意向战略为基点所构建的一套理论体系，给我们带来的是一种全新的视野与洞见。它也因此获得了众多科学家与哲学家的关注。然而，要给之以明晰而准确的定位与评价，实则是一项较为复杂的工作。这是因为，一方面，从形而上学的立场上看，丹尼特所主张的意向工具主义与取消主义、行为主义的主张较为接近，它们都主张信念、欲求等命题态度（意向心理状态）并非是真实存在的内部状态。另一方面，从科学解释的角度看，意向工具主义却与取消主义、行为主义持相反的观点，按照工具主义的核心思想，常识心理学解释的模式所展现的是一种真实的、客观的关系模式，这在一定程度上又使其具有了实在论的色彩。由此可见，丹尼特意向理论的复杂性主要是缘于他对折中主义路线的选择。也正是这种折中性使其理论不可避免地同时遇到来自实在论与取消主义两方面的批评。在实在论支持者的眼中，其"有效性"与"工具性"之间是相悖的，因为如果命题态度具有较大的解释效力，那么在逻辑上就不应该推出它们

---

[1] Horgan T, Woodward J. 1985. Folk psychology is here to stay. The Philosophical Review, 94（2）: 197-226.

仅仅是虚构意义上的存在。在取消主义的倡导者看来，意向系统理论并没有可靠的理论与解释依据，仅仅是一种理想化的设想，不切实际。由此，丹尼特对信念、欲求等意向心理状态的工具主义主张在两者面前都遇到了强大的挑战。

首先，来自意向实在论的挑战。简而言之，意向实在论的理论核心是要"对常识心理学所预设的心理状态及这些心理状态对行为和其他心理状态的因果效力的实在性的肯定"[①]，如前所述，其主要代表是当今著名哲学家福德。在对命题态度的立场上，福德并不赞成工具主义对折中主义道路的选择。在他看来，"工具主义的了不起的优点是在于得到了所有的好处，而避开了所有的弊端：在工具主义的主张之下，你可以使用常识心理学来预测和解释行为，却不必回答诸如'命题态度'是什么这样的困难的问题"[②]。具体而言，意向实在论对工具主义的反驳主要集中在以下两个方面：其一，基于上述责难，工具主义更进一步的困难就在于，"如果信念/欲望心理学事实上并非是真实的，那么就很难解释为什么信念/欲望心理学是如此地行之有效"[②]。也就是说，丹尼特意向战略的工具性和其有效性是相互矛盾的。其二，意向实在论的批判还将矛头指向了意向战略理论的核心，即"合理性预设"这一特征。在其看来，①在常识心理学的意向解释中并不一定蕴含着合理性预设这一标准；②即使常识心理学的意向解释中都暗含着合理性预设，其是否强到提供足够的理由来说明现实事实，也并非能够得到足够的论证。显然，正是上述两个方面的问题使得工具主义在意向实在论这里遇到了较大的挑战。

其次，来自取消主义的挑战。取消主义亦称排除式唯物主义，其主要观点已在第一章进行了简要介绍。如果深入到更细致的层面对之进行分析，可以看到，事实上在取消主义的阵营中也存在着不同类型的观点与主张。最典型的两类分别是以保罗·丘齐兰德（Paul Churchland）和帕特里夏·丘齐兰德（Patricia Churchland）为代表的取消主义和以斯蒂奇为代表的取消

---

① 田平. 2000. 自然化的心灵. 长沙：湖南教育出版社：107.
② 田平. 2000. 自然化的心灵. 长沙：湖南教育出版社：157.

主义。前者的观点是要表明"常识心理学由于不能还原为低层次的自然科学理论而不具有科学的地位，是应当取消的"①；后者要论证的关键则在于"常识心理学与认知科学不相容，常识心理学在认知科学中没有位置"②。尽管存在上述具体分歧，但两者在根本上有着共同的立场，这个立场便是，只有自然科学才是事物真实存在与否的唯一裁定者。具体地讲，"我们关于心理现象的常识概念是完全错误的理论，它有着根本性的缺陷"③。因而"常识心理学对于引发行为的状态和过程所提出的许多主张及这些主张的许多预设都是假的"④。基于此立场，他们认为，作为一种精致的科学理论，并不应当涵括信念和意向等命题态度之类的事物。而关于命题态度的理论也如同炼金术一样终将被取消，最终取而代之的应当是像物理科学这样的，真正符合因果自然律的自然科学。取消主义对意向工具主义的批评也主要集中于意向战略的合理性的规范化看法上。在其看来，对意向系统合理性标准与规范化所依据理论根据的论证缺乏必要的力度，因此，合理性概念本身就是站不住脚的，更何况是建立在其基础上的整个意向系统理论。

由此可见，双方都将批评的矛头指向了丹尼特意向战略的"合理性预设问题"。实在论者坚持认为"诉诸合理性来分析意向性是一种误导，因为，就解释的顺序而言，后者是一种更基本的概念"⑤。取消主义则干脆否定对信念和欲求进行归与的合理性标准。针对上述批评，丹尼特从进化论的角度也给出了自己的回应和进一步的辩护性论证。在其看来，作为一种生物进化的产物，我们对意向系统的合理性预设无疑具有进化论上的根据。他指出："对于为什么意向立场如此有效这一问题，首要的一个回答便是，进化的整个过程已将人类设计为是有理性的，设计为是相信他们所相信的，想望他们所想望的。我们是长久的和有力的进化过程的产物这一事实，确保了对于我们使用意向立场的可靠性。"⑥这就是说，在进化的全过程中，

---

① 田平. 2000. 自然化的心灵. 长沙：湖南教育出版社：117.
② 田平. 2000. 自然化的心灵. 长沙：湖南教育出版社：122.
③ Churchland M P. 1994. A Companion to the Philosophy of Mind. Oxford：Blackwell：80.
④ Stich S. P. 1996. Deconstructing the Mind. Oxford：Oxford University Press：116.
⑤ Fodor J. A. 1985. Fodor's guide to mental representation：The Intelligent auntie's vade-mecum. Mind，New Series，94（373）：76-100.
⑥ Dennett D. 1987. The Intentional Stance. Cambridge：The MIT Press：33.

人类已经被设计为是有理性的，自然选择确保了我们大部分的信念为真，也在同时确保了我们形成信念的大部分方式是合理的。当然，这并不表明人类在任何时候的信念归与都是合乎理性的。为此，他进一步论证道："……我们的确是在进化的过程中获得适当的设计的，因此我们接近于在预测的过程中我们对自己的理性化看法。但是，不仅进化并没有确保我们总是做一些合乎理性的事情；反而确保了我们不会总是做出合乎理性的事情。"[①]由此可见，按照丹尼特的看法，人类作为生物进化的产物，一方面，其行为的合理性程度尽管并非完美，但却可以在很大程度上保证，我们在以合理性预设为前提的意向立场上，可靠地进行行为解释和预测；另一方面，其行为在某些时候的非合理性也恰恰说明，意向立场上的行为解释和预测并非对我们内部状态的真实揭示，而只具有工具层面上的特定意义。

综观丹尼特在工具主义基点上运用意向战略对常识心理学的论证及其一系列理论的建构与阐释可知，其无不在深度和广度上拓展了当代西方心灵哲学有关意向性问题的研究论域，显示了其独特的理论特征。然而，恰恰是他具有独创性的见解在引起学界广泛关注的同时招致了许多争议和批评。除了面临意向实在论与取消主义的双方的质疑和挑战之外，当今理论界对丹尼特意向战略的责难还主要集中在以下几个方面：首先，意向战略"如果仅仅从'我'的便利、实用和预测的成功来说明'他者'的心理意向性，这就会使心理意向性成了与'他者'无关的东西，因而未免要陷入'唯我论'的泥沼"[②]。其次，"丹尼特认为意向立场不可还原为物理立场也与他的整个理论体系不协调"[①]。因为意向立场恰恰在实际中是要依赖于物理立场的，如果没有物理立场和设计立场作为基础，那么意向立场的作用也将无从发挥。最后，意向战略在面临下述问题时，同样遇到了难题。事实上，"我们并不是设定信念和愿望然后去说明任何其他东西，而是真切地体

---

① Dennett D. 1987. The Intentional Stance. Cambridge：The MIT Press：51.
② 刘高岑. 2005. 心理意向：实在的还是工具的——当代心智哲学关于心理意向性的两种代表性理论. 哲学动态，（11）：30-35.

验着有意识的信念和愿望……有意识的愿望是真切的被体验的；它们并不比有意识的疼痛更具有设定性"[1]。不言而喻，上述多方批评都相当尖锐，意向工具主义的核心理论仍面临较大困境与争议，但总体上看，它对当代意向性理论乃至整个心灵哲学的发展无疑起到了强有力的推动作用。基于此，人们可以在实践中将它较好地运用到心理学的解释当中。这在实质上是对意向分析方法（意向解释）在科学解释中地位的一种肯定，是一种工具主义的辩护策略。而这也恰恰是这一理论在科学与哲学研究中占有一席之地的原因。

第四节　意向解释与亚人层次心理学解释的衔接

如前所述，作为一种常识心理学概括的意向解释，其自主性及其科学地位在不同学者的努力之下得到了较好的阐释与进一步的论证。当然，随之而来的问题也会产生，即在当前的心理学解释当中，以神经科学、神经心理学、计算神经科学等自然科学框架为基础的解释方式愈来愈受到学界的关注、认可与讨论，那么意向解释这种传统的、个人层次上的常识心理学解释是否能够与上述种种亚人层次上的解释有效地相容并衔接，这就涉及当代心理学哲学的一个重要论题，即心理学解释的层次与衔接问题。衔接问题是指个人层次的常识心理学解释（意向解释）如何与科学心理学、认知科学、认知神经科学等亚人层次的解释衔接起来。接下来的讨论将分析自主的心灵（the autonomous mind）、功能的心灵（the functional mind）、表征的心灵（the representational mind）及神经计算的心灵（the neurocomputational mind）四种图像（picture）对衔接问题给出的不同回应，以语境论的视角对之进行了重新解读，并在此基础上提出了第五种语境论的心灵图像。

---

[1] Searle J. 1992. The Rediscovery of the Mind. Cambridge: The MIT Press: 267.

一、心理学解释的层次与衔接问题

心理学解释（psychological explanation）及其相关问题的探讨是当代心理学哲学一个重要的论域，也是心理学方法论的核心理论问题。对心理现象的本质、特征及其作用机制的追问，历来是哲学家与科学家孜孜以求的共同事业。而在从不同视角、基点、逻辑理路对心灵及其与大脑的关系进行探析的过程当中，也就形成了各自不同的研究范式、概念框架和解释原则。我们既可以从较高的、个人的解释层次出发，以传统、经典的常识心理学为起点，推展心理学解释的方法论特征，也可选择较低的、亚人的分析层次，如在科学心理学、认知科学、神经科学等学科内，构建解释的理论基础和方法平台。前者往往受到哲学家的青睐，而后者则是科学家们热衷的研究路径。就目前的研究状况而言，心理学解释其实是在一个非常宽的、没有统一目标与规范的局面下进行的，因而各解释层次自说自话、彼此割裂，无法形成对话与通融。尤其在常识心理学与其他亚人的解释层次之间，此情形更甚。这无疑在很大程度上限制了人们对心灵本质的认识。而当代有关心灵科学研究的主流观念，更多的还是对不同研究方式达至相融的一种基本诉求。尽管其理论构架和技术手段相对于物性科学的研究还很不成熟，但"众多哲学家、心理学家、认知科学家都认为我们需要在不同的结构层次上有不同的原则，从而可提供互补的解释，而不是导致其互相之间的竞争"[1]。可见，学界始终期冀能够建立一个统一的、多层解释结构。正是在此意义上，如何使各种心理学解释策略有机地整合起来，并形成关于心灵研究较为统一的理论框架？更进一步讲，常识心理学是否可以与在解释层次上更低的认知科学、神经科学或其他的科学解释活动衔接起来，即衔接问题也自然成为当前心理学哲学研究一个重要的基础性、焦点性问题。

---

[1] Bermúdez J L. 2005. Philosophy of Psychology: A Contemporary Introduction. New York: Routledge: 28.

（一）心理学解释的层次：个人层次与亚人层次

对心理学解释的分层现象较早进行研究的当属当代心灵哲学家丹尼特，他区分了心理学解释实践中两种基本的类型，即个人层次的解释和亚人层次的解释[①]。在他看来，作为整体的个人特征意义上的活动、状态与作为部分的亚人特征意义上的活动、状态在本质上是不同的。由常识心理学在个人层次上给出的心理学解释和由心理学家、神经科学家等给出的亚人层次上的心理学解释在根本上存在非连续性。显然，这一区分在实质上是强调了常识心理学与科学心理学之间的不同。我们日常的心理和社会生活都是在个人层次上发生的，而很多科学研究则试图在各种亚人层次上解释日常心理和社会生活的事件、过程，力求说明其解释如何与个人层次概念相关联。

丹尼特对心理学解释个人层次与亚人层次的区分已被当代心理学哲学、心灵哲学的研究所广泛采纳。概括地讲，个人层次的常识心理学是关于心灵较原始的看法，它是一种"前科学的、常识的概念框架，这一概念框架被所有正常地社会化了的人所运用，从而理解、预测、解释和操纵人或高等动物的行为……它反映了我们对人的认知、情感和目的性性质的最基本的理解"[②]。其本质是通过对命题态度（即信念、欲望等意向心理状态）的归与，给出合适的理由来完成对行为的解释和预测。显然，常识心理学的解释方式是稳定、明确、统一的。比较而言，"亚人层面的解释有许多不同的层次——几乎囊括了我们在认知科学、科学心理学、认知神经科学、神经生物学等领域所有的看法"[③]。因此，区分个人层次与亚人层次的解释，不是要把低于常识心理学解释的所有不同层次的解释都归结为单一的亚人层次解释，而只是阐明了其共同的最基本立场与特征。也就是说，在亚人

---

① Dennett D. 2006. Personal and sub-personal levels of explanation//Bermúdez J L. Philosophy of Psychology: Contemporary Readings. New York: Routledge: 17-21.
② Churchland P S, Sejnowski T J. 2006. Neural representation and neural computation//Bermúdez J L. Philosophy of Psychology: Contemporary Readings. New York: Routledge: 151-181.
③ Bermúdez J L. 2005. Philosophy of Psychology: A Contemporary Introduction. New York: Routledge: 28-29.

层次上，我们同样可以从不同的层次研究心灵：可以采取自上而下的策略，即从关于思维或认知本质的一般理论出发，向下发掘其相应的机制如何在大脑的层次被实体化（instantiated）；也可以自下而上，从单个神经元或神经元群体的层次出发，或者以更低的神经元分子层次为解释起点，向上探寻其如何产生神经冲动及相应行为。

　　心理学解释在个人层次与亚人层次的分野，已成为当前心理学研究的一个典型特征。随着认知科学、神经科学等学科研究不断深入，可以说亚人层次上的心理学解释已经形成一股鲜明的力量。无论是把心灵活动刻画为它所发挥的功能，还是把心灵理解为能够发挥这些功能的内在机制，抑或试图确认其内在机制存在的物理结构，目前亚人层次的心理学解释大多集中于对认知的功能、结构与机制的探讨。例如，当代心理学家莫尔（D. Marr）在对视觉系统进行分析时，提出了三个层次：第一个层次也是最高的，即计算层次，这是关于由具体的任务类型所设定的一般性限制，其主要假设前提是，认知活动最终可以用信息处理过程加以理解；第二个层次即算法层次，其主要任务是刻画信息系统的输入和输出的表征方式，由此就可以用算法公式把输入转换为输出；第三个层次则是实施层次，就是确认可以实现表征状态的物理结构，并在神经层面上找到可以恰当地描述计算算法的机制。[①] 不难看到，莫尔的这种层次分析采用的是亚人层次内一种典型的自上而下的方法。他的这种分析通常被用作解释心理活动是如何进行的典型范例。

　　然而，这里的问题是，上述仅在亚人层次内进行认知过程与结构的分析，是否能够为我们提供适合的作为整体的心灵观念的认知活动。情况显然不容乐观。这是因为，认知活动具有鲜明的个人层次上的特征：首先，认知活动具有意识特征，而一切意识状态都发生在个人层次上；其次，认知活动具有透明性，一种认知状态，对于认知者的命题态度而言，在理性上是可以感觉到的；最后，所有认知过程的综合性推理都必然地与认知者

[①] Marr D. 1982. Vision: A Computational Investigation into the Human Representation and Processing of Visual Information. New York: W. H. Freeman and Company: 5-7.

的命题态度的变化相互整合。毋庸置疑，后两点也完全是在个人层次上展开的，或者说是基于个人层次的状态的。可见，对认知活动的解释与个人层次的说明是不应分离的。

原则上，心理学解释策略可以有三种选择：一是从个人层次来看；二是从亚人层次来看；三是把两者结合起来看。显然，仅仅抱守常识心理学阵地，而无视科学在心理现象研究中的作用，已经是和者甚寡。但是通过以上分析，也不难有如下结论：仅仅局限于亚人层次的心理学解释的确是不完备的，如果想得到作为整体的心灵观念的解释，还必须考虑亚人层次之上的个人层次的特征。也就是说，常识心理学是无法被忽略的。这样看来，第三种策略似乎就成为最佳的选择。于是，问题在根本上又回到了心理学解释核心的理论基础问题，即个人层次的常识心理学解释框架与解释层次更低的亚人解释性框架如何相结合。这就是波缪兹（J. L. Bermúdez）提出的衔接问题。

（二）衔接问题及其种种回应

波缪兹在其著作《心理学哲学：当代导论》（*Philosophy of Psychology: A Contemporary Introduction*）中指出，衔接问题是心理学哲学的一个关键性问题，并且对之给出了清晰的描述："衔接问题：常识心理学解释如何与科学心理学、认知科学、认知神经科学及解释层级中的其他层次所提供的有关认知和心理活动的解释衔接起来。"[①]可以说，衔接问题与心灵哲学中传统的心身问题不无关系，但又有着重要的不同。心身问题是关于心理性质、心理事件如何与物理性质、物理事件相关的形而上学问题，而衔接问题是有关心理性质、心理事件不同解释之间如何相关的方法论问题。如果说传统的心身问题追求的是个体心理状态的物理基础的话，那么衔接问题在一定意义上所探寻的则是心理学解释实践的物理基础。此外，这里的衔接问题是与对心灵的不同理解密切相关的：对心灵给出不同的描述就会对

---

① Bermúdez J L. 2005. Philosophy of Psychology: A Contemporary Introduction. New York: Routledge: 35.

衔接问题给出不同的回答。也就是说，对心灵及心脑关系有不同的研究理路，体现在衔接问题上便有不同的解决思路。针对此问题，波缪兹有效地区分了在心理学哲学中四种不同的研究进路，进而概括了与其相应的四种心灵图像，即自主的心灵、功能的心灵、表征的心灵和神经计算的心灵。[①]

自主心灵论坚持要依据一种独立的解释（即常识心理学解释）来理解心灵，并且强调这种解释不能被用于非心理世界，因而与非心理领域无法对接。尽管其支持者的出发点不尽相同，但都一致认同"阐明他人的思想和行为同弄清认知和行为的神经与心理学基础在根本上是不同的解释类型"[②]。按照其主张，依靠亚人层次去说明个人层次的思想和行为，在根本上就是一个范畴错误。换言之，思考一个人做什么的问题（个人层次上表述的问题）是不可能通过对亚人层次的活动与机制的考察来得到答案的。显然，自主心灵论者不仅仅是对常识心理学的解释力量的认可与承诺，即信念、欲望和其他命题态度都是"行动的源泉"，在更为根本的意义上，他们所维护的是，个人层次的解释有绝对的优先权和自主性。例如，戴维森就坚持常识心理学解释在个人层次上不可能被取消，因为心理状态之间、心理状态与行为之间的联系需要在理性的基础上来言说，一旦我们脱离了常识心理学解释的世界，也就没有任何东西能够与上述理性特征及连续一贯的行为解释框架相对应。[③]由此，在自主心灵论者眼中，关于脑和认知的科学的研究即使可以产生与个人层次上心理现象有因果相关性的、有价值的洞见，但也仅此而已。从个人的层次到亚人层次不可能提供更多的解释，其过程也只是变换了主题。正是在此意义上，在自主心灵图像中，是不存在真正的解释层次的，因而也根本不存在所谓的衔接问题。

功能心灵的理论在本质上是一种自然主义的研究策略，坚持个人层次的心理学可以被重新定义为一种特殊因果架构类型，并且可以被定位在亚人层次的功能主义的心理学理论框架之内。在其理论框架内，个人层次与

---
① Bermúdez J L. 2005. Philosophy of Psychology: A Contemporary Introduction. New York: Routledge: 36-38.
② Bermúdez J L. 2006. Philosophy of Psychology: Contemporary Readings. New York: Routledge: 5.
③ Davidson D. 2001. Psychology as Philosophy//Davidson D. Essays on Actions and Events. Oxford: Clarendon Press: 244-299.

亚人层次的解释之间没有本质的区别，而在因果维度下，前者只是后者的一个特殊"版本"。"理解心灵的关键是理解存在于不同心理状态之间、心理状态与行为之间因果关系的复杂网络。常识心理学自身就是这个复杂网络的模型或模型的一部分。在心理学解释中，我们所运用的常识心理学概括，无论是明确的还是模糊的，都是在这个网络中的因果概括。"[1]可见，根据功能的图像，衔接问题就成为在低层次上的解释如何能够在因果上相关于常识心理学的个人层次状态的问题。其关键就是要阐明：就个人层次上的功能作用而言，其在亚人层次上相应的实现者，即在亚人层次上恰当的因果概括必须能够实现，例如，D. 刘易斯便在还原主义的语境下，将常识心理学看作是一种关于感知刺激、心理状态、自动反应之间的因果关系的理论。在这里，因果作用可在个人的层次上通过感觉分析过程被揭示，而观察心理学、神经科学可以使我们明确关于实现或执行这些因果作用的亚人状态。[2]这样，不同层次的解释由实现关系而相互连接，衔接问题也就由高层次向低层次的还原得到了说明。

表征心灵的研究进路同样是基于一种自然主义的定位，其基本思想是要因果地按照内部思维语言及其神经相关性，解释个人层次的心理现象。当然，同样是承认因果作用，但表征的心灵与功能的心灵在解释方向和目的上却是不同的，如果说前者是将因果作用看作基本的事实假设，并在其基础上描述心灵的内容，那么后者则是从更基础的问题追问开始，即心理状态如何凭借其内容而获得其因果效力。在此意义上，心理学解释的实践也就成为通过探寻表征世界的方式来确定那些能够产生行为的心理状态，例如，福德就坚持：计算是类似语言一样的表征媒介，心理学解释是一种计算解释，而计算模式并不是可以内化的公共语言，而是一种专门的思维语言或心理语言。[3]这样一来，由亚人层次的思维语言中的句子为媒介"传

---

[1] Bermúdez J L. 2006. Philosophy of Psychology: Contemporary Readings. New York: Routledge: 7.
[2] Lewis D. 2006. Reduction of mind//Bermúdez L J. Philosophy of Psychology: Contemporary Readings. New York: Routledge: 51-62.
[3] Fodor J A. 2006. The language of thought: first approximations//Bermúdez J L. Philosophy of Psychology: Contemporary Readings. New York: Routledge: 101-121.

播"了个人层次上的心理状态,就成为表征心灵论者对衔接问题的一个重要解决方式。

神经计算的心灵理论同样将大脑看作是计算状态的认知机器,也承认其认知过程在本质上是计算的。但与表征心灵理论不同的是,它采用一种在神经计算状态下的神经科学还原策略,也即在神经计算条件下坚持彻底的取消主义立场。其理论核心是要在认知神经科学范畴内描述大脑模型和模式化的世界之间的关系的本质,即在神经元的层次建立心灵的模型。例如,P. S. 丘奇兰德(P. S. Churchland)与塞努斯基(T. J. Sejnowski)致力于神经网络模型的研究,并在其基础上指出:我们关于心灵的思想必须与我们关于认知神经基础的思想共同进化。[1]神经计算的心灵图像不仅特别强调大脑的研究对于阐释心理现象的重要性,其支持者还宣称,常识理论和常识心理学概念体系本质上是一种虚假的理论,完全可以通过更底层的认知神经科学、神经生物学等理论来消除还原。不言而喻,常识心理学在这里没有任何地位和价值可言,因而也不存在真正的衔接问题,因为个人层次的心灵只不过是一种错觉和幻想。

综观以上四种心灵图像,每一种都是关于心灵、心灵与大脑及其所处环境之间关系的一种独特思考。而每一种都包含、强调了心灵的不同方面,并提出了应对衔接问题的不同方式。自主的心灵隐含了这样的观念,即将心理学解释只定义在个人层次,强调了个人层面上心理学解释的唯一性和不可还原性。而神经计算的心灵,可以说从一个极端走向了另一个极端,它把心灵比喻为大脑,彻底否弃了常识心理学在心理学解释中的意义。虽然各执一端,但就衔接问题而言,两者其实都以各自的方式削弱或消解了这个问题。比较而言,处在两极中间的功能的心灵和表征的心灵图像则倾向于从"正面"处理衔接问题。两种心灵都承认常识心理学提供了描述认知能力的一种独特的层次,常识心理学完全可以"向下"通过不同层次的学科将待解释的事物置于亚人层次来完成解释,即确定因果作用的实现者

---

[1] Churchland S P, Sejnowski J T. 2006. Neural representation and neural computation//Bermúdez J L. Philosophy of Psychology: Contemporary Readings. New York: Routledge: 151-178.

或思维语言中执行语句的物理结构。表征理论把心灵比喻为计算机，视计算为连接不同层次解释的线索。功能的图像则试图用作用和实现者的关系去表明，最低层次上的解释如何能够在因果上相关于常识心理学的个人层次状态。显然，尽管都属于亚人的层次，但与神经计算心灵图像相比，这两种图像对待常识心理学的态度要温和许多，因而在当代心灵哲学和心理学哲学的解释中，功能主义的和表征主义的解释往往也是最容易被接受的。

二、命题态度在亚人层次心理学解释中的实现

命题态度是常识心理学中的核心概念，在常识心理学解释中具有关键性的意义。在对心理学解释的层次与衔接问题进行上述分析的基础上，我们接着要探讨的是，基于不同心灵视角对命题态度的观点及争论，对命题态度在亚人层次心理学解释实现的可能性进行说明，并以思维语言为切入点，基于表征心灵的进路，尝试通过亚人层次结构化的（structured）媒介来实现个人层次的命题态度，以期为心理学解释的衔接问题提供一种可选择的分析视域和进路。

伴随科学心理学、认知科学、神经科学等学科理论基础和方法平台的发展，心理学解释已经从传统单一的常识心理学领域扩展为一个囊括不同视角、关注点和逻辑的复杂领域。科学心理学、认知科学、神经科学等学科基于不同的研究理路，遵从于当代科学发展的理论和原则，利用各自的研究技术或手段对心灵、大脑及其彼此关系给出了不同面相的分析与解释，并取得了丰硕的成果，这既是对传统意义上常识心理学解释的补充，也是对整个当代心理学解释体系的丰富。然而，就目前状况而言，心理学解释尚无法形成一个具有统一解释框架及规范的心理学方法论主题，心理学解释各方法各成一派，少有交集。理想地讲，"众多哲学家、心理学家、认知科学家都认为我们需要在不同的结构层次上有不同的原则，从而可提供互补的解释，而不是导致其相互之间的竞争"[①]。但事实上，个人层次心理学

[①] Bermúdez J L. 2005. Philosophy of Psychology: A Contemporary Introduction. New York: Routledge: 28.

解释与亚人层次心理学解释之间并不具有这种持续性，而是存在一个如何衔接的问题。这也是心理学解释当前必须面对的难题。

如前所述，相比于传统心身问题针对个人心理层面形而上学的探讨，衔接问题所要询问的是：心灵通过什么方式与物理世界相关。换言之，"心身问题是关于心理性质、心理事件如何与物理性质、物理事件相关的形而上学问题，而衔接问题是有关心理性质、心理事件不同解释之间如何相关的方法论问题"①。因而衔接问题可被描述为："常识心理学解释如何与亚人层次的科学心理学、认知科学、认知神经科学及解释层级中其他层次所提供的有关认知和心理活动的解释衔接起来。"②常识心理学解释主要用于日常生活当中具体情境的心理状态解释，涵括信念、欲求及恐惧等以个人形式存在的命题态度，属于较高的、个人的解释层次。相比而言，科学心理学、认知科学、神经科学等方法论解释则来自具体科学的研究成果，关注人类心灵、认知、思想及改变世界所凭借的种种具体能力，属于较低的、亚人的解释层次。作为常识心理学的一个核心概念，"命题态度"是一种关涉心灵活动的意向心理状态。例如，相信、想望、害怕等，所表达的是行为主体与命题之间的某种特定关系，在常识心理学解释（意向解释）中具有关键意义。在此意义上，命题态度能否在心理学亚人层次解释中得以实现，也就成为衔接问题能否解决的一个先决条件。

（一）命题态度：个人层次心理学解释的核心

概言之，所谓命题态度是指那些具有意向性特征的心理状态，如相信、希望、害怕等这样的意向心理状态。就其结构来讲，命题态度具有语义的标准句法形式，在日常生活的信念交流中，经常是以一些类似且重复的习惯用语来表达，比如"乔治相信地球上存在动物"。丹尼特的描述可以说对"个人-态度-内容"式的命题态度做了较好的说明："在命题态度的陈述中存在三个自由度：个人、态度类型、命题内容。x 相信 p，或 y 相信 p；x

---

① 王姝彦. 2011. 心理学解释的层次与衔接问题. 哲学研究，(8)：77-83.
② Bermúdez J L. 2005. Philosophy of Psychology: A Contemporary Introduction. New York: Routledge: 36.

相信 p 或害怕 p 或希望 p；x 相信 p 或 q 等诸如此类。"[1]依据其阐述：一个命题可以被许多不同的人所相信；一个命题可以被一个人以不同的态度所持有；一个人可以相信许多不同的命题；如此等等。

总体而言，命题态度可以被个体理解，基于此特性，它在常识心理学的认知活动中发挥着重要作用。在常识心理学解释的意义上，认知活动发生于个人层次，具有一定的意向性特征。其立论在于，普通个体之间可以直接感知彼此的认知状态，是一种事实的活动。其中，语言活动代表了认知者的立场，表明其对命题持何种倾向。命题态度的唯物论者在对意向的态度上往往持某种非实在论的立场，认为命题态度这样的心理状态是一种可以被还原的存在，他们并不承认感受性等不可还原的现象学概念，并指出世界是由物质微粒和作用于微粒的力场构成的，包括心灵的特性。依照对心灵还原程度的不同，唯物论大致可分为行为主义、心脑同一性理论、黑箱功能主义及取消主义等理论主张。

就行为主义而言，无论是方法论的行为主义还是逻辑行为主义，都否认命题态度的实在性，认为其只是行为趋向。前者试图将命题态度从心理学中剔除，建议解释机体行为时只考虑环境刺激；后者则坚持心灵现象的术语和概念可以翻译为行为术语，甚或可以由实际的行为语句直接取代。然而，只考虑客观行为经验而忽视个体主观感受的行为主义，注定与我们日常生活经验相违背。同时，在用行为描述某种心理状态时，还要循环牵涉到其他心理状态，并且总是以其他命题态度的存在为前提，从而会陷入无限循环的解释之中。

当代神经科学的成就促成了心脑同一论的出现，依据其主张，心理事件对应大脑中枢神经系统的物理事件，所有心理活动都是大脑活动。这在本质上是将前者私有属性等同于后者公共属性。然而，心脑同一论依然要面对属性二元论，使其在理论上受到了众多诘难。

功能主义的心灵观点并不关心具体心理状态的内容，在其看来，只需所发挥的内部功能相同，无论任何系统都可以拥有命题态度。依据其主张，

---

[1] Dennett D. 1987. The Intentional Stance. Cambridge: The MIT Press: 101.

我们通过因果逻辑来确定心理状态,故可以消除"信念"与"欲求"之类的心理状态。由于这种仅强调中立因果关系的功能主义将心灵视作具有不同因果作用的神秘存在,所以此类功能主义也被称为"黑箱功能主义"。然而,此观点忽视了观察者的特定感受,这与心智现象并不相符,缺乏对主观性的考量。

激进的神经计算主义者通常秉持"取消主义"的观点,认为常识心理学完全是虚假的,坚称只有亚人层次的心理学解释才是存在的,并否认任何信念、欲求、意图等意向心理状态的存在,进而提出应该从本体论中"取消"命题态度。在其主旨下,命题态度会随着神经科学的发展而逐渐消除,其在心理学解释中的作用将被达尔文模块、样板匹配和模式识别机制等所替代,这也意味着衔接问题只是暂时性的问题,亦会随着神经科学的发展而逐渐消解。

上述看待常识心理学解释的观点可谓在当代心理学哲学中居于主流地位,然而,毋庸置疑的是,在日常交际中,常识心理学一直是人们社交活动、交流思考的主要方式。它来自日常生活的使用中,是一种"前科学的且常识性的概念范畴,所有正常社会化了的人都在使用此概念范畴,进而用以理解、预测、解释以及操控人或者其他高等动物的行为"[1]。由此,常识心理学所反映的恰恰是我们对人的认知、情感及其目的性行为的最基本理解。日常生活中我们常用诸如"信念""期望""质疑""意图"等可表达意向性的态度词汇来交流或解释我们自身与其他人的生活行为。的确,"命题态度"的使用已十分普及,渗透于社会、政治、经济及文化等各个方面,且主要通过描述性的解释来发挥作用,从而理解其他人的行为和语言,进而形成带有"意向性"的社会交际行为。

显然,常识心理学解释在心理学解释中的"合法"地位正是缘于命题态度。也正是基于信念、欲求等个体命题态度在科学心理学等领域的应用,常识心理学解释才作为独立的个人心理学解释层次而存在。命题态度在对

---

[1] Churchland P M. 2006. Folk psychology and the explanation of human behavior//Bermúdez J L. Philosophy of Psychology: Contemporary Readings. New York: Routledge: 313-326.

科学心理学心理现象的描述中发挥了特定的科学解释作用，因而可以说，正是命题内容在思维逻辑中因果关系的实现，转化为物理形式的逻辑，既满足了科学解释层面的语义要求，也成就了心理状态在亚人层次解释的因果效力。这就意味着，命题态度在行为解释和行为预测过程中发挥了一定作用或扮演了一个角色。基于此，自然又产生一个新的疑问，即命题态度在亚人心理学解释层次是否存在相应的实现角色呢？

（二）命题态度在亚人层次心理学解释中实现的必要性争论

随着认知科学、神经科学、科学心理学等学科研究成果的不断丰富与累积，亚人层次的心理学解释在心理学研究中的地位已经毋庸置疑。与常识心理学解释有所不同，亚人层次的心理学解释着重于探讨认知的结构、功能与机制。事实上，无论是从功能视角对心理活动的刻画，还是深入探讨功能背后所蕴含的机制，抑或进一步研究心理活动的组成形式，这些在常识心理学解释框架内都是无法完成的工作。那么，以命题态度为核心的常识心理学解释，是否能够在这些亚人心理学解释层次实现，就成为相关哲学家和科学家都要面对的问题。基于维护或反对常识心理学的心理学解释地位不同的理论旨趣，一些学者对命题态度有在亚人层次心理学解释中实现的必要性提出了质疑。

如果从自主心灵理论出发，其支持者承认命题态度的存在，但对命题态度是否有必要在亚人心理学解释层次被实现深表怀疑。他们坚持认为在常识心理学层次探讨命题态度就已足够，因为在其看来，认知科学与神经科学发展所取得的成就只是为个人层次的心理学现象提供了亚人层次的表现形式。在本体论意义上，个人层次心理现象的本质还是要通过命题态度给出合理的解释。他们强调个人层次常识心理学解释的唯一性和不可还原性，进而认为常识心理学解释作为一种意向性解释，并不适用于以组成形式建构的亚人层次的心理学解释，在两者之间存在一种本源的不可通约性。换言之，按照自主心灵论者的观点，心灵活动是一个自主且独立的解释类型，因而将个人"感知-行为"的活动诉诸亚人层次的逻辑或机制无疑是错误的。例如，戴维森就强调，个人层次的心理学解释是建立在理性基础之上的，而在亚人层次的解释都是没有目的的组成形式和规则，因而也就没有与这种理性特征相对应的解释框架。在此意义上，基于命题态度的常识心理学解释在个人层次上也就不能被取消。[1]很显然，自主心灵论强调的是个人层次上的心理学的唯一性和不可还原性，并认为这种不可还原性来自所谓的支配了个人层次上的心理学的理性规则。由此，自主心灵论者认为基于命题态度的个人层次解释拥有绝对的优先权和自主权，并在此基础上来构建对意向性行为解释的框架。然而，我们也不难看出，自主心灵观点对命题态度的认识在根本上仅仅是一种形而上学意义上的分析，这种观点无疑受到了其他一些科学哲学论断的质疑与挑战。

如果从当前认知神经科学的发展来看，依据其观点，个体的认知能力必然要涉及神经层次的操作。具体而言，个体的心灵认知并不是一个静态现象，其认知能力会随着生命体的成长逐步进化与改变，从原始的状态演变出更进一步的认知技能。反之，当个体步入生命的末期，其认知能力也会随之出现逐级的退化。这就是说，个体认知技能对周围环境变化的反应时间及其回馈速度在很大程度上有赖于神经层次的各种活动。当代脑科学的研究成果及其相应技术手段的进步，也为我们深入掌握大脑如何运作的细节知识提供了有力的工具，特别是神经成像技术，比如功能性核磁共振成像技术（functional magnetic resonance imaging，fMRI）和正电子发射型断层扫描技术（positron emission tomography，PET）的运用，已经允许神经科学家在认知功能类型和特定大脑区域之间建立广泛的模型。[2]神经科学在心灵、大脑、认知方面取得的瞩目成就也促生了对命题态度的取消主义情结。如前所述，神经计算心灵理论便是在神经计算的基础上倡导一种彻底意义上的取消主义。基于人工神经网络模型的研究，神经计算者将人工神经网络看作是认知能力不同类型的计算机模型，其被设计的主旨在于反映大脑如何被设想为程序信息等特征。在其看来，神经网络并不能容纳常

---

[1] Davidson D. 1967. Truth and meaning. Syntheses, 17（1）: 304-323.
[2] Buckner R L, Petersen E S. 1998. Neuroimaging//Bechtel W, Graham G. A Companion to Cognitive Science. Malden Mass: Blackwell: 413-424.

识心理学解释的特征，强调以命题态度为基点的个人层次解释与在层级底端的神经科学解释之间存在非连续性。他们所提倡的是一种协同进化模型，即"我们对心灵的理解应当与对认知神经基础的理解协同进化"[①]。然而，认知神经科学的当代发展尽管成就斐然，但其依旧没有对"认知过程如何得以实现"给出较完整的说明，而这恰恰是心理学解释衔接问题所关注的核心。

通过以上分析可以看出，对心灵自主性的解释和神经计算的解释都试图以其不同的方式削弱或消解衔接问题。然而，依据科学和哲学领域研究的共识，无论是独守常识心理学而无视科学心理学、认知科学和神经科学价值的自主心灵论者，还是仅仅局限于亚人层次心理学解释的神经计算理论者，都不能顾全心灵的系统性，毕竟心灵是以单独个体——人的整体形式而存在的。因此，更优的选择是两者的结合，通过命题态度结构化的可行性分析，论证命题态度内容在亚人层次实现的可能性，这对心理学解释中衔接问题的回答具有十分重要的意义。同时，这种结合也是论证命题态度能够在心理学解释中具有合理性的最佳保证，之所以有如此看法，是因为再没有比我们现实的科学实践更好的视角来决定命题态度归属的合法性问题了。[②]因此，问题的重点就成为：如何能够在亚人层次找到命题态度恰当的实现者，用于说明个人层次与亚人层次心理学解释衔接的可能性。

（三）命题态度在亚人层次心理学解释中的实现

对于命题态度如何在亚人层次心理学解释中得以实现这一问题，尽管不同心灵观点对命题态度的分析有不同的理路，但这些分析都存在一个前提和共识，即命题态度的内容具有存在的合理性。在常识心理学解释的视域中，命题态度是个体思维语言的表征，其内容的组成成分对应于思想中的心理表征，具有特定的概念属性可供个体思考。比如，命题内容"地球上存在外星人"，当我们以语言接受这个内容时，思想层面自然会思考"地

[①] Churchland P S, Sejnowski J T. 2006. Neural representation and neural computation//Bermúdez J L. Philosophy of Psychology: Contemporary Readings. New York: Routledge: 151-178.

[②] Kornblith H. 2002. Knowledge and its Place in Nature. Oxford: Oxford University Press: 401.

球"和"外星人"这些心理表征所指对象的有关属性。我们还可以用语言陈述"地球上存在动物"这样的信念。常识心理学范畴中的这种心理表征对应于科学心理学、认知科学和神经科学的范畴，可以是拥有组成形式的存在，故在心理学解释领域，我们将命题态度在亚人层次的对应对象称为亚人层次心理学解释的媒介。例如，就命题"地球上存在动物"而言，我们既可以用英文书写，也可以用中文等其他语言书写，就像通过复杂的声波方式表达某个命题一样，复杂的声波是服务于命题的媒介，命题内容所书写的文字也是命题得以实现的媒介。因此可以说，作为常识心理学层次的命题与亚人层次媒介之间是"角色-实现者"的关系。

关于命题态度内容与亚人层次心理学解释的因果关系，这里有两种思考其构成的方式，分别是"功能心灵"的观点和"表征心灵"的观点。这两种观点都支持常识心理学解释中的因果关系源自命题态度的逻辑关系。

功能心灵观点将心理状态理解为一种因果关系角色，主张个人层次和亚人层次之间的因果关系是一种基于行为的因果经历。D. 刘易斯便在还原论的语境下，将个人层次心理学解释假设为一种感知分析、心理状态及自动反应之间的因果关系理论。[1]在此框架中，功能心灵论试图构建一种真实的垂直解释关系网，将常识心理学视为此复杂网络中的一个模型。心理状态在这里被定义为决定了心理状态内容的一个因果角色占据者，并且通过感觉分析来明确个人层次因果角色对应于亚人层次的实现者，从而确定神经科学或科学心理学中执行这些因果作用的媒介。[2]此外，功能心灵观点认为，心理事件与相近刺激、行为事件之间存在一种因果关系，并且不同心理事件之间也存在因果关系。这些因果关系可以由句法属性加以说明。也就是说，行为是由心理状态所决定的，心理状态则进一步由句法的形式所决定。但是，就命题态度而言，个体的心理状态是意向性的、可认知理解的，是具备语义的，而不是仅有句法属性。依照功能心灵的观点，常识心

---

[1] Lewis D. 1994. Reduction of mind//Guttenplan S. A Companion to the Philosophy of Mind, Oxford: Blackwell: 412-431.
[2] Bermúdez J L. 2005. Philosophy of Psychology: A Contemporary Introduction. New York: Routledge: 84.

理学命题态度所代表的意向实在性是不被认同的,命题态度仅是句法关系上的因果作用结果,在语义上不可被认知评估。这一点与我们的客观经验有冲突,因为人类的命题态度是一套完整的体系,符合一定的自然语言规则,个体彼此都理解这套系统,并不类似于字典核对转译的"黑箱"过程,而是一个感知理性过程。总之,功能心灵论将心理状态的因果角色当作一个假设,并且以其因果角色为基础对心理学状态做出陈述,这本身便会陷入一种"自我困境"(itself puzzling)。

与功能心灵观点不同,表征心灵观点却提出命题态度的语义属性是亚人层次符号处理的过程,亚人层次心理表征的组成形式是类语言的存在,具有句法和语义的特征。其基本观点可以概括为:如果命题态度凭借其内容而具有因果效力,那么命题态度就一定具有媒介,而该媒介的结构能够映射至命题态度内容的结构。为避免功能心灵进路的困境,表征心灵观点在继承了功能心灵观点因果关系的基础上,提出了思维语言假说,认为由自身具有内部组成形式的媒介可以实现命题态度的内容。也就是说,在一个信念的内容和媒介之间存在组成同构。命题态度这一因果角色是由特定的物理结构所实现的,通常具有两个维度,即因果维度和表征维度。

表征心灵论者主张命题态度是以一种内部思维语言组成的句子,思维语言的句子成分同心理状态的内容保持逻辑上的一致性。从命题态度内容的组成成分入手,追问心理状态如何凭借内容的成分从而获得因果效力。正如福德所言,"最显著的特性就是命题态度与内部思维语言的句子/公式相关,这些句子/公式代表思想的方式允许思想的内容有推理和决策"[1]。更具体地讲,由福德所发展的表征心灵观点提出了三个基本要求:其一,对命题态度因果维度的理解必须基于物理结构间的因果效力;其二,这些物理状态具有句子结构,并且其句子结构支配着它们的组成成分和组合方式;其三,物理状态之间的因果转换遵从其所表征的思想之间的理性关系——作为这些物理状态内在属性的一个函数。[2]亚人层次所对应的媒介决

---

① Fodor J A. 1975. The Language of Thought. New York: Crowell: 55.
② Bermúdez J L. 2005. Philosophy of Psychology: A Contemporary Introduction. New York: Routledge: 85.

定了命题态度解释的因果维度，而且可以凭借其组成形式的某些特性来尝试构建个人层次与亚人层次心理学解释之间的联系。

基于表征心灵观点的思维语言假说，其解释机制便是功能性地将信念等复杂命题态度分解为简单的媒介或命题态度，继而经由简单机制来阐明，这在常识心理学的认知体系中具有重要的意义。常识心理学层次的命题态度是以因果角色对应于亚人层次心理学解释中的媒介，而关于命题态度在亚人层次如何实现，我们首先要明确的是，诸如信念、期望等命题态度是思考者所具有的能力。波缪兹指出："依据普遍共识，命题态度解释仅能应用于能够认知某些形式化思想的认知系统中。命题态度的解释假设认为生命体容易感受到其现有信念的逻辑结果，当然这并不意味着生命体应该相信所有一切结果，而是能够简单地超越现有的一些符合逻辑影响的信念。同时，生命体必须能够看到其所拥有命题态度之间的联系，使其信念和期望变得和谐。"[1]

当个体接受某一命题时，先接受的是命题内容组成成分的描述，并思考组成成分的属性，然后得出自己的思考判断。具体而言，整个过程需要具备以下三个条件：一是由于思维系统具有生产性和系统性，命题态度在思维层面的媒介结构也必须符合这两个特性；二是常识心理学层次命题态度是以因果角色对应于亚人层次心理学解释中的媒介；三是命题态度媒介的结构必须能在个体思考和推理中被利用，也就是说，命题态度的媒介是思维语言中一个句子。"媒介本身需由分离和重新整合的物理元素组成，这些元素独立地映射到这些命题内容的不同元素上。"[2]因此，作为角色的命题态度内容由作为媒介的思维语言来实现，构成思维语言的物理结构，可以和内容句子的逻辑形式一一对应，最终构成一个表征系统。在此意义上，只要可以实现命题态度媒介的结构要求，就可以尝试构建连接个人层次与亚人层次心理解释的因果关系。

---

[1] Bermúdez J L. 2005. Philosophy of Psychology: A Contemporary Introduction. New York: Routledge: 252.
[2] Bermúdez J L. 2005. Philosophy of Psychology: A Contemporary Introduction. New York: Routledge: 254.

通过以上分析可知，表征心灵进路将常识心理学解释中命题内容自然语言化，其内容媒介是一个复杂的物理结构，由分离的且重组的物理组件构成，并且为意向心理状态和物理对象的相对应提供了因果维度，进而为搭建不同层次心理学解释的共同框架提供了一定的可能性，也尝试为个人层次心理学解释的理性寻找到了某种程度的还原路径。从这个角度讲，命题态度也可以为意向实在论的自然化问题提供一定的思路和借鉴。通过命题态度在思维语言上对媒介结构的探讨，我们已了解到只要能在亚人层次心理学解释上实现命题态度的构建，就可能在个人层次常识心理学解释和亚人层次心理学解释之间形成一定的连接。

当然，我们也应该看到，思维语言假说不能涵括所有的思维活动，而且从广泛的意义上讲，常识心理学当中有一些社会理解的和社会协调的技能并不涉及命题态度心理学机制，如针锋相对（tit-for-tat）的启发式、社会脚本和惯例及发现和应对他人情绪状态的机制等。同时，亚人层次的心理学研究也存在一些独立的、完整的认知过程，这些过程绕过了命题态度，如达尔文模块、专有的神经回路及亚人机制模块。这些都有待于心理学哲学的进一步探究。不言而喻，科学心理学、认知科学和神经科学的不断深化在更深远的意义上推展了当代心理学哲学的视域，也为心理学解释层次与衔接问题提供了更多可供选择的视角和路径。

三、心灵的第五种图像：一种语境论的视角

从以上各种心灵图像的分析中不难发现，它们在广义上都采取了一种相似的研究策略，即将整个心灵理解为某种特定的思想类型，从而寻求某种相应的模型。毋庸置疑，这些都为我们认识心灵及其认知过程在不同程度上提供了有益的、积极的探索。这里的问题是，当我们采取某种模型解释某种心理现象时，其结果通常只是着重突出了心灵的某方面特性，而无法达至对作为整体的心灵的认识。由此看来，试图找到一种单一的、完整的对整个心灵的描述，并非一种最佳策略，而探究能够结合不同层次、各种方法所提供的洞见的可能性和方法平台，才是更优的选择。

然而，在探寻如何使心理学解释能够结合个人层次与亚人层次两个层次问题的实践中，任何单一图像都显得有些力不从心。自主心灵图像其实没有在个人与亚人层次之间形成真正的对话自不必说，就其他三种心灵图像而言，也是成问题的。不难看到，这三种选择事实上都建立在心灵研究的自然主义基础之上，其本质并不仅仅是要延伸个人层次的解释，而是要在科学的框架内重新描述（还原或者取代）常识心理学。我们知道，常识心理学的解释模式在本质上是一种意向解释，而意向解释的自主性[①]决定了我们不能通过还原或者取消的途径来完成个人层次与亚人层次解释的结合。这是因为一经还原，所谓的支配了个人层面上的心理学的理性规则等自主性要素必然随之丧失。因此，从最终意义上讲，上述三种亚人层次的心灵图像都不能在真正的意义上与常识心理学的解释相协调。不言而喻，常识心理学历来在我们理解自我和他人行为中具有不可或缺的作用，衔接问题产生本身就恰恰表明了常识心理学的重要性。因此在我们看来，一方面，个人层次的心理学解释是必不可少的；另一方面，在当代各领域科学突飞猛进的背景之下，它又必须是面向科学研究而开放的。正因为如此，转换思路，在一个全新的基底上寻求一个新的方法论平台、阐释其方法论蕴含就显得尤为重要。在这个新平台上，我们可以从不同层次观察、理解、解释心理现象，并且既不把它们看成彼此独立的，又不只看作对其某一方向的单一选择。

对上述问题的阐明，不仅是当代心理学哲学的理论要旨所在，也是所面临的基本难题之一。当我们将此问题置于当代科学哲学整体发展之背景中进行考察时，会很自然地发现，作为一种新的科学哲学研究纲领的语境论的提出，其基本思想及影响已经逐渐渗透于科学哲学各分支领域（包括心理学哲学）的发展，并为求解其基本难题提供了新的、启迪性的思路，也为衔接问题的探讨提供了新的基点与契机。具体而言，语境论之于衔接问题探讨的意义主要体现在以下几个方面。

[①] 王姝彦. 2006. 意向解释的自主性. 哲学研究, (2): 92-98.

首先，语境作为"一种横断的科学哲学方法论研究的平台"[①]满足了心理学解释将个人层次与亚人层次结合的内在诉求，为衔接问题的重解提供了旗帜鲜明的方法论。纵观心理学的发展，其历史不长，但学派林立繁杂、各自为政。各理论流派之间的纷争始终未断，这直接导致了心理学研究方法的非中心化，也导致了心理学解释分层的多元化。诚然，解释的多元化本无可厚非，但如果没有明确的方法论基底和平台能将多元化的解释统一于其上的话，其结果只能是一盘散沙。目前，心理学解释的局面恰恰如此，这对于心理学研究来说是致命的。因此，心理学哲学及心理学研究必须寻求一个旗帜鲜明的方法论平台，并且利用这个平台去解决问题。在这样的背景下，语境论的心理学方法论平台就成为一个较优的选择。因为"语境平台是在一个给定方法论边界和认识论趋向的前提下，所有科学哲学研究的价值论趋向都可以单独或共同进行讨论、交流和渗透，并且相互促进、推动科学哲学发展的一个平台"[①]，在此平台上，无论是个人层次的常识心理学解释，抑或是功能主义、表征主义、神经计算等亚人层次的解释，都可以被纳入框架之内，从而为它们在语境基底重新进行对话与融合提供了必要的方法论前提。

其次，在语境论平台上，心理学解释可将各因素考虑其中，有助于合理化吸收各层次解释的优势，从而尽可能逼近对心灵的整体认识。例如，从第二章的分析中我们已经看到，自主的心灵图像充分考虑到了认知主体反思、慎思的理性特征，而这在亚人层次解释中是很难把握的。再如，表征主义强调逻辑推理的重要性，重视演绎转换和概率演算，而这恰恰是神经计算理论所缺乏的。反之，神经计算方法的资源也很难通过规则支配的逻辑推理形式来掌握。总之，前文中所述的各种心灵图像各有千秋、利弊共存。而一个好的心理学解释最好是能集各种优势于一体的。以语境论为指导思想的心理学解释观可以说为这种优势的结合提供了可能，因为"语境渗透了所有科学哲学研究方法论的视角。例如，各种各样的逻辑分析、不同层面的语言分析，包括语形分析、语义分析、语用分析，而且包括形

---

① 郭贵春. 2011. 语境论的魅力及其历史意义. 科学技术哲学研究, (1): 1-4.

形色色的背景分析，诸如历史的、文化的、社会的和科学进步的等等，都包含在语境之中"①。在语境的视域中，无论是逻辑的要素，还是因果的要素，抑或是主体的要素及各种与其相关的内（大脑）外（物理、社会环境）背景，都能合理、合法地置于心理学解释之中，从而为全面、系统地把握心理现象的特征提供了方法论支撑。

最后，也是更为重要的，具体到解释实践中，我们可在语境的基点上，通过横向语境与纵向语境的划分，构筑一个立体的、个人与亚人层次相结合的解释模式。如果说以上两点是语境论心理学解释策略的方法论前提的话，那么接下来的就是更为关键的环节，即具体到解释过程中，常识心理学如何可能与亚人层次的多层解释共同作用于被解释的事物。我们认为，一个较可行的做法是，将语境划分为横向语境与纵向语境。在横向语境中，我们使用不同的事件或状态去解释某个具体的事件或状态。而所谓纵向语境则给出了说明横向语境中解释效力的基础问题，也就是给出其一般性的根据。这样一来，就形成了包含了命题态度的"核心"的解释过程，与不能用命题态度定义但对命题态度系统提供了输入了重要信息的"外围"的解释过程，这样两个层次的立体的解释架构。显然，在这样一个立体的解释结构当中，个人层次的常识心理学解释处在核心位置，各种亚人层次在其外围，并为核心层解释的成功提供必要的前提条件与保证。

具体而言，纵向语境不仅可为横向语境中常识心理学的解释提供神经生理等亚人层次的合理依据，在更深远的意义上，还可为常识心理学解释的稳定性与规范性提供远端的、进化层次的终极保证。例如，我们要对主体的某一行为做出解释时，通常的做法是，在意向立场上通过主体的意向心理状态来进行合理性推测，而这种解释的效力及合理性的预设在根本上是要依赖主体在亚人层次上的神经状态及认知结构的，并且其神经状态与认知结构所具有的稳定的专有功能也是在进化的终极语境中得到确保的。由此，语境论基础上的心理学解释，在一定程度上化解了亚人层次各要素与个人层次上命题态度的相互对立，即使其可以作为一个重要的方法

---

① 郭贵春. 2011. 语境论的魅力及其历史意义. 科学技术哲学研究，（1）：1-4.

论原则，又以其相对的确定性约束规避了心理分析的无限制流变。这样一来，一方面，纵向的、外围的亚人层次对远端及近端内外环境提供一种"中立的"表征；另一方面，核心的解释过程仍是由个人层次的命题态度加以定义，最终达到了各层次解释在共时与历时中的统一。

综上所述，运用语境论的思想探讨心理学解释的衔接问题，可以说已经在当代心理学的发展中显示出独特的魅力及方法论意义，也体现了语境论之于心理学哲学研究的必要性、可能性及其重要的理论价值。因此，基于语境论的视角对衔接问题进行重新解读，进而探寻、揭示其未来发展趋向，实现心理学解释的语境论重建，其意义可谓不言而喻。也正是在此意义上，与其将心灵冠以"自主的""功能的""表征的""神经计算的"等理论标签，毋宁将心灵概括为有别于前四种的第五种图像，即"语境论的"心灵图像。

在这里，我们认为给出以下几点说明是非常必要的。

首先，语境论的心灵图像在本质上与其他四种心灵图像之间的关系不是并列的，而是较之更为基础的，在一定程度上是包含关系。如果说前四种心灵图像给出的是处理衔接问题的一种具体方式，那么语境论提供的就是采用上述任何方式理解心灵时所需要的基本的前提性思想。如果说衔接问题在语境论的视域中也是被弱化了，但这种弱化与自主心灵论及神经计算心灵理论有质的区别，后者是一种消极的退却，而前者是一种积极的融合。

其次，运用语境的思想探讨心理学解释的分层与衔接问题，并不等于将所有有关心理学解释的方法进行简单相加，而是一种语境基底上合理的融合与建构。因为语境本身也是有边界的，其首要的功能是约束和规范。因此，在特定的横向语境与纵向语境边界内，通过结构洞察、价值洞察及背景洞察的统一，可以给出恰当的心理学解释。语境论从心灵观念中提出时，虽然出发点是要反对以往心灵研究带有倾向性的对某一种确定模型的追求，但语境论心理学解释观本身与模型并不对立。相反，我们可以在语境的范畴之内寻求构建更合理的解释模式。这也是语境论分析方法归根结底要有形式化内核追求的重要体现。当然，就此而言，本书只是做了初步的工作，即探讨了语境论之于心理学解释重构的意义和简要的框架，更多的、更为具体的工作还有待于进一步的推展。

再次，或许会有人说，语境论的心灵图像并不能给我们提供更多的关于心灵的新知。的确如此，但它至少不会减少、遗漏我们对心灵应有的理解。提出语境论心灵图像的目的，其实是要说明如何能够更好、更合理地把握心灵，其是一种方法论的策略，而不是追求某种本体论的承诺。确立对心理现象解释的语境论立场，是要更为有力地说明，在什么样的条件下、以何种形式，更利于我们获得对心灵的恰当解释。而这种对条件和形式的确定，才是语境论心理学哲学需要的恰当立场。

最后，语境本身是相对的、有条件的，但当我将语境论的思想看作解读心灵的一种基本方式时，语境也就具有了某种普遍的意义。因此，语境本身在方法论意义上并不是语境的。当然，语境论的方法在对心灵的研究中并不是唯一的，也不具有任何特权，但在当前各种问题的求解中却是较优的、较有前途的方法之一。

小　结

综前所述，随着意向性自然化认识取向的不断推展，以及意向解释在科学解释中地位的合理重建，心理意向分析方法逐渐显示出鲜明的方法论意义。通过对意向解释内涵的阐释不难看出，意向解释与物理解释之间的差异、意向法则在意向解释中的重要性、意向解释过程中呈现的"给出理由"解释特征、对意向系统合理性预设的前提要求，以及意向解释过程与语境的相关性，无不反映意向解释所具有的独特的自主性特征。福德对意向法则的实在论说明及丹尼尔·丹尼特工具主义的意向战略，虽然基于不同的理论视角与立场方法，但他们的分析从不同角度对常识心理学及意向分析方法做了较有说服力的论证与辩护。强调意向解释的自主性，必然要面对进一步的问题,即心理学解释的衔接问题。作为一种常识心理学概括,意向解释在心理学解释中处于个人层次,而以认知科学、神经科学为依托的科学心理学解释则属于心理学解释的亚人层次,意向解释是否能够与亚人层次的心理学解释衔接,以及如何与亚人层次的心理学解释衔接起来,就成为自然化情境下的一个重要议题。自主心灵理论、功能心灵理论、表征心灵理论及神经计算心灵理论纷纷对衔接问题做了回应。在对这些回应进行批判性分析的基础上,可以进一步认为,立基于语境论思想对衔接问题探讨具有重要的理论意义与价值。

结束语
心灵的自然化愿景

综上所述，本书站在生物学这一独特的视角，以生物学的自主性为依据，从生物进化论意义上的目的论层面，对意向性这一生物体心理现象所具有的重要特征进行了深入、细致的分析与研究。本书分别从意向心理现象本体论地位、意向内容、意向方法等几个方面，揭示并阐明了意向性在自然界中的地位及作用。可以说，这是在当代自然主义心灵哲学的视域中，对意向性及其自然化所做的较为新颖而前沿的解读。不言而喻，本书的思想与内容在体现当代心灵哲学在意向性问题上的自然化认识取向的同时，与当前主流的物理主义倾向有着一定的区别。

本书的几部分内容构成了当代心灵哲学在自然主义命题下意向性理论的核心论域，尤其是意向性的自然化问题更是基本问题，其他有关意向性的认识也都是围绕这一基本问题并在其基础上展开的。而众多学者沿着不同理路在对意向性问题进行求解、推展的过程中，也都不同程度地促进了意向性理论结构的进一步拓展和完善。尤其是计算机科学、人工智能、神经科学、认知科学等这样的现代自然科学的加盟及其有关方法的介入，更在根本上影响着当代的意向性研究的整体趋向。不言而喻，意向性问题与许多哲学难题密切相关。因此，意向性问题研究在当代心灵哲学中的日益深化也势必在本体论、认识论、方法论层面影响或变革传统的哲学观点。一言以蔽之，意向性论题已不再是一种狭隘的心灵学问，而是一个有着相对稳定的硬核、模糊的边界、开放的性格和远大的前途的广博的研究领域。

在本书的结束语部分，有必要就意向性的自然化问题做进一步的推展。如前所述，当代心灵哲学对意向性及其自然化问题的阐发是基于心灵哲学当前的自然主义思潮展开的，意向性的自然化问题毋庸置疑是心灵自然化这一论题的应然组成部分。换言之，对意向性自然化问题的探讨，最终要落脚于心灵的整个自然化构想之中。对于心灵自然化的整体进程而言，综观理论界，毫无疑问，其已经取得了可观的成绩。例如，在意向性问题上，前文中提到的种种自然化方案（如目的论方案、概念作用理论、因果理论等）都为对意向性做出自然主义的解释进行了大量丰富而有益的尝试，尽管这些方案之间纷争不断，很难形成一致性的见解，但它们在意向性可以被自然化这一问题上的共识已经引起了学界的广泛关注与讨论,从而也在意向性问题上,为心灵的自然化整体构想提供了必要的理论支撑。又如,在对心灵的本质进行言说和探析的过程当中,种种自然主义的本体论主张也形成了较为完整、系统的理论架构,无论是基于物理主义的心身同一论、功能主义,还是基于生物学意义上的自然主义,都从不同立场、角度,对心灵在自然科学的框架之内做出了别具特色的自然主义解读,从而也在本体论层面为心灵的自然化目标做出了基础性的工作。

然而,上述这些进展的背后是更大的挑战。心灵的自然化愿景尽管在意向性问题、本体论问题等方面取得了重要的突破,但在意识问题上,却始终难有新论。意识特征是心灵的最基本特征之一,阐明意识现象对于阐明心灵的本质是不可或缺的,但在与意识相关的感受质问题上,自然主义的发展可谓困难重重。

具体而言,感受质问题是当代西方心灵哲学中的一个核心问题,直接关涉如何理解人类心灵活动的本质。如果按照传统的或主流的物理主义方案,感受质似乎可以还原为人类生理活动中的某种特殊机制,但这样的解释并没有很好地说明心理活动与生理活动之间的本质区别。"无论用什么方式解释感受质,似乎都无法摆脱追问感受质为何多于物理描述的诉求。"[1]而物理主义与反物理主义的争端也似乎陷入这样一个自我设定的圈套:非此即彼的思路导致我们对这个问题的解决始终骑虎难下。

纵观历史,虽然"感受质"一词早已出现在 19 世纪哲学家对柏拉图和亚里士多德著作的翻译当中,但现代意义上对感受质概念的分析却始于皮尔士(C. S. Peirce),而把这个概念真正引入心灵哲学讨论的是 C. I. 刘易斯(C. I. Lewis)。迄今为止,对感受质概念的认识大致可以被归结为两种主要类型:一种是将感受质理解为我们感觉经验中的对象或构成要素。例如,皮尔士就认为,"感受质是指一个基础的概念",这个基础就是对事物的抽象[2];詹姆斯(W. James)则主张,感受质应当是一种感觉要素,是一种伴

---

[1] 江怡. 2009-9-7. 意识、感受质与反物理主义. 光明日报, 第 11 版.
[2] Peirce C S. 1932. Collected Papers of Charles Sanders Peirce. Vol. 1//Hartshorne C, Weiss P, Feuer L S. Principles of Philosophy. Cambridge: Harvard University Press: 3.

随一切经验的感觉性质中的感觉要素。另一种则是把感受质看作是我们对对象的一种特殊的纯粹的主观感受。例如，C. I. 刘易斯在描述感受质的特征时就把它看作是主观的，因此"在一般的论述中没有名字，通常以'看起来像什么'来间接表达"[①]；费格尔（H. Feigl）接受了 C. I. 刘易斯的看法，认为感受质应当是一种无法在主体间得到确证的主观状态。[②]

由于学界对感受质的各种理解观点杂陈、莫衷一是，甚至是异论对峙、截然相反，更有学者干脆宣称根本不存在什么感受质，认为这个概念是被完全生造出来的。例如，费格尔虽然承认感受质的精神特征，但却否认它具有本体论地位，认为它不过是"与认知无关的想象物"[②]。20 世纪 70 年代，布洛克（H. G. Blocker）和福德针对功能状态同一论重新引入感受质的倒置和缺失假说，由此开始了他们与舒梅克（S. Shoemaker）围绕感受质的持久论战。[③]

应当说，感受质问题的提出，是为了回答意识在何种意义上独立于我们的物理属性问题，进一步说，是为了解决意识现象是否独立于身体存在的问题。事实上，从皮尔士和 C. I. 刘易斯涉及感受质问题开始直至其他哲学家，就已经试图要说明，在我们的意识活动中存在着一些无法用任何物理的或外在行为的特征加以说明的成分，而且正是这些成分决定了意识自身的独特性质。而感受质恰恰又是这些成分当中最为明显和典型的，因为它清楚地表明了完全无法还原为通常解释的物理特性的经验者的主观感受。因此，解读感受质问题对于理解整个心灵而言就显得尤为必要。

在大多数当代西方心灵哲学家看来，对感受质问题的解决似乎只能采取两种方式：用物理语言力求客观地描述感受质的性质，这就是通常的物理主义立场；把感受质全部或部分地还原为人类的某种神经机制或功能，并强调只能用生物学或生理学的方式谈论感受质，这就是通常的随附论的立场。然而，这两种方式显然采用的都是科学主义的方式：或者把感受质

[①] Lewis C I. 1929. Mind and the World Order-Outline of a Theory of Knowledge. New York: Dover Publications Inc: 124.

[②] Feigl H. 1967. The Mental and the Physical: The Essay and a Postscript. Minnesota: University of Minnesota Press: 4.

[③] Tye M. 2006. Absent qualia and the mind-body problem. Philosophical Review, 115（2）: 141.

看作是物理世界的一个组成部分，或者是可以用物理语言加以解释的精神现象。但是，其直接后果则有可能使其所有的解释都陷入一个自我编造的网络当中：由于常识告诉我们，感受质总是多少有些不同于可以用物理的方式获得的对感觉的描述，所以我们总是希望能够用符合物理语言的方式去解释感受质的这种特殊性质，但这种解释本身却又往往与我们的常识相悖。因而，无论是物理主义的解释还是随附论的解释，都无法真正摆脱这一困境。

无数的经验事实表明，当我们要理解某人具有的感受质，或者说，当我们感受到无法用神经机制或功能加以解释的感受质，我们所能做的只是询问："它对我们究竟意味着什么？"由此，感受质的问题最终可以还原为（当然不是物理主义意义上的还原）什么问题，才能对之做出自然主义的说明，这在心灵自然化的整体进程中显得尤为棘手。围绕感受质问题的一切讨论，其最终目的是促使我们增加对不同于身体状态的心灵状态的知识。而正是在这个意义上，在心灵自然化语境的要求和理解之下，感受质问题着实可以作为一个重要的哲学难题加以讨论。仅就目前的研究状况而言，心灵的自然化愿景在感受质问题上，似乎暗淡无光。当然，这并不意味着心灵的自然化目标就是无望的。或许这一问题在将来可以消解，亦或许未来心理学、神经科学、认知科学、哲学的进一步发展，能够为这一目标提供启迪性的视域、理路和方法。

与心灵的自然化诉求相应，在当代有关心灵的具体研究中，呈现出鲜明的自然主义特征。"20世纪后期以来，特别是在自然主义运动的推动下，越来越多的人主张，仅靠扶手椅式纯粹思辨的哲学怕是无法达致人类智慧之境，哲学家必须严肃对待与其哲学主题相关的科学发现，因此科学哲学也被看作近日哲学的'核心部分'。"[①]此主张尽管略显强势，但如果我们细细考察当代哲学发展就不难发现，当代西方哲学研究所具有的一个重要特征便是，其与当代科学发展紧密地结合在一起，甚至哲学领域所讨论的很

---

① 路卫华. 2016. 科技时代谱就的哲学华章——评《爱思维尔科学哲学手册》. 科学技术哲学研究，(6): 106-107.

多议题似乎只有经由科学上的验证才能获得更加广泛的认可。因此，当代哲学家们通常都倾向于借助科学的结论去讨论形而上学、认识论、伦理学等哲学问题，以求其哲学立论更为精准、更具说服力。

心灵理论的当代发展更是集中体现了上述特征，就其研究现状而言，可谓主题林立、观点纷呈，在对具体问题的分析上不同的观点之间亦存在较大的分歧。但从总体上讲，大多数研究都明确采用了自然主义的策略，可以说充分展示了当代心灵哲学家们是如何将科学心理学、认知神经科学及认知科学等科学领域最新的研究成果，用于对传统的身心问题、意识问题、知觉问题等进行科学与哲学相融视域上的论述。其中所取得的丰富成果，无不与当前心理学与认知科学广泛领域的科学研究紧密相关。

在具体研究方式的采择上，当代有关心灵的研究对其传统问题阐释及其当代论题的解读，都具有鲜明的科学化倾向。撒加德（P. Thagard）曾特别强调："科学心理学哲学必须与在哲学中早已盛行的'哲学心理学'与扶手椅上的心灵哲学区别开来。这些学科认为可以通过内省、日常语言、思想实验来认识心灵，而这些方法可以生成关于心灵本质的概念真理。"[1]由此可以看出，其重点不是发展心灵的概念真理，而是通过紧密关注科学心理学和认知科学相关领域的发展来解决哲学的问题。简而言之，哲学心理学在一定意义上可以说是形而上学的一部分，因而有时又被称为形而上学心理学（mataphysical psychology），因而其研究主要采用形而上学的方法。然而，在一定程度上，传统意义上的心灵哲学，其主导性问题也是形而上学或认识论上的，因而很少需要涉及更多的经验细节。在此意义上，当代的心灵研究可以说与哲学心理学或心灵哲学之间存在着较大的方法论差异，而这种差异涉及多学科领域，前者主要试图在各学科的实践中通过行为和神经实验手段产生数据，进而用来评估与基本的心理结构和心理过程相关的种种理论，而"内省法、日常语言和思想实验可能有益于提出关于这些结构和过程的假说，但是对评估假说却是无用的"[1]。例如，如果从传统的心灵哲学视角出发，问题往往在于：我们如何在本体论意义上对心灵

---

[1] Thagard. P. 2007. Philosophy of Psychology and Cognitive Science. Amsterdam: Elsvier: x.

及其状态进行界定、分类；心灵如何可能对世界具有因果作用；心灵如何与世界相契合及认识论维度上的他心问题，同时还有我们如何获知我们自己心灵这一独特特征的解释问题，等等。[①]与之不同，当代基于众多自然科学分支领域的心灵研究更多的是直接关注认知活动和行为解释。例如："思想史如何发生？它拥有几种类型的表征？我们如何理解这些表征之间的转换？而在根本上，这些转变如何遵从理性的标准？认知需要特定的认知结构吗？我们能从高阶意识思想的性质和结构推断出成为它基础的心理机制的本质与结构吗？"[②]由此，当代心灵研究的科学化倾向是显而易见的。

与上述特征相应，当代心灵研究体现在哲学与科学之间的关系问题上，呈现出明确的自然主义策略。至少从某种意义而言，心灵研究领域中的每项研究工作都与其相应科学及自然主义密切相关。根据这种自然主义的哲学观点，哲学家们试图以哲学和科学紧密相连的方式来理解人类心灵的活动及其认知机制。也就是说，他们强调的是，哲学研究所具有的普遍性和规范性必须与科学研究所具有的描述性关联起来。这种关联最充分地表现在与心灵的哲学研究相关的认识论问题及形而上学问题中。例如，具体到该领域，我们可以这样描述具有自然主义特征的认识论方法，即"在人类心灵和社会中定位的方式探究人类知识的结构与增长，其部分研究可采用心理学和其他认知科学的经验方法。虽然科学不直接解决最一般的认识论问题……但心理学确实提供了许多理论的和实验的证据，这些证据涉及我们所知道事物的心理结构及获取知识的心理过程，包括从知觉到高层次的推理"[③]。基于这样的自然主义策略，就科学活动的解释而言，无论是认识论意义上的解释，还是形而上学意义上的解释，对心灵及其活动的解释，都相应地呈现出一种机械论的主流趋向。当然，需要指出的是，"自然主义并不宣称哲学可以还原为科学，因为关于知识、实在与伦理本质的哲学问

---

① Bermúdez J L. 2005. Philosophy of Psychology: A Contemporary Introduction. New York: Routledge: 14.
② Bermúdez J L. 2005. Philosophy of Psychology: A Contemporary Introduction. New York: Routledge: ix.
③ Thagard. P. 2007. Philosophy of Psychology and Cognitive Science. Amsterdam: Elsvier: x-xi.

题要比经验科学通常研究的问题更普遍、更规范"①。在这个意义上，在重视从科学的观点讨论哲学问题的同时，自然主义也强调哲学对于科学的不可还原性，心灵的哲学研究依赖于心理学和认知科学等自然科学的探索，但前者并不能简单地还原为后者。

无论如何，尽管我们无法确定关于心灵的探究距离"心灵自然化"这一宏伟愿景到底还有多远，但相信在科学思维和哲学理性的共同进步之下，这一目标并非难以企及。毋庸置疑的是，这仍在不断地推展与深化之中。

---

① Thagard. P. 2007. Philosophy of Psychology and Cognitive Science. Amsterdam: Elsvier: x.

参 考 文 献

阿姆斯特朗. 1987. 有关精神-大脑关系的研究. 晓地, 译. 哲学译丛, (6): 39-47.
白洁, 王姝彦. 2013. 认知视阈下情绪生成机制的探讨. 山西大学学报（哲学社会科学版）, (3): 21-25.
贝希特尔. 1999. 联结主义与心灵哲学概论. 高新民, 译. 哲学译丛, (1): 61-69.
伯特兰·罗素. 1996. 逻辑与知识. 苑莉均, 译. 北京: 商务印书馆.
布伦塔诺. 2000. 心理现象与物理现象的区别//倪梁康. 面对事实本身——现象学经典文选. 陈维刚, 林国文, 译. 北京: 东方出版社: 37-63.
蔡曙山. 2001. 哲学家如何理解人工智能——塞尔的"中文房间争论"及其意义. 自然辩证法研究, (11): 18-22.
蔡曙山. 2002. 心智科学的若干重要领域探析——它所遭遇的疑难和悖论. 自然辩证法通讯, (6): 75-80, 96.
蔡维民. 2000. 心灵哲学导论. 台北: 扬智文化事业公司.
陈江进, 郭琰. 2003. 心身问题解决的新尝试: 机器功能主义. 自然辩证法通讯, (4): 28-33, 110.
达米特. 1989. 意义的社会本质. 牟博, 译. 哲学译丛, (4): 72-77.
丹尼尔·丹尼特. 1997. 万种心灵. 陈瑞清, 译. 台北: 天下文化出版公司.
丹尼尔·丹尼特. 1998. 心灵种种——对意识的探索. 罗军, 译. 上海: 上海科学技术出版社.
丹西. 1990. 当代认识论导论. 周文彰, 何包钢, 译. 北京: 中国人民大学出版社.
德雷福斯. 1989. 胡塞尔、意向性与认知科学. 程炼, 译. 哲学译丛, (4): 17-31.
费定舟. 2004. 心灵与机器的界线. 自然辩证法研究, (9): 22-25, 54.

福德. 1989. 把方法论的唯我论当作认知心理学的研究策略. 徐锐, 译. 哲学译丛, (4): 1-17.

高新民. 1989. 人自身的宇宙之谜——西方心身学说发展概论. 武汉: 华中师范大学出版社.

高新民. 1994. 现代西方心灵哲学. 武汉: 武汉出版社.

高新民, 储昭华. 2002. 心灵哲学. 北京: 商务印书馆.

高新民, 刘占峰. 2003. 意向性·意义·内容——当代西方心灵哲学围绕心理内容的争论及其思考. 哲学研究, (2): 86-91.

桂起权, 傅静, 任晓明. 2003. 生物科学的哲学. 成都: 四川教育出版社.

郭贵春. 1991. 当代科学实在论. 北京: 科学出版社.

郭贵春. 1992. 科学知识动力学. 武汉: 华中师范大学出版社.

郭贵春. 1994. 当代西方科学实在论的走向. 自然辩证法通讯, (2): 76-79.

郭贵春. 1995. 福德的意向实在论. 哲学研究, (8): 27-33.

郭贵春. 1995. 后现代科学实在论. 北京: 知识出版社.

郭贵春. 1996. 后现代主义与科学实在论. 科学技术与辩证法, (1): 31-37.

郭贵春. 1996. 普特南由"强"到"弱"的转变及其本质特征: 西方科学实在论发展中的一种倾向. 自然辩证法研究, (5): 29-35.

郭贵春. 1997. 后现代科学实在论及其在中国的影响. 哲学动态, (2): 37-38.

郭贵春. 1997. 奎因的自然主义与科学实在论. 自然辩证法通讯, (4): 1-9.

郭贵春. 1997. 论语境. 哲学研究, (4): 46-52.

郭贵春. 1998. 后现代科学哲学. 长沙: 湖南教育出版社.

郭贵春. 1998. 科学哲学的后现代趋向. 自然辩证法通讯, (6): 1-9.

郭贵春. 1999. 语用分析方法的意义. 哲学研究, (5): 70-77.

郭贵春. 2000. 语境分析的方法论意义. 山西大学学报, (3): 1-6.

郭贵春. 2000. 走向21世纪的科学哲学. 太原: 山西科学技术出版社.

郭贵春. 2001. 科学实在论教程. 北京: 高等教育出版社.

郭贵春. 2002. 语境与后现代科学哲学的发展. 北京: 科学出版社.

郭贵春. 2004. 科学实在论的方法论辩护. 北京: 科学出版社.

郭贵春. 2011. 语境论的魅力及其历史意义. 科学技术哲学研究, (1): 1-4.

郭贵春, 成素梅. 2002. 当代科学实在论的困境与出路. 中国社会科学, (2): 87-97, 107.

郭贵春, 李红. 1997. 自然主义的再语境化——R. 罗蒂哲学的实质. 自然辩证法研究, (12): 1-6.

郭贵春, 殷杰. 1999. 论心理意向的后现代重建. 自然辩证法研究, (1): 5-10, 26.

哈贝马斯. 1999. 认知与兴趣. 郭官义, 李黎, 译. 上海: 学林出版社.
哈德卡索, 王姝彦. 2010. 逻辑经验主义与心理学哲学. 世界哲学, (1): 66-80.
海德格尔. 1996. 海德格尔选集. 上海: 上海三联书店.
赫伯特·施皮格伯格. 1995. 现象学运动. 王炳文, 张金言, 译. 北京: 商务印书馆.
洪汉鼎. 2001. 理解与解释: 诠释学经典文选. 北京: 东方出版社.
胡塞尔. 1986. 现象学的观念. 倪梁康, 译. 上海: 上海译文出版社.
胡塞尔. 1988. 现象学与哲学的危机. 吕祥, 译. 北京: 国际文化出版公司.
胡塞尔. 1992. 纯粹现象学通论. 舒曼. 纯粹现象学和现象学哲学的观念. 李幼蒸, 译. 北京: 商务印书馆.
胡塞尔. 1997. 逻辑研究//倪梁康. 胡塞尔选集(下). 上海: 上海三联书店: 795-798.
霍尔. 1983. 胡塞尔意向性理论的哲学意义. 段晓光, 译. 哲学译丛, (6): 46-49.
霍华德·加德纳. 1991. 心灵的新科学(续). 张锦, 周晓林, 孙丽, 等译. 沈阳: 辽宁教育出版社.
吉利. 1989. 自然化的科学哲学. 程炼, 译. 哲学译丛, (1): 35-45.
江怡. 2009. 意识、感受质与反物理主义. 光明日报, 9-7, (11).
景怀斌. 1999. 心理意义实在论. 广州: 广东人民出版社.
奎因. 1987. 心灵的状态. 韩震, 译. 哲学译丛, (6): 28-29.
赖尔. 1988. 心的概念. 刘建荣, 译. 上海: 上海译文出版社.
厉才茂. 2000. 表象、客体化行为与意向性: 早期胡塞尔对意向性基本结构的探索. 哲学研究, (3): 39-43.
郦全民. 2001. 科学哲学与人工智能. 自然辩证法通讯, (2): 17-22.
刘放桐. 1996. 后现代主义与西方哲学的现当代走向(上). 国外社会科学, (3): 3-6.
刘放桐. 1996. 后现代主义与西方哲学的现当代走向(下). 国外社会科学, (4): 7-12.
刘高岑. 2004. 语言哲学的心理意向性理论及其哲学意义. 科学技术与辩证法, (4): 38-41.
刘高岑. 2005. 当代心智哲学的演变及其意向性理论. 齐鲁学刊, (2): 116-120.
刘高岑. 2005. 心理意向: 实在的还是工具的——当代心智哲学关于心理意向性的两种代表性理论. 哲学动态, (11): 30-35.
刘高岑. 2006. 科学解释的语境: 意向模型. 科学学研究, (4): 497-502.
刘魁. 1997. 观念活动与心灵本质的自然主义诠释. 科学技术与辩证法, (3): 21-26.
刘魁. 1998. 当代心脑同一论批判. 自然辩证法研究, (5): 6-10, 37.
刘西瑞, 王汉琦. 2001. 人工智能与意向性问题. 自然辩证法研究, (12): 5-8.
刘翔平. 1991. 论西方心理学的两大方法论. 心理学报, (03): 299-305.

刘晓力. 1999. 哥德尔对心-脑-计算机问题的解. 自然辩证法研究, (11)：29-34.

刘占峰. 2002. 论社会认知中的意向性. 华中师范大学学报（人文社会科学版）, (6)：13-18.

马建勋. 2003. 心灵哲学. 北京：作家出版社.

迈尔. 1990. 生物学思想的发展. 刘珺珺, 译. 长沙：湖南教育出版社.

迈尔. 1993. 生物学哲学. 涂长晟, 等, 译. 沈阳：辽宁教育出版社.

迈尔. 2003. 很长的论点. 田铭, 译. 上海：上海科学技术出版社.

迈克道威尔. 2002. 心与世界. 田平, 译. 世界哲学, (3)：3-5.

摩根贝塞. 1987. 科学解释. 鲁旭东, 译. 哲学译丛, (6)：48-52.

纳尔逊. 1990. 心的逻辑. 石一日, 译. 哲学译丛, (5)：63-69.

倪梁康. 1994. 现象学及其效应：胡塞尔与当代德国哲学. 北京：生活·读书·新知三联书店.

倪梁康. 2000. 面对事实本身——现象学经典文选. 北京：东方出版社.

皮考克. 2002. 为非概念内容辩护. 田平, 译. 世界哲学, (3)：9-14.

普特南. 1993. 计算心理学与解释理论. 高新民, 译. 哲学译丛, (2)：24-32.

奇泽姆. 1992. 心身问题与心灵哲学. 高新民, 译. 哲学译丛, (1)：38-40.

邱惠丽. 2006. 从哲学的角度分析社会实在——评塞尔关于社会实在的思想. 自然辩证法通讯, (4)：48-52, 110-111.

邱奇兰德. 1994. 排除式唯物主义与命题态度. 朱清, 译. 哲学译丛, (6)：8-15.

邱奇兰德. 1994. 物质与意识：当代心灵哲学导读. 汪益, 译. 台北：远流出版事业公司.

荣格. 1989. 人及其象征. 史济才, 等, 译. 石家庄：河北人民出版社.

萨特. 1987. 存在与虚无. 陈宣良, 译. 北京：生活·读书·新知三联书店.

沙弗尔. 1989. 心的哲学. 陈少鸣, 译. 北京：生活·读书·新知三联书店.

施太格谬勒. 2000. 当代哲学主流（上卷）. 王炳文, 王路, 燕宏远, 等, 译. 北京：商务印书馆.

施太格谬勒. 2000. 当代哲学主流（下卷）. 王炳文, 王路, 燕宏远, 等, 译. 北京：商务印书馆.

史密斯. 2001. 心在自然中的位置. 田平, 译. 长沙：湖南科学技术出版社.

苏宏斌. 2002. 现象学的意向性理论述评——从胡塞尔到梅洛-庞蒂. 电大教学, (4)：44-48.

唐热风. 1997. 论功能主义. 自然辩证法通讯, (1)：6-12.

唐热风. 1998. 心的本质是计算吗? 自然辩证法研究, (4)：1-6.

唐热风. 2001. 第一人称权威的本质. 哲学研究, (3)：54-60.

唐热风. 2001. 心身世界. 北京：首都师范大学出版社.

田平. 2000. 析取问题与因果论的心理语义学. 自然辩证法通讯,（1）：12-20，11.

田平. 2000. 心灵哲学. 哲学译丛,（4）：71-72.

田平. 2000. 自然化的心灵. 长沙：湖南教育出版社.

田平. 2003. 物理主义框架中的心和"心的理论"——当代心灵哲学本体和理论层次研究述评. 厦门大学学报（哲学社会科学版）,（6）：22-29，36.

田平. 2005. 符号计算主义与意向实在论. 北京师范大学学报（社会科学版）,（6）：105-109.

田平. 2008. 外在论与自我知识的权威性. 华中师范大学学报（人文社会科学版）,（1）：49-54.

涂纪亮. 1987. 分析哲学及其在美国的发展. 中国社会科学出版社.

涂纪亮. 1991. 意向性理论的几个问题. 中国社会科学,（4）：19-27.

王海英, 丛杭青. 2004. 塞尔论社会实在的. 自然辩证法研究,（10）：36-39.

王姝彦. 2003. 科学与哲学的完美结合——恩斯特·迈尔的科学与哲学思想初探. 科学技术与辩证法,（4）：56-63，67.

王姝彦. 2004. 心理学的自主性问题探析. 湖北大学学报（哲学社会科学版）,（3）：285-287.

王姝彦. 2005. 当代心灵哲学视阈中的意向性问题研究. 太原：山西大学出版社.

王姝彦. 2005. 科学哲学的"心理转向"与意向解释的方法论重建. 科学技术与辩证法,（6）：6-8.

王姝彦. 2006. 意向性解释的自主性. 哲学研究,（2）：92-98.

王姝彦. 2008. 理解真实的计算——访问英国剑桥大学马克·斯普里瓦博士. 哲学动态,（4）：91-95.

王姝彦. 2010. "可表达"与"可交流"——解读"感受质"问题的一种可能路径. 哲学动态,（10）：94-99，121.

王姝彦. 2011. 心理学解释的层次与衔接问题. 哲学研究,（8）：77-83，128.

王姝彦. 2011. 自然主义命题下意向性问题的理论要旨——基于当代心灵哲学的分析. 科学技术哲学研究,（1）：52-56.

王姝彦. 2012. 分析传统中的意向性理论及其发展. 科学技术哲学研究,（2）：26-32.

王姝彦. 2012. 意向内容的外在论解读及其理论意义. 科学技术哲学研究,（6）：41-45.

王姝彦. 2015. 回望与反思：实证主义之于科学哲学的影响. 晋阳学刊,（6）：11-16.

王姝彦. 2015. 人工生命视域下的生命观再审视. 科学技术哲学研究,（4）：17-21.

王姝彦, 樊汉鹏. 2014. 意向性自然化解释的目的论进路. 科学技术哲学研究,（3）：7-11.

王姝彦，郭贵春. 2004. 试论科学心理学解释的自主性. 科学技术与辩证法，（6）：20-33，37.

王姝彦，郭贵春. 2005. 试论科学哲学的"心理转向". 自然辩证法研究，（4）：32-36.

王姝彦，郭贵春. 2007. 福德对意向法则的实在论辩护. 科学技术与辩证法，（1）：49-52.

王姝彦，李江. 2016. 情境认知：认知的情境性及其情景化探析. 科学技术哲学研究，（6）：7-11.

王姝彦，王姝慧. 2008. 丹尼尔·丹尼特的意向性战略及其理论意义. 自然辩证法研究，（4）：22-26.

王志超. 1996. 机器有没有心理？自然辩证法研究，（5）：13-16.

维特根斯坦. 1996. 哲学研究. 李步楼，译. 北京：商务印书馆.

徐弢. 2001. 试论托马斯·阿奎那的意向性学说. 学术论坛，（1）：5-8.

徐向东. 1992. 功能主义、意识与意向性. 自然辩证法通讯，（2）：19-26.

徐越如. 1992. 自然主义能解决当代认识论的问题吗？自然辩证法研究，（7）：24-29.

薛保纶. 1988. 心灵哲学. 台北：辅仁大学出版社.

余英华. 1990. 心智哲学若干最新的发展. 哲学研究，（5）：82-90.

喻佑斌. 1998. 理论还原问题——生物学还原的分析研究. 自然辩证法研究，（4）：16-20，69.

约翰·齐曼. 2003. 可靠的知识：对科学信仰中的原因的探索. 赵振江，译. 北京：商务印书馆.

约翰·塞尔. 1991. 心、脑与科学. 杨音莱，译. 上海：上海译文出版社.

约翰·塞尔. 2001. 当代美国哲学. 崔树义，译. 哲学译丛，（2）：3-10.

约翰·塞尔. 2001. 心灵、语言和社会——实在世界中的哲学. 李步楼，译. 上海：上海译文出版社.

张春兴. 1997. 现代心理学——现代人研究自身问题的科学. 上海：上海人民出版社.

张志林. 1999. 论科学解释——从《解释的逻辑研究》谈起. 哲学研究，（1）：19-27.

章士嵘，王炳文. 1996. 当代西方著名哲学家评传（第二卷：心智哲学）. 济南：山东人民出版社.

章雪富. 2003. 哲学心理主义和维特根斯坦的"意向性"理论. 浙江学刊，（1）：71-76.

赵敦华. 2001. 西方哲学简史. 北京：北京大学出版社.

赵敦华. 2003. 哲学的"进化论转向"——再论西方哲学的危机和出路. 哲学研究，（7）：58-65，97.

郑毓信. 1996. 心智哲学：一个古老而又充满新兴活力的研究课题. 科学技术与辩证法，（3）：24-26，30.

周昌忠. 1992. 西方现代语言哲学. 上海：上海人民出版社.

周昌忠. 1995. 西方科学的文化精神. 上海：上海人民出版社.

Anderson C A, Owens J. 1990. Propositional Attitudes: The Role of Content in Logic, Language, and Mind. Stanford: The Center for the Study of Language and Information Publications.

Antony L, Levine J. 1991. The Nomic and the Robust//Loewer B, Rey G. Meaning in Mind. Oxford: Blackwell: 1-16.

Armstrong D, Norman M. 1984. Consciousness and Causality: A Debate on the Nature of Mind. Oxford: Blackwell.

Armstrong D. 1980. The nature of mind//Block N. Readings in Philosophy of Psychology. Vol. 1. Cambridge: Harvard University Press: 191-199.

Armstrong D. 1990. The causal theory of mind//Lycan W G. Mind and Cognition: An anthology. Malden: Blackwell: 38-47.

Armstrong D. 1997. A World of States of Affairs. Cambridge: Cambridge University Press.

Austin J. 1970. Philosophical Papers. Oxford: Oxford University Press.

Baker L R. 1995. Explaining Attitudes: A Practical Approach to the Mind. Cambridge: Cambridge University Press.

Baldwin T. 1991. The Identity Theory of Truth. Mind, C (397): 35-52.

Beakley B, Ludlow P. 1992. The Philosophy of Mind: Classical Problem/Contemporary Issues. Cambridge: The MIT Press.

Bermúdez J L. 2005. Philosophy of psychology: A Contemporary introduction. New York: Routledge.

Bermúdez J L. 2006. Philosophy of psychology: Contemporary readings. New York: Routledge.

Block N, Flanagan O, Güzeldere G. 1997. The Nature of Consciousness: Philosophical Debates. Cambridge: The MIT Press.

Block N, Fodor J. 1980. What Psychological States are Not. Philosophical Review, 81 (2): 159-181.

Block N. 1980. Readings in Philosophy of Psychology. Cambridge: Harvard University Press.

Block N. 1980. Troubles with functionalism//Block N. Readings in Philosophy of Psychology. Cambridge: Harvard University Press: 231-253.

Block N. 1991. What narrow content is not//Barry L, Georges R. Meaning in Mind. Oxford: Blackwell: 33-64.

Bogdan J R. 1994. Grounds for Cognition: How Goal-Guilded Behavior Shapes the Mind. Hove: Psychology Press.

Bogdan J R. 1997. Interpreting Minds. Cambridge: The MIT Press.

Bogdan J R. 1991. The folklore of the mind//Bogdan R J. Mind and Common Sense. Cambridge: Cambridge University Press: 1-14.

Bolton D, Hill J. 1996. Mind, Meaning and Mental Disorder: the Nature of Causal Explanation in Psychology and Psychiatry. New York: Oxford University Press.

Botterill G, Carruthers P. 1999. The Philosophy of Psychology. Cambridge: Cambridge University Press.

Braddon-Mitchell D, Jackson F. 1996. The Philosophy of Mind and Cognition. Oxford: Blackwell.

Brand G. 1979. The Essential Wittgenstein. Innis R E, trans. Oxford: Blackwell.

Brenner W H. 1999. Wittgenstein's Philosophical Investigations. New York: State University of Press.

Brentano F, Kraus O. 1995. Psychology from an Empirical Standpoint. McAlister Linda L, Rancurello C. Antos, Terrell D B, trans. London, New York: Routledge.

Brown H L. 1988. Normative epistemology and naturalized epistemology. inquiry, 31 (1): 53-78.

Bruin J. 2001. Homo Interrogans: Qustioning and the Intentional Structure of Cognition. Ottawa: University of Ottawa Press.

Burge T. 1979. Individualism and the mental//Wettstein F. Midwest Studies in Philosophy IV. Minneapolis: University of Minnesota Press: 73-121.

Burge T. 1986. Individualism and psychology. Readings in Philosophy & Cognitive Science, 95 (1): 719-744.

Burge T. 1992. Philosophy of language and mind: 1950-1990. Philosophical Review, 101 (1): 3-51.

Burge T. 1995. Reply: Intentional properties and causation. Physics Letters, 9 (9): 187-189.

Burwood S. 1999. Philosophy of Mind. London: UCL Press.

Carrier M, Machamer P. 1997. Mindscapes: Philosophy, Science and the Mind. Pittsburgh: University of Pittsburgh Press.

Chalmers J D. 1996. The Conscious Mind. Oxford: Oxford University Press.

Chalmers J D. 2002. Philosophy of Mind: Classical and Contemporary Readings. Oxford: Oxford University Press.

Chappell C V. 1994. Philosophy of Mind. Englewood Cliffs: Prentice Hall.

Chisholm M R. 1981. The First Person: An Essay on Reference and Intentionality. Minnesota: University of Minnesota Press.

Churchland P M. 1981. Eliminative materialism and the propositional attitude. The Journal Philosophy, 78 (2): 67-90.

Churchland P M. 1988. Matter and Consciousness. Cambridge: The MIT Press.

Churchland P M. 1990. Eliminative Materialism and the Propositional Attitude//Lycan W G. Mind and Cognition. Oxford: Blackwell: 67-90.

Churchland P M. 1994. A Companion to the Philosophy of Mind. Oxford: Blackwell.

Churchland P S. 1986. Neurophilosophy. Cambridge: The MIT Press.

Clapin H. 2002. Philosophy of Mental Representation. Oxford: Oxford University Press.

Cockburn D. 2001. An Introduction to the Philosophy of Mind. New York: Palgrave.

Crane T. 2001. Elements of Mind: An Introduction to the Philosophy of Mind. Oxford: Oxford University Press.

Cummins R. 1985. The Nature of Psychological Explanation. Cambridge: The MIT Press.

Cummins R. 1991. Meaning and Mental Representation. Cambridge: The MIT Press.

Davidson D. 1980. Essay on Actions and Events. Oxford: Clarendon Press.

Davidson D. 1984. First Person Authority. Dialectica, 2-3: 101-111.

Davidson D. 1987. Knowing one's own mind. Proceedings and Addresses of the American Philosophical Association, 60 (3): 441-458.

Davidson D. 1992. Mental events//Brain B, Peter L. The Philosophy of Mind: Classical Problems/Contemporary Issues. Cambridge: The MIT Press: 137-149.

Davidson D. 2001. Action, reasons and cause//Davidson D. Essay on Actions and Events. Oxford: Clarendon Press: 3-20.

Davies M, Stone T. 1995. Folk Psychology. Oxford: Blackwell.

Davies M. 1995. Consciousness and the varieties of aboutness//Macdonald C, Macdonald G. The Philosophy of Psychology: Debates on Psychological Explanation. Oxford: Blackwell: 156-390.

Dennett D. 1980. Brainstorms: Philosophical Essay on Mind and Psychology. Cambridge: The MIT Press.

Dennett D. 1981. Three kinds of intentional psychology//Healey R. Reduction, Time and

Reality. Cambridge: Cambridge University Press: 631-649.

Dennett D. 1982. Beyond belief//Woodfield A. Thought and Object: Essays on Intentionality, 21 (7). Oxford: Oxford University Press: 193-237.

Dennett D. 1987. The Intentional Stance. Cambridge: The MIT Press.

Dennett D. 1991. Consciousness Explained. New York: Little Brown.

Dennett D. 1991. True believers//Rosenthal D M. The Nature of Mind. Oxford: Oxford University Press: 339-350.

Dretske F. 1981. Knowledge and Flow of Information. Cambridge: The MIT Press.

Dretske F. 1986. Misrepresentation//Bogdan R. Belief: Form Content and Function. Oxford: Oxford University Press: 17-36.

Dretske F, Clark A. 1988. Explaining Behavior: Reasons in a World of Causes. Cambridge: The MIT Press.

Eckardt B V. 1997. The Empirical naivete of the current philosophical conception of folk psychology//Carrier M, Machamer P K. Mindscapes: Philosophy Science and the Mind. Pittsburgh: University of Pittsburgh Press: 23-51.

Edwards S. 1994. Externalism in the Philosophy of Mind. Brookfield: Ashgate Publishers.

Elton M. 2003. D. Dennett: Reconciling Science and Our Self-Conception. Cambridge: Polity Press.

Emmett K M, Mental R, Herbert R O. 1988. Perspective on Mind. Dordrecht: Reidel Publishing Company.

Field H. 1978. Mental representation. Erkenntnis, 13: 9-61.

Flanagan J O. 1991. The Science of the Mind. Cambridge: The MIT Press.

Fodor A J. 1981. Three cheers for propositional attitudes//Block N. Readings in Philosophy of Psychology. Cambridge: Harvard University Press.

Fodor A J. 1987. Psychosemantics. Cambridge: The MIT Press.

Fodor A J. 1991. A modal argument for narrow content. Journal of Philosophy, 88(1): 5-26.

Fodor A J. 1992. A Theory of Content and other Essays. Cambridge: The MIT Press.

Fodor A J. 1992. Holism: A Shopper's Guide. Oxford: Blackwell.

Fodor A J. 1994. The Elm and the Expert. Cambridge: The MIT Press.

Fodor A J. 1998. Concepts: Where Cognitive Psychology Went Wrong. Oxford: Oxford University Press.

Fodor A J. 2000. The Mind Doesn't Work That Way: The Scope and Limits of Computational Psychology. Cambridge: The MIT Press.

Freeman W J. 2000. How Brains Make Up Their Minds. New York: Columbia University Press.

Gardner H. 1987. The Mind's New Science——A History of the Cognitive Revolution. New York: Basic Books Inc.

Geach T P. 1957. Mental Acts: Their Content and Their Objects. Abingdon: Routledge and Kegan Paul.

Gibbs R W. 2001. Intentions as emergent products of social interactions. Cell Proliferation, 24 (5): 517-523.

Gieryn T F. 1999. Cultural Boundaries of Science. Chicago: The University of Chicago Press.

Gilbert P. 2005. The World, the Flesh and the Subject: Continental Themes in Philosophy of Mind. Edinburgh: Edinburgh University Press.

Goldberg S, Pessin A. 1997. Gray Matters: An Introduction to the Philosophy of Mind. Abingdon: Routledge.

Goldman A I. 1988. Epistemology and Cognition. Cambridge: Harvard University Press.

Goldman A I. 1994. Naturalistic epistemology and reliabilism. Midwest Studies in Philosophy, 19 (1): 301-320.

Guttenplan S. 1994. A Companion to the Philosophy of Mind. Oxford: Blackwell.

Guttenplan S. 2000. Mind's Landscape. Oxford: Blackwell.

Hahn L. 1999. The Philosophy of Donald Davidson. Chicago: Open Court.

Hannan B. 1994. Subjectivity and Reduction. Boulder: Westview Press.

Heidegger M. 1982. The Basic Problems of Phenomenology. Bloomington: Indiana University Press.

Heil J. 1992. The Nature of True Minds. Cambridge: Cambridge University Press.

Heil J. 2004. Philosophy of Mind: A Contemporary Introduction. London: Routledge.

Heil J. 2004. Philosophy of Mind: A Guide and Anthology. Oxford: Oxford University Press.

Hempel C G. 1980. The logical analysis of psychology//Block N. Readings in Philosophy of Psychology. Cambridge: Harvard University Press: 1-14.

Hiley R D, Bohman J, Shusterman R. 1991. The Interpretive Turn. New York: Cornell University Press.

Horgan T. 1991. Action, reasons, and the explanatory role of content//Brian P. Mclaughlin. Dretske and His Critics. Oxford: Blackwell: 73-101.

Horgan T, Woodward J. 1985. Folk psychology is here to stay. The Philosophical Review, 94 (2): 197-226.

Husserl E. 1973. The Idea of Phenomenology. William P A, George N, trans. Boston: Martinus Nijhoff.

Hylton P. 2008. Quine's naturalism. Midwest Studies in Philosophy, 19 (1): 261-282.

Jackson F. 1996. Mental causation. Mind, 105 (419): 377-413.

Jacob P. 1997. What Minds Can Do: Intentionality in a Non-intentional World. Cambridge: Cambridge University Press.

Kim J. 1977. Perception and reference without causality. Journal of Philosophy, 74 (10): 606-620.

Kim J. 1980. The Myth of Nonreductive Materialism. Proceedings & Addresses of the American Philosophical Association, 63 (3): 31-47.

Kim J. 1996. Philosophy of Mind. Boulder: Westview Press.

King J C. 1994. Can propositions be naturalistically acceptable? Midwest Studies in Philosophy, 19 (1): 53-75.

Kornblith H. 1994. Naturalizing Epistemology. Cambridge: The MIT Press.

Kripke S. 1980. Naming and Necessity. Oxford: Blackwell.

Kripke S. 1982. Wittgenstein on Rules and Private Language. Cambridge: Harvard University Press.

Levine J. 2004. Purple Haze: The Puzzle of Consciousness. New York: Oxford University Press.

Lewis D. 1972. Psychophysical and theoretical identifications. Australasian Journal of Philosophy, 50 (3): 249-258.

Lewis D. 1980. Review of putnam//Block N. Readings in Philosophy of Psychology. Cambridge: Harvard University Press, 1-232.

Loar B. 1986. Mind and Meaning. Cambridge: Cambridge University Press.

Loewer B, Rey G. 1991. Meaning in Mind. Oxford: Blackwell.

Lycan W G. 1990. The continuity of levels of nature//Lycan W G, Prizz J J. Mind and Cognition: An Anthology. Malden: Blackwell Publisher: 77-96.

Macdonald C, Macdonald G. 1995. Philosophy of Psychology. Oxford: Blackwell.

Malle B F, Moses L J, Baldwin D A. 2001. Intentions and Intentionality: Foundations of Social Cognition. Cambridge: The MIT Press.

Margolis J. 1984. Philosophy of Psychology. Englewood Cliff: Prentice Hall.

Maslin T K. 2001. An Introduction to the Philosophy of Mind. Oxford: Blackwell.

Matthews R. 1994. The measure of mind. Mind, 103 (410): 131-146.

Mayr E. 1997. This is Biology: The Science of Living World. Cambridge: Belknap Press of Harvard University Press.

McDowell J. 1994. Mind and World. Cambridge: Harvard University Press.

McDowell J. 1991. Intentionality and interiority in wittgenstein//Puhl K. Meaning Scepticism. Berlin: Walter de Gruyter: 148-169.

McDowell J. 1998. Meaning, Knowledge and Reality. Cambridge: Harvard University Press.

McDowell J. 1998. Mind, Value and Reality. Cambridge: Harvard University Press.

Mcginn C. 1997. Minds and Bodies. Oxford: Oxford University Press.

Melden A I. 1961. Free Action. London: Routledge & Kegan Paul.

Metcalfe J F. 1991. Whewell's development psychologism: A victorian account of scientific progress. Studies in History and Philosophy of Science, 22 (1): 117-139.

Millikan R. 1984. Language, Thought, and Other Biological Categories. Cambridge: The MIT Press.

Millikan R. 1993. Explanation in biopsychology//Hei L J, Mele A R. Mental Causation. Oxford: Oxford University Press: 211-232.

Nagel T. 1974. What is it like to be a bat? Philosophical Review, 83 (4): 435-450.

Neander K. 1995. Misrepresenting & malfunctioning. Philosophical Studies, 79(2): 109-141.

Northoff G. 2003. Philosophy of the Brain: The Brain Problem. Amsterdam: John Benjamins Publishing Company.

Nuccetelli S. 2003. New Essays on Semantic Externalism and Self-Knowledge. Cambridge: The MIT Press.

Peacocke C. 1995. A Study of Concepts. Cambridge: The MIT Press.

Peacocke C. 1990. Content and norms in a natural world//Villanueva E. Information, Semantics and Epistemology. Oxford: Basil Blackwell: 57-76.

Penrose R. 2000. The Large, the Small and the Human Mind. Cambridge: Cambridge University Press.

Perner J. 1993. Understanding the Representational Mind. Cambridge: The MIT Press.

Pietroski P. 1992. Intentionality and teleological error. Pacific Philosophical Quarterly, 73 (3): 267-282.

Place T U. 1956. Is consciousness a brain process? British Journal of Psychology, 47 (1): 44-50.

Poland J. 1994. Physicalism. Oxford: Clarendon Press.

Prelli J L. 1989. A Rhetoric of Science: Inventing Scientific Discourse. Columbia: University of South Carolina Press.

Price C. 2001. Functions in Mind: A Theory of Intentional Content. Oxford: Clarendon Press.

Putnam H. 1980. The nature of mental states//Block N. Readings in Philosophy of Psychology, Vol. 1. Cambridge: Harvard University Press: 223-231.

Putnam H. 1991. Representation and Reality. Cambridge: The MIT Press.

Putnam H. 1992. Realism with a Human Face. Cambridge: Harvard University Press.

Putnam H. 2001. The Threefold Cord Mind, Body and World. New York: Columbia University Press.

Pylyshyn Z. 1986. Computation and Cognition. Cambridge: The MIT Press.

Quine V W. 1969. Epistemology naturalized. Journal for General Philosophy of Science, 13 (3-4): 201-208.

Quine V W. 1975. The nature of natural knowledge//Guttenplan S. Mind and Language. Oxford: Clarendon Press: 1975-1967.

Ray G. 1997. Contemporary Philosophy of Mind. Oxford: Blackwell.

Richard M. 1990. Propositional Attitudes: An Essay on Thoughts and How We Ascribe Them. Cambridge: Cambridge University Press.

Rosenthal M D. 1991. The Nature of Mind. Oxford: Oxford University Press.

Roth A P. 1991. Interpretation as explanation. Sci-Tech Information Development & Economy, 15 (2): 155-159.

Ryle G. 2000. The Concept of Mind. Chicago: The University of Chicago Press.

Salmon C W. 1984. Scientific Explanation and the Causal Structure of the World. Princeton: Princeton University Press.

Schroeder S. 2001. Wittgenstein and Contemporary Philosophy of Mind. New York: Palgrave.

Searle J. 1970. Speech Acts. Cambridge: Cambridge University Press.

Searle J. 1980. Minds, brains and program. Behavioral and Brain Sciences, 3 (3): 417-457.

Searle J. 1981. Intentionality and method. Journal of Philosophy, 78 (11): 720-733.

Searle J. 1983. Intentionality: An Essay in the Philosophy of Mind. Cambridge: Cambridge University Press.

Searle J. 1986. Minds, Brains and Science. Cambridge: Harvard University Press.

Searle J. 1990. Consciousness, explanatory inversion and cognitive science. Behavioral and Brain Sciences, 16（4）: 585-642.
Searle J. 1992. The Rediscovery of the Mind. Cambridge: The MIT Press.
Searle J. 1997. Mystery of Consciousness. New York: The New York Review of Books.
Searle J. 1999. Mind and Reality. New York: Basic Books.
Searle J. 2000. Mind, Language and Society. New York: Basic Books.
Searle J. 2001. Rationality in Action. Cambridge: The MIT Press.
Searle J. 2002. Consciousness and Language. New York: Cambridge University Press.
Shaffer A J. 1968. Philosophy of Mind. Upper Saddle River: Prentice-hall.
Shoemaker S. 1975. Functionalism and qualia. Philosophical Studies, 27（5）: 291-315.
Smith G P. 1996. Complexity and the Function of Mind in Nature. Cambridge: Cambridge University Press.
Smith P, Jones R O. 1986. The Philosophy of Mind. Cambridge: Cambridge University Press.
Sober E. 1985. The Nature of Selection. Cambridge: The MIT Press.
Sober E. 1990. Putting the function back into functionalism. Fortschritte Der Physik, 49（10-11）: 1095-1101.
Sosa E. 2003. Philosophy of Mind. Oxford: Blackwell.
Stalnaker R. 1989. On what's in the head. Philosophical Perspectives, 3（2）: 287-316.
Steven F W, Richard W. 1993. Naturalism: A Critical Appraisal. Indiana: University of Notre Dame Press.
Stich P S. 1978. Autonomous psychology and the belief. Monist, 61（4）: 573-591.
Stich P S. 1985. From Folk Psychology to Cognitive Science. Cambridge: The MIT Press.
Stich P S. 1996. Deconstructing the Mind. Oxford: Oxford University Press.
Toulmin S. 1953. The Philosophy of Science: An Introduction. Oxford: Longmans.
Tye M. 1992. Naturalism and the mental. Mind, 101（403）: 421-441.
Wade J. 1996. Changes of Mind: A Holonomic Theory of the Evolution of Consciousness. Albany: State University of New York Press.
Wartofsky W M. 1987. Epistemology historicized//Shimony A, Nails D. Naturalistic Epistemology. Dordrecht: D. Reidel Publishing Company: 357-374.
Wilson A R, Keil C F. 1999. The MIT Encyclopedia of the Cognitive Science. Cambridge: The MIT Press.
Wilton R. 2000. Consciousness, Free Will and the Explanation of Human Behavior. New York: Edwin Mellen Press.

Wittgenstein L. 1958. Philosophical Investigations. Anscombe G E M, Hacker P M S, Schulte J, trans. Oxford: Blackwell.

Wittgenstein L. 1980. Remarks on the Philosophy of Psychology. Anscombe G E M, trans. Oxford: Blackwell.

Zynda L. 2000. Representation theorems and realism about degrees of belief. Philosophy of Science, 67 (1): 45-69.